BCG
「最強《グレート》」を超える戦略

不確実な時代を勝ち抜く9原則

日本経済新聞出版

「本書を私たちの家族に捧げる」

アリンダム
妻スジャータ、そしてわが子イサーンとディーマンへ

ニコラス
妻ミリアム、そしてわが子ジュリアン、ジョアンナ、ヤコブへ

ジム
妻ニコラ、そしてわが子ニコラス、クリスティアン、ミッチェル、アレキサンダーへ

BEYOND GREAT

Nine Strategies for Thriving in an Era of
Social Tension, Economic Nationalism,
and Technological Revolution

by Arindam Bhattacharya, Nikolaus Lang, and Jim Hemerling

This edition published by arrangement with PublicAffairs,
an imprint of Perseus Books, LLC,
a subsidiary of Hachette Book Group, Inc., New York, New York, USA
through Tuttle-Mori Agency, Inc., Tokyo.

序　文

この不確実な時代をどう舵取りしていくのか。長く続くレガシー（遺産）を築くために、どのような戦略をとればよいのか。ボストン コンサルティング グループ（BCG）は創設以来ずっと、世界中の企業が優位性を構築・維持し、最高のパフォーマンスを達成できるよう支援してきました。本書はその伝統を受け継ぎ、これからの時代にいかに企業を繁栄させるかを展望したものです。

経営リーダーの方々はご承知のとおり、事業環境はこのところ急速に変化し、グレートカンパニーであり続けるために長年役立ってきた考え方やアプローチではもはや不十分になっています。戦略策定、資本活用、組織能力構築、実行の最適化、勝てるチームづくりにおいてリーダーが直面する選択肢は、ダイナミックかつ複雑で、より大きなリスクとリターンをもたらします。

このような状況を受けて、私たちがお話しした大多数の経営リーダーの方々は当然のことながら、今後10年間の成功を特徴づける要素に光を当て選択の参考になるフレームワークと、理解を助ける実例を探しています。本書はこうしたニーズに応えて、社会的緊張、経済ナショナリズム、テクノロジー革命という激動の新時代に企業を繁栄させる包括的なプレイブックとして活用していただくことを目指しています。

本書の共著者であるアリンダム・バッタチャヤ、ニコラス・ラング、ジム・ヘマリングは、長年にわたるさまざまな業界や地域のリーダー企業の徹底的な研究と、BCGの世界中のクライアント支援の経験をもとに、変動の激しい環境で対応力、持続可能性、レジリエンス（回復力）を高め成功をおさめるために世界各地の最先端企業が活用している9つの基本戦略をまとめました。本書を通じてこれらの戦略を掘り下げ、戦略間のつながりを理解し、あらゆるステークホルダーに顕著な価値を提供するためにリアルの世界で企業がそれらの戦略をどのように実行しているかを見出すことができ、私は興味をそそられましたが、読者の皆様にもその魅力が同じく伝わるものと信じています。

グレートを超えていく企業のほとんどが、耳目を集める比較的若いデジタル系大企業ではなく、製造、農業、消費財、テクノロジー、金融、ITサービスなどの業界のリアルの世界の既存企業であることも興味深い点です。どの業界のどの企業でも、本書で紹介する知恵を利用して、**グレートを超えていく**世界へと自社を導き、今後10年間で繁栄し成長する能力を高めることができるでしょう。そして、著者らも指摘しているように、どのリーダーも、**グレートを超える**ために必要なトランスフォーメーション（構造改革）の考え方を促しスキルを高めるカルチャーや慣習を醸成することができます。

ここ数年で急速な変化がすでに起こっていますが、新型コロナウイルスによるパンデミックとその結果として生じたマクロ経済ショックによって、今後数年を舵取りするに当たって別のレベルのストレスと課題が加わりました。プレッシャーがさらに拡大し、自由度が狭まっていると、大多数の企業が感じていることでしょう。しかし、私たちがこの新しい現実に直面する中で、忘れてはいけない2つの重要な要素があります。

第1に、困難な環境が来るたびに、イノベーションが起こり、競争上のポジションが変化する肥沃な期間になると歴史的に証明されてきたこと。第2に、現在の環境が近年進んできた基本的トレンドをさらに前に押し出すよう作用することを、初期の兆候が示していることです。たとえば、消費者のオンライン行動と新しい働き方への変化が加速している、レジリエンスとあらゆるステークホルダーの視点での企業行動の監視がますます重視されている、社会的・地政学的プレッシャーが高まっている、といったトレンドです。

ここから、グレートを超える戦略が、回復期まで先延ばしにされる「あるとよいもの」ではなく、対応を加速すべき喫緊の優先事項であることがわかります。本書全体で解説されているように、ここで紹介するプレイブックの要素を取り入れてきた企業は、新たな産業を生み出すバリュープロポジション（価値提案）を開拓し、テクノロジーを活用して自社のオペレーションをつくり変え、停滞した組織を活力やイノベーションを生み出す原動力へと変えてきました。その過程で価値創造を加速させ、レジリエンスを高めてきたのです。

見るからに手強く腰が引けてしまいそうですが、今の時代は臆病風に吹かれている場合ではありません。インスピレーションを得て、自社ならではの戦略を策定し、前進すべきときなのです。リーダーは長年、目指す価値のある野心的な目標として**グレート**を捉えてきました。ですが、皆様や皆様の企業には**グレート**を**超えていく**力があります。

この心躍る旅でのご成功をお祈り申し上げます。

２０２０年６月

ボストン コンサルティング　グループ　最高経営責任者（ＣＥＯ）

リッチ・レッサー

日本の読者のみなさまへ

〝「最強《グレート》」を超える〟に込められた想い

「従来機能してきた事業モデルを最大限に磨きこみ、ただひたすらに成長と効率を追いかけ、業績の最大化を目指す」。対外的には変革を掲げつつも、実態としてこのような行動原理で動いてきた企業は多いのではないでしょうか。その結果、現場での改善活動は積み上がっていくものの、グローバルの競争環境の変化に先回りできず、低成長に甘んじ、株価は競合比で伸び悩む。過去に大きな成功を収めたいわゆる優良企業ほど、このような悩みを抱えています。

これまでの事業モデルで最善を追求する（＝「最強《グレート》」を目指す）だけでは、これからのグローバルビジネスにおいて勝ち組にはなれないことは、頭ではわかっている。しかし、その先にある姿が描けない限り、経営としては前に進めない……。

では、これからの経営を考える羅針盤はどのようなものなのか。これこそが本書が掲げるテーマです。

筆者らは、これまでの「成功の方程式」を否定するのではなく、そのさらに先を目指せ、と我々に投げかけています。過去150年のグローバルビジネスのモデルを変容させてきたのは、「社会的緊張」「地政学的変化」「テクノロジーの進化」の3つの力です。そして、これらの3つの力が大きく相互に作用する中で先読みが難しくなっているのが現在です。グローバルでありながらローカル。リーンでありながらレジリエント（回復力が高い）。最低コストを実現した上で、最高スピードも実現する。「最強《グレート》」の先にあるのは、一見、二律背反しかねない要件を同時に充足するしなやかなデュアル・エンタープライズの世界なのです。

本書の内容

本書は、先進企業の事例研究に基づき、これからのグローバルビジネスに求められる要件を、従来の「成功の方程式の先」の姿として指し示すことを目的としています。具体的に提示されている9つの戦略は、わかりやすくするために、成長戦略（第1部）、オペレーション戦略（第2部）、組織戦略（第3部）の3領域に整理されています。以下に、各パートについて、私がピックアップしたキーワードを列挙しておきます。

・第1部　グレートを超えて成長する：コア事業での社会的インパクト、デジタルソリューションによる顧客体験刷新、脱平均のグローバル戦略

・第２部　グレートを超えて活動する：バリューウェブ構築、グローバルデリバリーモデルの多様化、グローバルなデータ・アーキテクチャと分析能力の獲得
・第３部　グレートを超えて組織をつくる：プラットフォーム型組織への進化、デジタル人財の獲得・育成、変革の常態化

これらの内容は、２０２０年、本書の原書とほぼ時を同じくして刊行された『ＢＣＧ次の10年で勝つ経営』（ボストン コンサルティング グループ編著、日本経済新聞出版）の基本メッセージにも通じるものが多いと感じます。『次の10年で勝つ経営』は日本企業の経営者の方々との対話から生まれた問題意識を起点としてまとめたものでした。これに対して、本書は豊富なグローバル先進企業の事例研究に基づいて、読み手の国籍を問わない、より普遍的な処方箋を描くことを目的としています。従って、両書をあわせて読んでいただけるとより立体的な理解が得られると思います。

なお、ここで誤解しないでいただきたいのは、先進事例そのものや普遍性をもった処方箋は、あくまでもヒントであって、必ずしも読者の皆様にとっての「共通解」ではないということです。

ＢＣＧでは、この９つの戦略の成熟度に関してグローバルで約２４００社を対象とした調査を行いました。結果、７割の企業は「最強」を超えることができている項目が２つ以

下（「全くない」も含む）であることがわかっています。また９つすべてで「最強」を超えることができていると答えた企業は１％にも満たない状況です。

このように、企業の置かれた状況はそれぞれユニークです。９つの取り組みの間でどのようなメリハリをつけるのか、何にどのような順番で取り組むのか、それぞれにどこまで踏み込むのか、は個社間で大きく異なるはずです。

本書の読み方について

９つの戦略を扱う本編の各章は、「概要」「要諦」「リーダーへの示唆」「主なインサイト」という流れで統一されています。それぞれの戦略の特徴に応じて、具体的なまとめ方は異なりますが、「概要」と「要諦」について共通しているのは、事例を多用することで、読者の皆様になるべく具体的なイメージをもっていただけるようにしていることです。

本書の内容をより効果的に活かしていただくために、私がお勧めするのは、次のような読み方です。

①まず大きな流れをつかむために全体を冒頭から流し読みをする

②次に、関心をお持ちいただいた章については、各章を「主なインサイト」「リーダーへの示唆」「事例を通じた概要や要諦」と後ろから逆に読む

二度目の読み方として逆読みをお勧めする理由は、その方がより実践的な取り組みにつなげやすいからです。最初に「主なインサイト」を読むことで、各章のキーメッセージを頭にいれてください。その上で、「リーダーへの示唆」の項にある囲みの問いに対する自分なりの答えを記述してください。これらの一連の問いは、順に答えていくことで各戦略に対する自社なりの指針を導きだすことをサポートする構造になっています。

一つひとつの問いは、最初に読み流した際には当たり前の問いかけにしか感じられなかったはずです。しかしながら、当事者として答え（コンサルタント的にいうならば、現時点仮説）を持とうとすれば、思いのほか筆が進まない現実に突き当たるのではないでしょうか。ここであきらめずに筆を進めるためには、もう一歩踏み込んで、どのような問いを自社として設定する必要があるのかと自問自答していただきたいと思います。その上で、本文をさかのぼり、概要や要諦で示される「事例」を精読してください。最初に流し読みしたときとは異なり、さまざまなヒントが見えてくるのではないでしょうか。

いま、日本企業に必要なこと

9つの戦略の詳細は本編に譲るとして、ここでは、9つの戦略を進める上で多くの日本企業が前提として整えることが必要な2つの経営の進化について触れておきたいと思います。

もし読者の方々が本書を読んで、「手触り感が得られない」と感じられるとすれば、この2つの前提が整っていないために、本書の指し示す方向性と自社の現状をつなぐ道筋が見えてこないという状態に陥っている可能性が高いと思われます。

1つめの前提は、「テクノロジー」の活用の度合いを圧倒的に高める必要があることです。デジタルトランスフォーメーション（DX）というバズワードが登場してすでに何年もたっていますが、残念ながらテクノロジーの活用という観点で日本企業の多くの取り組みはまだまだ黎明期を脱していません。今回ご紹介した9つの戦略は、いずれもテクノロジーの進化という大きな流れを味方につけなければ、実現には大きな困難が伴います。

例えばAIの活用ひとつをとっても、全企業が横並びだった数年前から様変わりし、2020年時点ですでに先頭グループと後続には大きな差が開きつつあることがBCGの調査でも明らかになっています。マラソンでのスタート地点の状態とスタート後1時間程経った状態をイメージしていただければわかりやすいのではないでしょうか。

ちなみに余談ではありますが、テクノロジーの活用に関して言えば、マラソンと違い、いま大きな差がついているからと言ってキャッチアップが不可能ということを意味しているわけではありません。先頭集団の取り組みは多くの試行錯誤が必要となりますが、後続グループとしては先頭グループの営みから学ぶことでスピードを上げていくことが可能になるからです。

2つめは、現在の経営プロセスの抜本的刷新が急務であることです。昨今、戦略が成果につながらない、もしくは成果創出にとても時間がかかる大きな理由には、経営プロセスの制度疲労があげられます。多くの日本企業は、「未来の予測可能性が高いという前提で成功確率をどう高めるか」というパラダイムに則った中期計画や年度計画の作り方、経営管理の方法を踏襲しています。今後は、多様なステークホルダーに目配りする、一律／平均のマネジメントから大きく脱却する、多様な事業モデルを柔軟に使いこなす、といった新たな視点が求められるようになります。

これらは、しばしば、戦略論と人材論に閉じた形で解釈されがちですが、本当の鍵は経営プロセスの見直しにあります。「同じやり方を続けながら、異なる成果を期待する」という落とし穴から一刻も早く脱却することが必要です。

いつの頃からか、日本の大企業の多くはチャレンジャーとしての攻めの姿勢を失ってしまったような気がします。チャレンジャーにとっては、パラダイムシフトこそがチャンス。グローバル企業の先進事例をそのまま導入することは解にはなりませんが、まずは虚心坦懐に学ぶ姿勢を持ってもよいのではないでしょうか。実際には、他社の取り組みをそのまま導入するというのは、意図したとしても簡単にできるものではありません。そこには、おのずとカスタマイズが入ります。現代流の和魂洋才がひとつの解となりうるというのが私の見解です。

ボストン コンサルティング グループ
マネージング・ディレクター&シニア・パートナー
木村　亮示

CONTENTS

第1部 グレートを超えて成長する

第3部 グレートを超えて組織をつくる

（序章）

グレートカンパニーでは もう十分ではない

「引き裂かれた時代」

製造業のある大手企業は長年にわたって成長を享受してきたが、目下のところ深刻な問題を抱えている。健康を脅かす世界的危機が起こり、海外の政府機関が主要部品のサプライヤー1社の閉鎖を命じたため、現地工場が稼働不能となっているのだ。サプライヤーに電話をかけても出てくれないだろう。高度に効率化されたジャストインタイム方式のグローバル・サプライチェーンを築いてきたが、代替となる部品調達先の当てはない。減る一方の在庫が尽きれば、自社の生産ラインはストップする。その状態が数日ではなく、数週間も続くようであれば、経済的影響は甚大だ。1年分の利益が吹き飛んでしまうかもしれない。あなたがこの企業の経営幹部だったならば、どうするだろうか。

新型コロナウイルスの危機により、世界経済が広範囲にわたってシャットダウンされた2020年、多くの企業が同様のシナリオを体験した。このようにシステムを揺るがすショックは、そうそうあることではないが、以前よりも起こりやすくなっている。たとえば、SARS（重症急性呼吸器症候群）やH1N1型インフルエンザの流行、2008年の金融危機のような経済的ショック、ブレグジット（イギリスの欧州連合離脱）のような政治的ショックを考えてみてほしい。新型コロナウイルスのパンデミック（世界的大流行）のはるか前から、耐久消費財メーカーのワールプールの当時の最高執行責任者

（COO）のマーク・ビッツァー（現CEO）は、世界経済は「引き裂かれた時代」と言うべき新時代に入ったと述べていた。[注1] ビッツァーは世界全体の最近の政治情勢に言及しながら、かつて魅力的だった国々での事業がひどく困難でリスクが高くなったので、企業は今、工場の立地をどこにするか、国境税をめぐる不確実性を避けるために大陸間で施設を移転させるか、それに付随してグローバル戦略も放棄するかなど、難しい戦略課題に直面していると指摘する。

ただし、不安定さを増している私たちの世界は、企業にとって、特に世界の消費者動向に関する理解力に長けた企業にとっては、絶好のチャンスになるとも言う。「おそらく『退屈』とされてきた業界でも、デジタルコネクティビティの拡大により、驚くほどのペースで消費者の収斂（コンバージェンス）が進んできた」

かつての成長戦略は通用しない

変動の激しさもさることながら、こうした危機からどうも浮かび上がってくるのが、企業が長年とってきた成長戦略では手薄であることだ。20世紀後半にかけて、世界で最も尊敬されている最強の企業《グレートカンパニー》は、卓越した株主総利回り（TSR）を実現するために努力してきた。[注2] そのやり方は、差別化された商品・サービスを販売すること、規模を拡大して極めて効率的にオペレーションを行うこと、貿易の自由化と多国間協調主義の広がりを追い風に、明確なルールの下で結果を予測しやすいグローバル・システムの枠内で競争に勝てるように自社を最適化することだった。

今日、卓越したTSRを実現するためには、そうした顧客へのバリュープロポジション(価値提案)、規模と効率性を目指したオペレーション戦略や組織戦略では不十分になっている。長期にわたって卓越したTSRを維持するとなれば、なおさらだ。1965年に米国のS&P500指数を構成する上場企業が入れ替わる平均的な期間は1世代(約33年)だったが、2016年には24年に短縮している。[注3] 同じく、BCGの調査では、上場企業の寿命が1970年の約60年から2010年には40年未満となっていた。[注4] CEO在職期間も短くなっている。[注5] 業績トップとボトムの企業間格差は広がり、TSRが好調な企業もそれを維持する難しさを感じている。[注6]

ローカルであれ、グローバルであれ、ますます脆弱になっている今日の企業の内部を覗き込むと、不安定な時代に卓越したTSRを持続的に達成するのを阻む一連の課題が見つかる。それは社会全体に好ましいインパクトをもたらす障害にもなっている課題だ。リーダーたちは、顧客が望まない時代遅れのバリュープロポジションを押しつけている。一部の高成長市場では現地での競争や経済ナショナリズムが新たに厄介な課題を突きつけているにもかかわらず、扱いにくく利益をむしばむ海外拠点をいまだに保持している。社内プロセスやカルチャーが足かせになり、顧客の急速な変化に対する理解が阻まれ、顧客ニーズに対応するための長期的関係がうまく築けないとも感じている。従来型の人材マネジメントが災いし、トップクラスのイノベーター、エンジニア、データサイエンティスト、デジタルマーケターを惹きつけ、動機づけ、保持することにも苦慮している。そして何よりも、政府、地域社会、顧客、従業員から要求されているのが、よりサステナブル（持続可能）で責任ある企業経営だ。「コロナ禍は世界のトレンドとプレッシャーを劇的に加速させ、前倒しで未来をもたらした」と、ＢＣＧのＣＥＯであるリッチ・レッサーは指摘する。

リーダーたちは、企業のパフォーマンス基準が変化し、長年うまく機能していた従来のビジネスモデルはこの先数年で通用しなくなると感じている。特にアフターコロナの状況において、勝てる戦略の新しいプレイブックが必要だとわかっているが、その正確な中身については確信を持てずにいる。

グレートを超える

グレートなだけでは不十分

この新時代に適応し、レジリエンス（回復力）を高められるように設計された先駆的な戦略で、新しい道を切り開き始めた企業も少数ながら存在する。そうした最先端企業が気づいているように、差別化された商品・サービスを販売することでグレートとされる業績をあげるだけでは不十分である。**それを超えて、**顧客を喜ばせる成果や体験（エクスペリエンス）を提供するカスタマイズされたソリューションを提供しなくてはならない。また、顧客からすれば、最も費用対効果の高い物流センターや生産工場のネットワークを維持するだけでは物足りない。**それを超えて、**突然の破壊的変化やルール変更（たとえば、急に関税が引き上げられたり、人の移動に関するビザが制限されたりする状況）に対処し、顧客ニーズの変化に迅速に適応できる柔軟性を備えたネットワークを開発しなくてはならない。企業は成長戦略、オペレーション・モデル、組織構造の観点で、20世紀の「**グレート**」の定義を超えて、新しい21世紀の優位性の形を構築する必要がある。

こうした状況に対して最先端企業は、卓越した業績という概念そのものを再定義しながら、第2の意味で**グレートを超えようとしている。**株主にとってのリターンはやはり最低限守るべき中核的基準だが、株主だけでなく、顧客、従業員、地域社会、政府、自然環境など**あらゆる**ステークホルダー（利害関係者）にプラスの変化をもたらそうと、新たなパーパス（存在意義）の意識をもってリターンを追求しているのだ。

変動の激しい中で長期的に持続可能な最高クラスのＴＳＲにつながる最も明確な道筋は、レジリエンスを養い、全ステークホルダーにインパクトも与える形で、成長やオペレーション、組織について再考することだと認識している。だからこそ、長期的に繁栄し、予期せぬ課題やショックにも打たれ強くなり、社会的、環境的ニーズにより良く対応する戦略をつくるために新しいプレイブックを採用している。

最先端企業というのは、グーグル、ネットフリックス、アリババなどメディアに頻繁に登場する話題のデジタル企業を指し、伝統ある大企業は一様に後れをとっていると思われるかもしれないが、実際にはそうでもない。

農業は旧態依然とした業界の代表格だが、老舗企業のジョンディアはそうした業界を変革しつつある。新しいデータ集約型商品・サービスを開拓し、それを提供できるように社内をつくり変えている。ペプシコやマスターカードなどの業界リーダーも同様に、新しいパーパスとそれに沿った成功戦略を採用してきた。ペプシコはサステナブルで社会的責任を果たす経営により繁栄できるように構造改革を行い、マスターカードは金融サービス業界に破壊的変化をもたらす機敏なフィンテック企業と競争できる態勢を整えている。インドのソフトウエア・サービス企業のタタ・コンサルタンシー・サービシズ（ＴＣＳ）は変化を先取りし、顧客にとって全面的な戦略パートナーになるために、広範にわたる一連の変革に着手してきた。この4社はいずれも、株主だけでなく全ステークホルダーに多大な価値を創出し維持してきた。

構造改革を重ねたＴＣＳ

中でもＴＣＳの事例は、その歴史的変遷を考えると、特に興味深い。タタ・グループの傘下で１９６８年に設立されたＴＣＳは、グローバル企業としての地位を急速に確立してきた。規模、コスト優位性、自動化、知的財産の開発への注力、独自のリーンサービス工場モデルを武器に競争し、20世紀後半に急成長を遂げた。２００１年までに、従来の定義でいう**グレートカンパニー**になり、売上高6億９０００万ドル、30％近いマージン（粗利率）を実現している。[注7]

世界金融危機とその余波によって、特にインドなどの新興国市場では、先進国市場に比べて経済成長が鈍化し、工業化されたソフトウエア・サービス・モデルによる規模の優位性が崩れたことを考えれば、ＴＣＳは大打撃を受けていたとしてもおかしくなかった。それにもかかわらず、同社が力強く成長してきたのは、グレートカンパニーになるのに役立った戦略を強化したからではなく、新しい戦略を追求してきたからだ。

過去20年にわたって、同社は外部環境の劇的な変化に対応し、柔軟性とレジリエンスを高めるために、構造改革を重ねてきた。この取り組みの果実が顕在化したのが2020年である。新型コロナウイルスのパンデミックの間、TCSは混乱を最小限にとどめ、事業活動を続けることができた。

特に、TCSは顧客との関係を再定義し、顧客が世界中のどこに拠点を置いているかにかかわらず、最新テクノロジーを組み込んだ幅広いサービス・ポートフォリオを提供してきた。[注8] 他社に先駆けて開発したコスト競争力の高いオフショアの大規模デリバリー・ネットワークを変革し、もっと柔軟な新しいグローバル・デリバリー・モデルを採用した。そこには、先進国市場の顧客の近くに配置した、コストが中高レベルの施設も含まれ、すべてがクラウドを介してつながっている。この新しいデリバリー・ネットワークにより、顧客にとってはコスト関連の選択肢が増えるうえ、リスクも低減する。というのも、ある地域で問題が起きても、ネットワーク全体には影響が及ばないからだ。TCSは商品の「サービタイゼーション（サービス化）」にも取り組んできた。1種類のサービスを提供するのではなく、全種類のテクノロジーを盛り込み、特定のビジネス成果に対応したカスタマイズしたソリューションを提供している。

これらの変革を通じてＴＣＳはこのビジネスでマルチステークホルダーの考え方を積極的に突き詰め、世界に通用する自社の技術力を活用して世界中の地域社会に変革をもたらそうとしてきた。この点でＴＣＳは時代を先取りしてきたが、自社のルーツに立ち返ってもいる。タタ・グループ創業者のジャムシェトジー・Ｎ・タタは、19世紀半ばに「政府から干渉を受けない自由企業において、地域社会は単に企業のステークホルダーの１つというだけでなく、実際にはまさに企業が存在する目的である」と述べた。[注9]

ＴＣＳは積極的に社会に貢献するという大きな決意とともに、現在進めているさまざまな変革の取り組みによって、卓越した価値を株主に提供し続けてきた。２００９年から２０２０年にかけて、同社の時価総額は10倍以上に急増し、最高値は１２００億ドルを超えた。２０２０年までに、ＴＣＳの時価総額はグローバルＩＴサービス企業の中でも最大クラスになった。売上高ははるかに小さいにもかかわらず、ＩＢＭやアクセンチュアと肩を並べている。[注10]

変動の激しい中で素晴らしい業績を維持するために、ＴＣＳは従来の戦略を超えて、レジリエンスをより高め、より幅広いステークホルダーの役に立とうと前進してきた。「当社では成長がすべてのエネルギー源だ。売上、利益、知識、人材、顧客とのより深い関係性という正しい成長に各部門は注力している。私たちにとって、成長は一次元ではなく全体的にとらえるべきものだ」と、ナタラジャン・チャンドラセカラン（タタ・グループ現

会長）は指摘する。[注11]

デジタル企業だけが勝者ではない

デジタル企業は早期に、これまで既存企業に役立ってきた戦略を無効にしてきたかもしれないが、ＴＣＳ、ジョンディア、マスターカードなどの企業の持続的な成功から示唆されるのは、この変化の激しい新時代において、既存企業と新規参入組のデジタル企業との競争の場は昔よりもはるかに平等であることだ。

さまざまな業界で、選り抜きの既存企業が反撃に出ている。デジタル企業から新しいテクノロジーを活用する術を学び、既存の慣行に上乗せする形で戦略を刷新することで、自社の規模を最大限に活かし、新しい形の優位性を生み出そうとしているのだ。シーメンス、フィリップス、ノキアはいずれも、レジリエンスを高め、収益性を向上させながら、一方で社会的、環境的なニーズにもより良く対応できるように変革を進めている。

小売り、金融サービス、消費財などでも、同様の取り組みをしてきた企業がある。他の多くの企業と違って、最先端企業は具体的にどのように、この変動の時代の課題を受け入れ、次第に対応する術を習得しつつあるのか。どのような戦略で成功しているのか。どうすれば自社で同様の戦略を適用し始められるのだろうか。

世界を変えている3つの力

グローバリゼーションは死なず

2016年、世界経済フォーラムで「グローバリゼーションは死んだ」とし、グローバルビジネスは「地図の端からはみ出して未開拓の地（テラ・インコグニータ）に足を踏み入れた」とする論考を私たちは目にした。[注12] 当時、世界中の多くの地域で経営幹部がまだグローバリゼーションとグローバル成長について強気の見方をしていた中で、これは衝撃的な主張だった。実際に何が変わり、何が変わっていないのか。また、一部の最先端企業はこの移行を先取りしているのだろうか。興味をそそられた私たちは研究調査を開始した。数十社を調べ、経営幹部たちにインタビューし、それぞれの成長戦略や実施中のオペレーション上の対策について探った。

そこでわかったのは、グローバリゼーションは死んだわけでも、死にかけているわけでもないことだ。国境を越えたデータの流通、海外旅行者数、さらには外国人労働者からの母国への送金額について言えば、グローバル統合は実際に加速していた。

ところが、ゲームのルールは根本的に変化し、乱気流が増え、脅威だけでなく巨大な新しい機会をも生み出していた。一部のグローバル企業は成功していたが、それはリーダーたちがそうした機会を見逃さず、組織の適応やレジリエンスの向上を推進していたからだ。そのほかの企業はもっと受動的で、以前ほど有効ではなくなっているのに従来の戦略やアプローチにしがみついていた。

この調査結果をもとに突き止めたのが、過去150年間で認識されるようになったグローバルビジネスの本質そのものを変容させた（現在も変容させている）**3つの基本的な力**である。3つの力はいずれも、テクノロジー、社会、政治、健康、環境の領域にわたって見られた長期に及ぶ歴史的トレンドの1つあるいは複数を表していた。

自然環境保全と資本主義への不満

第1の力は、それぞれ異なっているが関連性のある2つの変化が引き金となって生じる社会的緊張である。変化の1つは、自然界の生態系にかかる負荷の増大。もう1つは、資本主義に対する不満の高まりと、その結果としての不平等である。1世紀半にわたる工業化は、自然界と天然資源をひどく枯渇させ、気候変動、汚染の蔓延《まんえん》、生物多様性の喪失、それに伴う人間の健康問題を引き起こしてきた。市民は長い間、自然環境保全は政府の役割だとみなしてきたが、今では企業にも積極的な行動をとるように求めている。もっとも、市民が要求するのはそれだけではない。多くの国で格差が拡大していることにより、従業員やアクティビスト投資家などの間で資本主義に対する懐疑論が一層広まっている。顧客や従業員からは、企業が株主価値の最大化を超えて、明白な社会的便益をもたらすことを求める声が高まっている。[注13]

経済ナショナリズムの激化

世界のビジネス環境を変容させている第2の力は、経済ナショナリズムの高まりと、米国の覇権の後退が進んでいることだ。米国は依然として経済面、軍事面、技術面で非常に強い力を持っているものの、世界全体のGDPに占める中国の割合は2000年以降で3倍になった。米中間の熾烈な競争のさらなる激化は、両国の経済だけでなく世界にも影響を及ぼしている。特にパンデミックをきっかけに米中間で高まった不信感や報復行動は、世界の地政学をはるかに複雑で不安定なものにしている。

ここ数十年で、新興国市場は急成長を背景に先進国市場と同等のGDPを達成するかに見えたが（一部のエコノミストは「大収斂（great convergence）」と呼んでいる）[注14]、これは実現していない。新型コロナウイルスは先進国に大混乱をもたらしたとはいえ、過去10年間、先進国では成長スピードが加速していた。一方、発展途上国の成長は総じて減速している。[注15] 世界金融危機が起こる前に経済が急拡大したトルコやブラジルなどの国々の成長が不安定になっているにもかかわらず、アジア経済は世界全体よりも高速成長を遂げてきた。

それぞれの国内に目を向けると、不平等が増大し、特定の産業や人口セグメントがほかよりも経済的に成功している。このような理由により、企業は今日、単に発展途上国で大規模な拡大を図るよりも、個々の国内で業界固有の成長分野を探していく必要がある。

経済ナショナリズムの激化は、第二次世界大戦を契機に進展した多国間主義の衰退も加速させてきた。２０１２年から２０１７年にかけて、米国が行った保護貿易主義的な措置の件数はほぼ2倍になり（今も増加を続けている）、他のほとんどの国でも同様の措置が増えている。[注16] ２００９年に、G20参加国からの輸出の約20％が「貿易のひずみによる影響を受けた」が、２０１７年にはその割合が50％を超えた。[注17] 世界中で、国家のアイデンティティが新たな重要性を帯び、消費者行動にますます影を落としている。これは、一部のコメンテーターが「トライバリズム（部族主義）」と呼ぶ傾向だ。

欧米社会では、不平等の増大もまたナショナリズムに拍車をかけている。実質賃金が伸び悩み、以前は高給が得られた製造業における雇用者数が減ったため、社会の多くの層がグローバリゼーションの犠牲になっていると感じている。その結果、多国間プロセスや国際機関は衰退しつつあり、新しい多国間貿易協定交渉は遅々として進まない。２０１８年のグローバル・サプライチェーン調査では、大きな課題として保護貿易主義の政策を挙げた回答者が約3分の1にのぼった。[注18] 新型コロナウイルスがナショナリズム的な意識をさらに強めていくにつれて、この課題は深まる一方だろう。

テクノロジー革命

グローバルビジネスのルールを書き換える第3の力は、グローバルデータとデジタルテクノロジーの指数関数的な成長に支えられたテクノロジー革命だ。越境データ流通は2年ごとに倍増し、グローバリゼーションの終焉という議論とは裏腹に、オンラインの世界はますますボーダーレスになっている。[注19] ２０１９年までに、越境と国内の両方を含めて世界のＥＣ（電子商取引）の取引価額は物理的な財の貿易（24兆ドル）の約2倍（約42兆ドル）になった。[注20]

特にＩｏＴ（モノのインターネット）テクノロジーの利用が進み、生産の経済性、工場内の業務特性、企業が顧客に価値を提供する方法が変わりつつある。また、健康を守るために人の物理的な動きに制約をかけることで変革は加速されている。

デジタルコネクティビティの向上は新しいグローバル消費者の出現にもつながった。顧客にリーチすることは、以前は地理的な隔たりを越えて顧客に商品を届けることを指していたが、デジタルテクノロジーによって企業は次第に場所に関係なくサービスや顧客体験を提供できるようになっている。新型コロナウイルスのパンデミックの間、家の中からの消費が大幅に増えたことで、この傾向は一層顕著になった。その一方で、ECは国境を越えて消費者行動や期待値の平準化を生み出している。インドや中国などの消費者は、先進国の消費者と同じように、高品質の商品・サービス、タイムリーな配送、オンライン注文機能、進化するニーズへの対応力を期待している。

グレートを超えるための9つの戦略

破壊的変化は巨大な機会も生み出す

この3つの力が組み合わさって、世界の経営環境が大きく変わり、リーダー企業が長年、競争に用いてきた既存のプレイブックを掻き乱している。実際に新時代が到来し、今後数十年でさらに進化を遂げることは確実だろう。

この新時代の変わることのない特徴は、市場と世界経済システムにおける破壊的ショックの頻発化によって助長される変動の激しさだ。気候変動がもたらす激甚災害の増加、テクノロジーの陳腐化の加速、新しいデジタルテクノロジーへの依存に起因するサイバーセキュリティ・リスク、経済ナショナリズムから生じる突然の貿易関税や非関税障壁、どこともしれぬ世界の片隅から書き込まれたツイッターやフェイスブックの投稿に反応して急変する消費者行動。今や企業はこれらに対処しなくてはならない。

3つの力によって、金融・経済的破綻、地政学的な対立、感染症のパンデミックなど従前から生じていたショックにもさらされやすくなっている。コロナ禍で目の当たりにしたように、グローバルなつながりが増えることは、リスクがより複雑化するだけでなく急速に広がることも意味する。本書の執筆時点で、「恐怖ゲージ」として知られるCBOEボラティリティ指数（VIX指数）は2020年3月18日に85・47に上昇し、金融危機以降で最高値に達した。[注21・22]

その一方で、世界が不安定さと不確実性を増すにつれて、この3つの力から既存企業が新しい形の優位性を構築できる巨大な機会も生み出されている。テクノロジーを活用してレジリエンスを備えた新しいビジネスモデルを構築すれば、莫大な社会的価値を生み出しながら、大きな株主利益を実現することができる。社会や自然生態系に対する膨大な脅威に政府が対処できていないことから、地域社会、従業員、政府、そして徐々に株主も、企業が乗り出してもっと貢献するように求めている。

2019年、米国の大手企業のCEOらで構成される組織、ビジネス・ラウンドテーブルが「企業のパーパスに関する声明」を発表したが、株主価値の創出はパーパスの5つの要素の中で最後に挙げられていた。ほかの4つは「顧客への価値の提供」「従業員への投資」「取引先への公正で倫理的な対応」「地域社会の支援」である。[注23] 私たちの研究でも明らかになったように、最先端企業はこのようなパーパスの考え方を大切にし、成長戦略、オペレーション、組織にもっと対応力やレジリエンスを持たせる対策を打ち出している。

中でも良い例が、近年「パフォーマンス・ウィズ・パーパス（パーパスに沿った業績）」と呼ばれる戦略を積極的にとってきたペプシコだ。他のパーパス重視の企業もそうだが、ペプシコは従来のバリュープロポジション、サプライチェーン、人材マネジメント戦略、組織構造を全面的に放棄しているのではない。それよりも、適切な部分でこうしたものを保持しながらも、その上に一連の新しい戦略を構築することで、新しい形の優位性を発揮し、レジリエンスを強化し、ステークホルダーに持続的な価値をもたらそうとしている。言い換えると、そうすることでますますグレートを超えられるようになるだろう。

企業の行動と、多数の経営リーダーやその他のステークホルダーへのインタビュー結果を分析したところ、ある上級経営幹部が私たちに語ったように、成功している最先端企業の経営幹部は粛々と組織の「流動化」を図っていることがわかった。つまり、成功企業は流動的で柔軟かつ機敏な組織をつくって、変化する消費者のニーズ、規制制度、経済状況、テクノロジーに適応し活用できるようにしているのだ。驚くような新しいソリューションや顧客体験を提供し、それを多くの場合、物理的製品に結びつけている。

また、さまざまな点を見直している。グローバル・オペレーションのどの要素を中央集権化して社内で保持するか、あるいは規模の優位性を築くか。システム全体の対応力やレジリエンスを高めるためには、どの要素を強化もしくはローカルで構築するか。そして、パートナーのネットワークを遠くまで広げて、リモートで協業することを学び、世論や政府の要件に沿って現地市場で強力なローカル・アイデンティティを築いている。人、地球、地域社会への配慮を自社の成長戦略に深く埋め込み、企業としてのパーパスの意識を高め、喫緊の社会問題や環境問題に取り組むために、組織内の最高のスキルやコンピテンシーを動員しているのだ。

同時に、従来の戦略、グローバル・サプライチェーン、コンピテンシーの多くの部分はそのまま残している。事実上、世界で最も成功しているダイナミックなグローバル企業は、新しいものと古いもの、流動的なものと固定的なもの、最低コストと最高スピード、効率性とレジリエンスを融合させ、2つのことが同時にできるデュアル・エンタープライズになりつつある。きわめて成功しているリーダー企業は、曖昧さ、矛盾、オープンさ、絶え間ない変化という考え方を完全に取り入れながら、片足はしっかりと過去を土台にし続けている。

グレートを超える9つの戦略

変動の激しい新時代の特徴がより鮮明になり、新しいより野心的なパフォーマンス基準の出現を否定できなくなっている。その中で、最先端企業が新たな形の優位性を構築している状況を目にして、私たちは研究活動を強化した。私たちが目指したのは、今後数十年で企業がパフォーマンス基準を達成もしくは上回るための行動や手法を理解し体系化することだ。数年かけて、何十ものケーススタディを行い、大量のＢＣＧの定量データを評価し、広範な二次調査を実施し、上級経営幹部を対象に数百件に及ぶ追加インタビューを行った。

私たちの出した結論は、おそらく驚くまでもないが、グレートを超えるために役立つ単一の特効薬的な戦略は存在しないということだ。それよりも、さまざまな戦略を採用し特定の業界や競争状況に合わせてカスタマイズしている場合に成功していた。私たちは調査結果を精査し、ＢＣＧの広範なクライアントのコンサルティング・プロジェクトからインサイト（洞察）を導き出すことで、これからの時代に持続的に高業績を出せる企業をつくるための９つの主要な戦略と一連のリーダーシップ要件を抽出した。

これらの戦略は全体として、バリュープロポジションからグローバル・サプライチェーン、従業員とステークホルダーに対する企業責任の追求に至るまで、企業のあらゆる部分

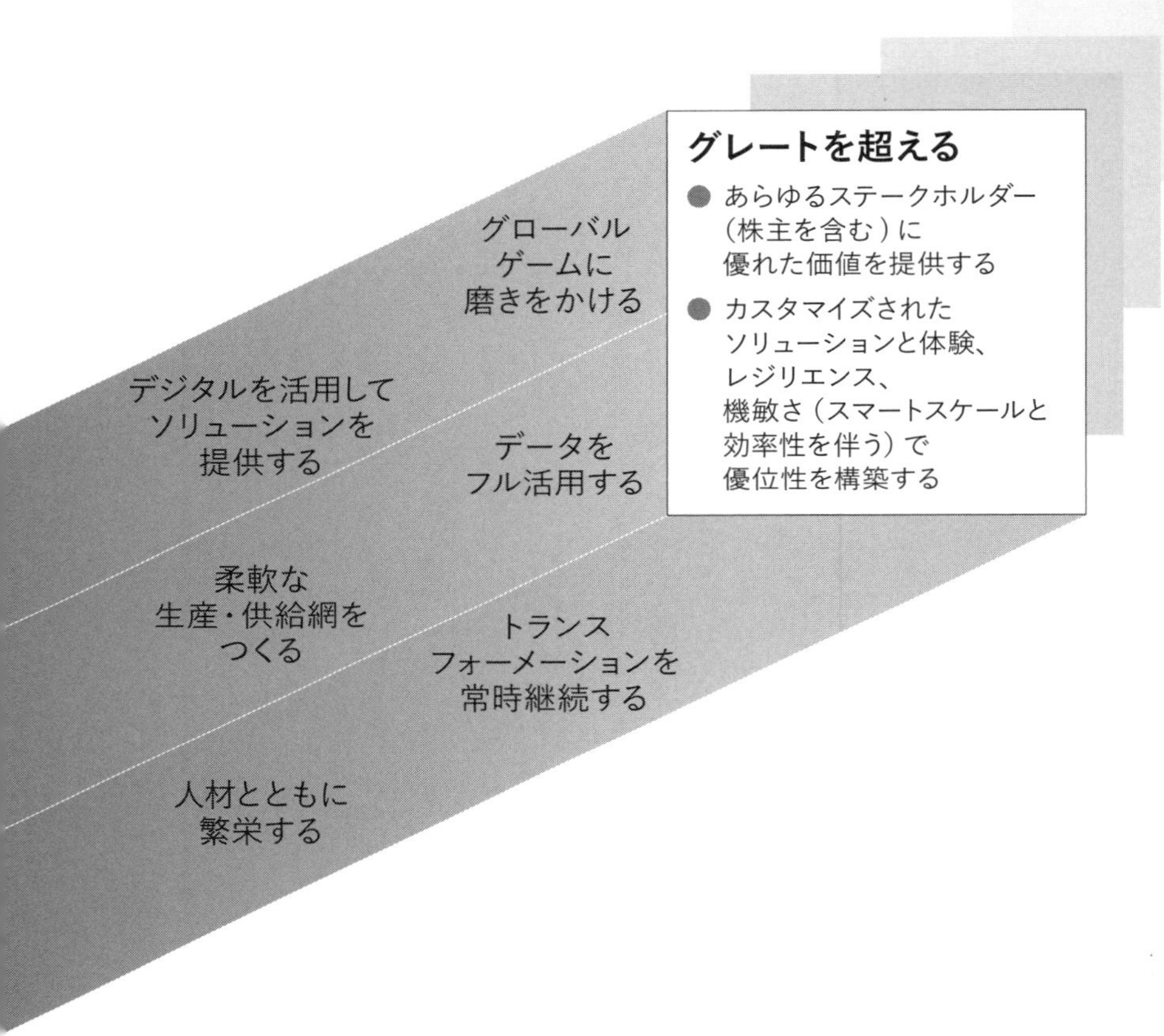
グレートを超える
あらゆるステークホルダー（株主を含む）に優れた価値を提供する
カスタマイズされたソリューションと体験、レジリエンス、機敏さ（スマートスケールと効率性を伴う）で優位性を構築する
グローバルゲームに磨きをかける
デジタルを活用してソリューションを提供する
データをフル活用する
柔軟な生産・供給網をつくる
トランスフォーメーションを常時継続する
人材とともに繁栄する

|図0|
本書で解説する9つの戦略

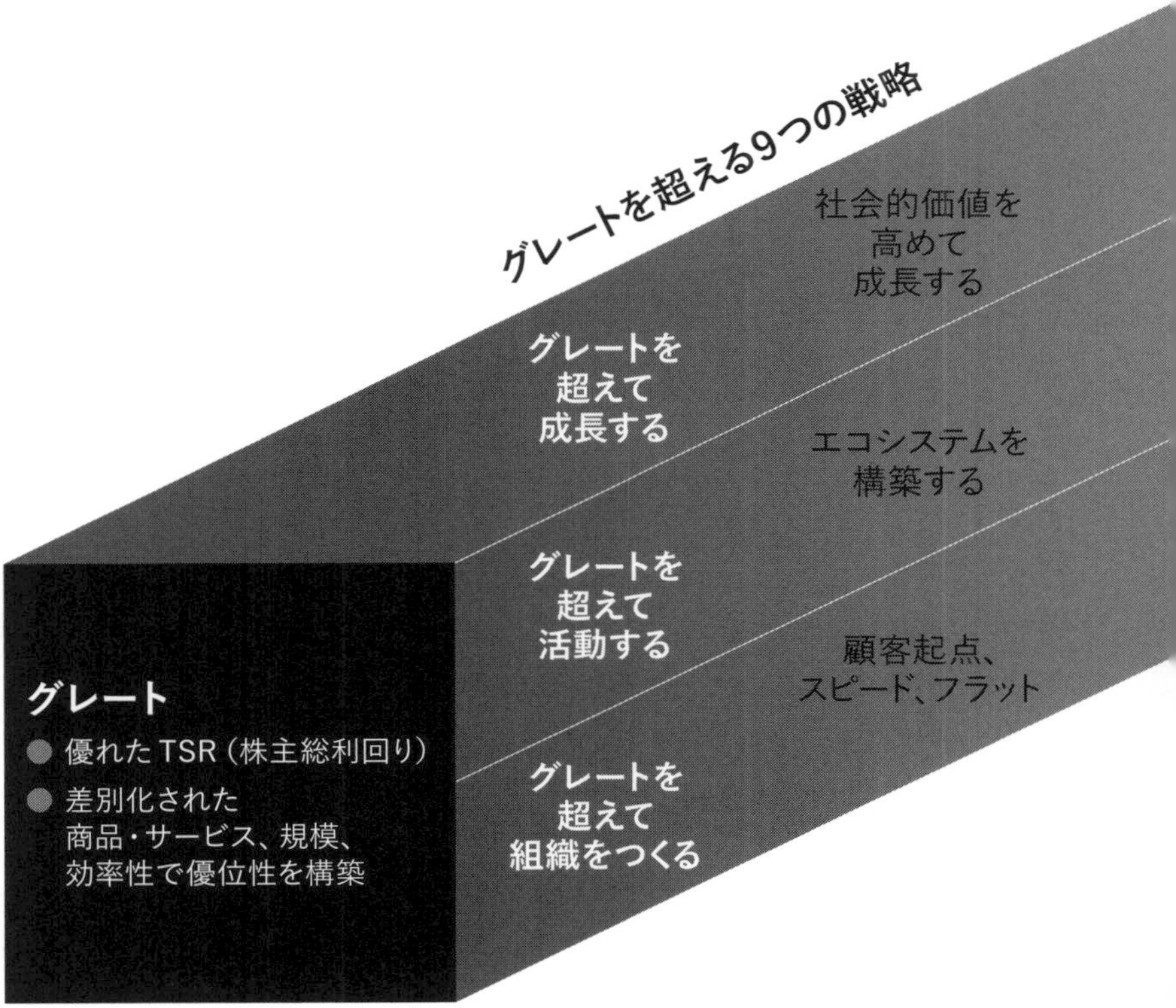
グレートを超える9つの戦略
社会的価値を高めて成長する
グレートを超えて成長する
エコシステムを構築する
グレートを超えて活動する
顧客起点、スピード、フラット
グレートを超えて組織をつくる
グレート
優れたTSR（株主総利回り）
差別化された商品・サービス、規模、効率性で優位性を構築

に関係している。グレートカンパニーを超えるためには、次の9つの戦略を進めなければならない。

❶社会的インパクトを中核事業とは異なる領域の活動と見なすのではなく、社会的インパクトを及ぼすことで長期的かつ持続的なTSRを実現するために、中核事業を再構想する。**善い行い**をコア戦略やオペレーションに思慮深く統合できる企業は、すべてのステークホルダーにプラスの影響を与えながら、持続的に高い株主利益をもたらすだろう。

❷物理的製品・サービスだけでなく、魅力的なデジタル・ソリューションと体験を提供する。今日の最先端企業は、顧客にとっての成果と体験を完全に掌握している。デジタルテクノロジーを活用して、満たされていないニーズを充足するためにユーザーの利用ライフサイクルに深く入り込み、物理的製品・サービスに新しいソリューションを結びつけるか、物理的製品・サービスを完全に置き換えようとしている。

❸すべての地域で一斉にではなく、選択的に（つまり、利益を出しながら市場シェアを獲得できる地域で）現地の環境に適したやり方で成長する。最先端企業は、アセットライト（資産保有を最小限にすること）、デジタル、EC中心のビジネスモデルを用いて、新市場に参入し急拡大している。また、参入先の市場を決めるときにより選択

的にもなっており、逆説的だが、選定した市場には関与を深めている。

❹顧客が強く求めるソリューション、成果、体験をつくり出し提供できる新しいダイナミックなバリューウェブで、従来のバリューチェーンを補完する。こうしたバリューウェブやエコシステムはメディアで盛んに取り上げられてきた。しかし、最先端企業が気づきつつあるように、他よりもうまく機能しているエコシステムもある。

❺複数地域のハイテク工場や物流センターに投資を行い、低コストのキャパシティと組み合わせて、商品をカスタマイズして素早く届けられるようにする。今日のデリバリー・モデルは、低コストであることに加えて、破壊的出来事に直面した際にも、スピード、対応力、レジリエンスを備えていなければならない。

❻他の8つの戦略を支えるために、グローバルなデータ・アーキテクチャと分析能力を構築する。最先端企業は、グローバルデータを、将来の業績や消費者行動を予測するだけでなく、勝てるバリュープロポジションを推進するための大事な動力源と見なしている。

❼従来のマトリクス型組織モデルから脱却し、プラットフォームの組織能力で支えられた顧客起点のアジャイル・チームを導入する。変動の激しい時代において、官僚主義や顧客との距離の遠さは致命傷だ。今日の最先端企業はそのことを心得ている。

❽デジタルに精通した意欲の高い人材を獲得し、再訓練し、動機づけ、権限と力を与え

る。企業は今日、新世代の従業員が希求し必要としていることにもっと注意を向けなくてはならない。21世紀の人材に対して探し方、動機づけ、育成方法を根本的に変える必要がある。

❾従来の1回限りの変革プロジェクトではなく、常時継続のトランスフォーメーションを進める。この戦略は、他の8つの戦略で成功するために不可欠だ。不安定で急速に進化する事業環境の中で競争に勝つために、グローバル企業は継続的に複数の変革を進めることに熟達しなくてはならない。

私たちが調査した企業の中で、これらの戦略を全部とっていたところは1社もなかった。3つか4つ、あるいは、ごく少数だが5つ以上の戦略に取り組んでいる企業もあった。こうした戦略は本書の最後に取り上げるリーダーシップ要件によって促進される。また、論理的な結論として、どの戦略でも必然的に根本的な企業変革を伴う。全体として、9つの戦略は企業の大規模な再構想につながる。それにより企業は、はるかに変動の激しい状況に直面しても、対応力やレジリエンスを高め、幅広いステークホルダーにプラスの影響を及ぼせるようになる。結局のところ、これらは21世紀にグローバルで成功するための基盤となり、ローカルかグローバルかを問わず、企業がグレートを超えて成長するための包括的なプレイブックとなる。

本書について

私たちは研究を進めていくうちに、重要なことに気づいた。つまり、企業のリーダーや起業家など、グローバルビジネスに関心のある人々が、現代の市場を理解し、これから先の賢明な道筋を描くために採用できるアプローチだ。自分の組織が絶えず後追いする状態で、変化に先んじる方法について個人的に不安を抱いているなら、本書が役に立つだろう。好調な企業であれば、今後数年でさらに大きな成功を収め、より高いレジリエンスを備えた企業にしていくために、本書を活用できる。

BCGの定量分析に加えて、TCS、ナチュラ、シーメンス、アドビ、ジョンディア、マイクロソフト、ナイキなど多くの企業の実際の変革ストーリーも交えながら、9つの戦略を説明し、今日最も成功しているグローバル企業がどのようにして消費者を魅了し、従業員を惹きつけ巻き込み、地域社会全体をより良くし、壊れやすい地球の維持や改善を図り、高い成長とリターンを生み出しているかを明らかにする。本書の最後で、こうした課題の難しさを認識しつつ、リーダーや企業がグレートを超えて進んでいくために磨くべきリーダーシップ特性や考え方についてもじっくりと検討したい。

読者は本書を通じて、9つの戦略にまたがるテーマや関連する疑問を目にするだろう。たとえば、グレートを超えようと励んでいる企業は常に、ローカルとグローバルとのバランスをとる必要がある。どの組織能力、プロセス、チームをローカルで構築し、どれをグローバルで構築したほうがよいのか。多岐にわたる不確実なルールに直面しそうな多くの地域にわたって、どのようなオペレーションをすべきなのか。また、グレートを超えて進んでいる企業は、テクノロジーを単なる業績やプロセスの改善ツールではなく、生産における重要な要素と見なしている。企業の土地、人材、知的財産と同じように、テクノロジーをどのように取り入れれば、あらゆるオペレーション活動に効果的な情報提供ができるのか。さらに、どうすれば、いつでもどこでも継ぎ目なく人間とテクノロジーを融合させたバイオニック・カンパニーになれるのか。グレートを超えていく企業は、すべてのステークホルダーをバランスよく巻き込もうとしている。これは実際にどのような状況なのか。どうすれば自社の従業員を真に適切に処遇しているかどうか確認できるのか。最後に、何よりも重要な点として、企業はレジリエンスを向上させるために、どのようにオペレーションや組織を変革すべきか。

こうした疑問はたいてい簡単に答えられるものではないが、これから見ていくように、創造性、イノベーション、そして最終的には激しい変動への対応力を促す要因として役立つ。今後数年間で、こうした疑問に一貫してうまく答えを出せる能力が、最もうまくグレートを超えていく企業のＤＮＡの一部になるだろう。

新たな地政学的変化、テクノロジーの進化、社会的緊張がリーダーやマネジャーにとってどれほど困難であるかは承知している。しかし私たちの研究は、変化の激流を制するために必要なものを示している。何百万人ものビジネスパーソンが長い間、自社をグレートカンパニーに成長させようと努めてきた。しかし前例のない破壊的変化と複雑性の時代の中では、より多くの商品を販売し、グローバル組織の効率性を高め、株主に報いるのに基本的に役立ってきた従来の戦略は、以前のようにはうまく適合しなくなっている。

究極的には、グローバル企業をもう一度再構想しなくてはならないが、新しい戦略やオペレーション規範を積極的に展開するためには、本書で取り上げる先見の明があるリーダーたちのように、既存のものを完全に捨て去るのではなく、新しい種類の規律、オープンさ、柔軟性、フットワークの軽さなどの能力を取り入れていく必要がある。曖昧さと矛盾、多重性とニュアンスを巧みに扱えるようになり、優位性やレジリエンスを備えた企業になるための要件についてまったく新しいルールを習得しなくてはならない。

幸いにも、こうした変革はすべて一度に行わなくてもよい。グレートを超えるために最初の一歩を踏み出し、新しい可能性を構想し、そのいくつかを自分の組織に実装し始めよう。長旅の計画を立てて一生懸命に取り組めば、この変動の時代は挑戦的であると同時に、投資家のためだけでなく、顧客、従業員、地域社会にとっても一連の機会をもたらすことがわかる。生き残るだけでなく繁栄するために、単に喜ばせるだけでなく歓喜と刺激を与えるために、そして、利益だけでなく人々を癒し社会を改善するためにも、本書の戦略を取り入れてほしい。

今後数十年で、グレートカンパニーであるための古い公式はもう通用しなくなる。私たちはそれぞれ、自分の組織にとって**グレートを超える**ことにどのような意味があるのかを発見しなくてはならない。本書を、皆さんがそうした旅をするための基礎としてお役立ていただけることを願っている。

第1部

グレートを超えて成長する

第1章

社会的価値を高めて成長する

気候変動リスクと不平等が増大する中で、
従業員、市民社会、政府は企業により多くを求めている。
善い行いを中核事業に統合できる企業は、
これらのステークホルダーにプラスの影響を与えるだけでなく、
長期的により高い株主利益をもたらすだろう。

米国を本拠としてグローバル展開するある産業財企業の副会長から数年前に聞いた話だが、政府が保護貿易主義政策をとっている国では、市場参入を希望する海外企業に対してその国への投資を義務づけているという。この企業はそれまで欧米製品を発展途上国市場に輸出して利益の最大化を狙う戦略をとってきたが、それでは経済ナショナリズム時代には通用しなくなったようだ。このような企業は、現地市場で企業市民としての役割を果たすことについて、これまで以上に真摯に受け止め、より広範な社会的パーパスを実践しながら、利益も生み出す方向に戦略を設定し直す必要がある。そうしなければ、今後の企業成長が危ぶまれるだろう。「我が国のさらなる発展のためにどんなことをしてくれるのかと、政府が私たち企業に尋ねるのは何ら悪いことではない。私たちはこうした市場で『営業活動を行い成長するためのライセンス』を取得しなくてはならない」と、この副会長は語っていた。

不平等と気候変動リスクが増大する世界では、**すべての**ステークホルダー（政府、規制当局、地域社会、顧客、従業員、環境など）にプラスの影響を与えるのは正しいことだ。しかし、パーパスを追求し、さまざまなステークホルダーに社会的インパクトを及ぼすことは、利他主義や公正さの問題だけではない。多くの国や業界で、事業活動を行うライセンスを維持するための前提条件となっている。さらに、不安定な時代に高業績を維持しようとする企業にとって、強力なコアビジネス戦略として浮上している。社会的インパクトに対する配慮をコア戦略とオペレーションに組み込むことだ。そうすれば、長期的な収益性を直接高める、新たな優位性構築の手段をつくり出せる。

残念ながら、多くのグローバルリーダー企業はまだこうした可能性を自社の中に取り込めていない。マルチステークホルダー・モデルの可能性を認めてはいても、こうしたモデルを本格的に活用して考え方、戦略、オペレーション規範をつくり変えてはこなかった。自社が関与するのは相変わらず従来のCSR（企業の社会的責任）活動だけに留め、すべてのステークホルダーのために善い行いをすれば株主利益が犠牲になる（彼らとしてはやりたくないことだ）と思い込んでいた。

グローバルリーダー企業は次第にこのような拘束的な論理から脱却しつつあり、すべてのステークホルダーにプラスの影響を与えるビジネスを構築すると同時に、目覚ましいTSRを実現している。このようなリーダー企業は、考え方、戦略、オペレーションをアップデートする際に、BCGが「トータル・ソサイエタル・インパクト（TSI）」と呼ぶ概念に注意を向けている。TSIとは、企業の商品、サービス、オペレーション、中核的な組織能力、活動が社会にもたらす総体的な便益をさす。[注1]

ナチュラのパーパス重視経営

ブラジルの化粧品大手、ナチュラのビジョンある創業者、アントニオ・ルイス・セアブラは、そうした革新的リーダーの1人だ。ブランド、イノベーション、国際、サステナビリティの最高責任者であるアンドレア・アルバレスから聞いた話では、セアブラは1969年にナチュラを発足させたとき、利益への関心を超越するというパーパスを追求していた。[注2] 個人、社会、自然界の間の健全なつながりを促進する手段として化粧品を使おうとしたのだ。これは、同社がいう「bemestarbem（"well-being well"）」である。[注3] この社会的パーパスは、すべてのものは相互につながっているというセアブラの哲学的な信念に由来し、今日に至るまでナチュラの事業戦略とオペレーションに浸透している。[注4]

たとえば、ナチュラの流通戦略を考えてみよう。当初はサンパウロの小さな店頭で営業していた同社は、1970年代半ばまでに、エイボンが米国で考案したのと似た直販モデルを開発した。しかしナチュラにとって、直販は単なる流通の選択肢ではなかった。むしろ、アルバレスが指摘するように、「関係性が非常に強力で重要だという認識から生まれた」ものだった。ナチュラの女性販売コンサルタントは消費者と緊密な絆を築き、会社側はコンサルタントと独自の深く意味ある絆を築き、彼女たちを営業部隊として盛り立てた。2019年までに、約180万人のコンサルタントがナチュラ製品を販売した（何百

もの企業やフランチャイズ店、オンライン・チャネルでも販売されていた）。[注5]

ナチュラはこれらのコンサルタントを市場に投入して販売を託しただけではない。彼女たちがどちらかというと中低所得層の出身であることを認識していたので、[注6]ビジネスや自己啓発に関する幅広いスキルを磨けるようにトレーニングを行った。このトレーニングは、有益な実務経験とともに、コンサルタントたちにそれぞれの地域社会における事業家やより効果的なナチュラ支持者になるための力を与えた。[注7]多くのコンサルタントにとって、ナチュラとの関係は大きな変化をもたらし、保護施設や子どもの学校教育などの費用を工面できるようになった。[注8]その結果、コンサルタントは心強いブランド大使や支持者となり、ナチュラが消費者と強力で永続的な関係性を築く助けとなった。

さらに、同社のレジリエンス向上にも一役買っている。１９８０年代、ブラジル経済が激しいインフレに見舞われ、デパートなど従来の化粧品販売業者が閉店したとき、ナチュラは直販流通モデルによって事業が飛躍的に拡大し、10年間で年率40％を超える成長を遂げた。[注9]

ナチュラという社名が示すように、環境保護はもう１つの創業目的だった。サステナビリティが注目されるはるか前の１９８０年代初頭から、同社はサステナブルな開発に注力し始め、今日ではオペレーティング・モデルのあらゆる部分に浸透している。同社は完全にサステナビリティ重視のリーダーシップと組織構造を持ち、毎年、財務報告書とともに環境損益計算書を開示している。[注10] 2011年に「科学、イノベーション、生産チェーン、ローカル・アントレプレナーシップに基づく新しいサステナブルなビジネスの振興」を図るためにアマゾニア・プログラムを発足させた。[注11] この取り組みにはアマゾン・イノベーション・センターの設置、サステナブルな生産の拡大、サステナブルな共同開発プロジェクトの企画などが含まれていた。

ナチュラのサステナビリティ重視の姿勢は同社の製品やブランド戦略にまで及んでいる。1983年という早期から、同社は詰め替え用のパッケージを取り入れ、二酸化炭素（CO_2）排出量を削減するのと同時に、コスト削減と顧客ロイヤルティ向上も実現した。1995年に立ち上げた製品ラインの収益は、ブラジルの人々に質の高い公教育を提供するために全額寄付している。2000年には、リサイクル可能なパッケージと生物多様性に配慮した成分を使った製品ライン「エコス」を発売した。2013年発売の製品ライン「ソウ」のバリューチェーンは、効率的な資源利用のために最適化されている。

そのブランド・アイデンティティは、環境に配慮して設計された製品である限り、消費は社会に配慮したものとなるという考えに基づいている。同社の製品は動物実験もしておらず、カーボンニュートラルだ。[注12] さらに、ナチュラはブランディングにおいて、消費者に意識ある消費を広く呼びかけている。たとえば2019年、ナチュラは「あなたが大切に思うときに、美しさが生まれる」というマーケティング・スローガンを打ち出したが、こ

れはダイバーシティ（多様性）、動物福祉、環境への配慮の重要性を想起させるものだ。[注13]

ナチュラの生産モデルは、より強力な地域社会を構築し、地球を保護するための幅広い取り組みを支えている。現地で自然にとれる製品成分を調達し、地域社会に再投資し、保全と繁栄に努めてきた。2019年までに、同社はアマゾン川流域の5000以上の小規模生産者と協働し、サステナブルなビジネスモデルで協力し、約450万エーカーの熱帯雨林を保護してきた。2011年以降、生産戦略の一環として約18億ドルをアマゾン地域のベンチャーに投資してきた。[注14] また、生物多様性の維持と地域社会との公平な利益分配を目指す組織であるユニオン・フォー・エシカル・バイオ・トレードの設立も支援し、2010年以降、3億7000万ドル以上かけて、植物由来の化粧品の研究、生産能力の構築、さらにナチュラの共同創業者であるギリエルム・レアルの言う「これまで存在しなかった完全に新しいバリューチェーン」づくりを行ってきた。[注15]

ナチュラのサステナビリティ担当マネジャーのケイヴァン・マセドの言葉を借りれば、同社は「社会問題や環境問題を活用して、ただのビジネスではなく、サステナブルなビジネスの新たなチャンスを生み出せる」と考えている。[注16] 信じられないことだが、ナチュラは2007年以来カーボンニュートラルを維持し、CO_2排出量を収益化する方法論を考え出した世界で2番目の企業となった。[注17]「私たちはバリューチェーン全体で環境への影響を測定している。CO_2排出量を削減し、材料を再利用するために製品イノベーションを実現している。完全に相殺できないものがあれば、社会的インパクトももたらす炭素クレジットを用いる」と、アルバレスは説明する。[注18] たとえば、あるカーボンオフセット・プログラムでは、環境から320万トンのCO_2排出量を削減すると同時に、1万5000世帯にもインパクトをもたらし、2000人の雇用を創出した。同社はその取り組みにより、国際連合の地球大賞やグローバル気候アクション賞など数々の賞を受賞している。

ナチュラは事業の成功に支えられて、サステナビリティや女性のエンパワーメントに留まらず、もっと踏み込んで社会的インパクトをもたらす取り組みを推進することができた。ヘルスケアや教育へのアクセス、性的暴行からの解放など、他の重要な社会問題に対処するためのプログラムを実施してきた。何百万人もの販売コンサルタントが重要な役割を果たし、それぞれの地域の課題に対して地域社会と連携している。[注19]「社会貢献のために私たちはいろいろなことを行っている。そして、私たちはその社会的インパクトを社会のために収益化する方法を見つけた」と、アルバレスは語った。実際に、同社の試算によると、ナチュラ・カーボン・ニュートラル・プログラムに投じた1ブラジルレアルにつき31レアル相当の社会的価値が創出された。[注20]

ナチュラは2014年に、「社会や環境に配慮した活動実績、市民への透明性、利益とパーパスのバランスをとるための法的説明責任において最高基準を満たす」企業に与えられるBコーポレーション（Bコープ）認証を取得した最初の上場企業となった。[注21・22] これはナチュラほどの規模の組織にとっては偉業といえる。

今日、ナチュラの会長兼CEOであるロベルト・マルケスによると、TSIは「我が社の考え方とオペレーションのやり方に浸透している」。社会的インパクトの追求は「長年にわたる競争優位性」の源泉となってきたが、若い世代はサステナビリティに関心があるので、今はなおさらだとも、マルケスは言う。地域社会、政府、消費者、投資家の間では、同社のパーパスと社会的関心がブランドや評判を形成する要因となっている。このことはまた、イソップ（2016年）、ボディショップ（2017）、エイボン（2020年）などの買収で加速している積極的なグローバル展開プログラムにおいても、ナチュラの助けとなってきた。買収した企業はいずれも、ナチュラと調和するミッションやパーパスを持っていたので、はるかに統合しやすかった。ナチュラは若手従業員を惹きつける磁力を持つようになり、サステナブルなビジネスモデルに対して同じ考えを持つ企業で働くためにナチュラに入社する経営幹部を得て、強力なリーダーシップを発揮できる部隊が揃ってきた。[注23]

ナチュラのパーパス重視のオペレーション・モデルは、社会や環境はもちろん、株主にも恩恵をもたらしている。2004年5月から2019年9月にかけて、ナチュラの資本市場での評価は約15倍に増加した。これは、ブラジル50指数の2〜3倍の上昇率である。ロレアル、エスティローダー、資生堂など他のグローバル化粧品大手のパフォーマンスを上回り、株価はこのグループで2位につけているエスティローダーのほぼ2倍だ。[注24] すべて考慮に入れると、ナチュラは善い行いに努めることで、グレートを超えて順調に成長を遂げてきた企業の素晴らしい事例といえる。

サステナビリティをコア戦略に組み込む

皆さんの企業は、喫緊の社会問題や環境問題に対処するために重要な対策を講じてきたかもしれないが、利益に加えて社会的インパクトをもたらすために、コア戦略をどこまで変革してきただろうか。ビジネスと持続可能な開発委員会（Business and Sustainable Development Commission）の委員長を務めたマーク・マロック・ブラウン卿はこう述べている。「サステナビリティをビジネスのコア戦略の一部にしようとしている企業と、相変わらず『つけたし』と見なしている企業との間には大きな隔たりがある」。[注25] 最先端企業はこの違いを理解し、利益を犠牲にすることなく社会や環境に関する目標を追求するために戦略とオペレーションを再構築しつつある。こうした企業は環境面での負荷が減り、現地政府や地域社会への対応力が高まり、従業員やサプライヤーをより強力に支援できるようになるだけではない。ナチュラのように、こうした取り組みを活かして、優位性や長期的な利益ある成長の新たな手段を持てるようになるのだ。

最先端企業の詳細な戦略は多岐にわたる。社会的責任を果たしている高業績企業を分析してみると、広く社会に貢献し、かつ、株主に持続可能な価値をもたらすために用いている3つの戦略的道筋が明らかになった。こうした道筋で社会的責任を果たすことにより、新しい市場や顧客セグメントを開拓する機会、従業員にイノベーションを生み出す刺激を与える機会、現地政府や地域社会とより生産的で協力的な関係を築く機会という、明確なビジネス上の優位性を獲得できる。世界的に有名な3社の例で、TSIとTSRを組み合わせたこれらの道筋について考察していこう。しかしその前に、なぜ社会的インパクトがグローバル企業にとってこれほど重要な戦略になっているかという理由について、もう少し理解を深めたい。

トータル・ソサイエタル・インパクト(TSI)の推進

20世紀後半、グローバル企業のほとんどのリーダーは、他のステークホルダーよりも投資家という主人に仕える義務があると感じていた。ゲームの目的は株主利益の最大化にあると考え、地球温暖化、貧困、水不足など、長期的な社会問題を解決することは政府や非政府組織(NGO)に任せていた。エコノミストのミルトン・フリードマンはこうした考え方を正当化し、「企業の唯一の社会的責任は、自社のリソースを使って、自社の利益を増やすことを目的とした活動に従事することだ」と書いている。[注26] この哲学の範囲内で、多くの企業は利益の一部をCSR活動に振り向けた。そうした慈善活動はリーダーにとって気分の良いもので、ブランドのためにもなった。しかし、あるCEOが指摘したように、ESG（環境、社会、企業統治）目標に取り組む必要性が高まってきても、CSRは常に「ビジネス界の『貧しい親戚』」と考えられてきた。[注27]

今日、企業やリーダーは、もはや社会問題や環境問題を傍観していられないことを知っている。気候変動、不平等、パンデミックなどの問題は悪化し、政府だけで管理できることを超える行動が必要とされ、企業が責任を持ってリーダーシップを発揮してほしいという国民の要求が一層高まっている。ロベルト・マルケスが私たちに語ったように、「世界が死んでしまったら、ビジネスはやっていけない」[注28]。

個々の企業に行動を起こす責任を持たせるために、ステークホルダーはこれまでよりも強い力を持つようになっている。メディアの民主化により、一般の人々が企業やその業務、影響に関する信頼できる速報に、かつてないほどアクセスできるようになった。ESGに関する基準、指標、データはより豊富になり、信頼性も高まっている。

2018年には、S&P500指数構成企業の86%が年次報告書にサステナビリティ・パフォーマンスに関するデータを載せていた。[注29] ESG実績の情報開示はそれ自体が1つの産業になりつつあり、2020年には4億ドルを超えると推定されている。[注30]今後はさらに多くの企業情報が入手可能になるだろう。2018年、資産規模にして合計5兆ドルを動かす投資家たちが、上場企業に対して事業に関する標準的なESG情報開示を義務づけるよう米国政府に求めた。[注31]中国の規制当局も同年、中国で上場している企業は2020年までにESGパフォーマンスに関する情報も開示しなくてはならないことを発表した。[注32]

世界的危機が増えて透明性が求められる時代にあって、消費者はもはや企業に満足のいく商品、サービス、体験を求めるだけではなくなっている。企業が社会や環境への悪影響を最小限に抑え、差し迫った問題の解決に貢献することまで期待しているのだ。研究によると、世界中の消費者の大多数が社会や環境への配慮に基づいて購入決定をしているという。[注33]消費者がますます二極化し、購入の選択を通じて自己表現したいと思うようになっている中で、政治的手段が一定の役割を果たす。ある調査では、世界のZ世代（1990年代中盤以降に生まれた世代）の消費者のほぼ3分の1が、サステナブルではないと見なしたブランドの商品・サービスの購入を拒否してきたのに対し、米国ではミレニアル世代（2000年代に成人を迎えた世代）の90％以上が理念を持たないブランドから離れ、理念を唱導するブランドに乗り換えると述べている。[注34]また、米国人の4分の3以上が、自分の信念と相反する立場をとるブランドをボイコットすることで不満を表明するだろうと述べている。[注35]

ペプシコが掲げる「パーパスにかなった成果」

このような変化は現実の企業業績につながっている。インドラ・ヌーイが2006年にペプシコのCEOに就任したとき、同社や同業他社は、炭酸飲料の健康への影響についての消費者の懸念や、「ソーダ税」を求める運動の高まり、(水資源の利用を含めて)製造プロセスのサステナビリティに関する問題に直面していた。ヌーイは同社を改革してすべてのステークホルダーに便益を届けようと決意し、2006年にサステナビリティとパーパスを自社のコア・オペレーションに統合する「パーパスにかなった成果(PwP)」という新ビジョンを導入した。ヌーイが述べたように、この戦略には「私たちの成功、ならびに、私たちが事業を行う地域社会、そしてより広い世界の成功は、密接に結びついている」という認識が反映されている。[注36]

PwPを実現させるために、同社は3つの柱に注力し、すべてのステークホルダーに最高レベルの成果をもたらすための戦略を進めた。それは、「販売する製品を改善し、地球を保護するために責任を持って事業を行い、世界中の人々に力を与える」というものだ。[注37]ペプシコは、健康面に配慮して既存製品を見直し(過剰な糖分、飽和脂肪酸、ナトリウムを減らし、トランス脂肪酸を完全に取り除いた)、健康的な製品のポートフォリオを構築した。現行製品の改善に注力し、新製品への投資を促進するために、同社初の最高科学責任者を採用した。一層責任を持って事業を行うために、サステナブル農業プログラム（ＳＦＰ）を立ち上げた。これは、生産者のために農業の生産性と収益性を高め、地球への農業の影響を減らし、農業従事者の権利を支援することを目的としていた。従業員に力を与えるために、ペプシコ大学を設立し、アップスキリング（飛躍的なスキル向上）を支援するオンラインコースを用意した。従業員のダイバーシティ確保にもさらに重点を置いた。[注38]

こうした取り組みは、株主を含めて全ステークホルダーに多大な利益をもたらしてきた。２０１６年までに、より健康に配慮した「グッド・フォー・ユー」や「ベター・フォー・ユー」製品がペプシコの売上の約50％を占めるようになり、10年前の38％よりも増加した。[注39] ２０１８年までにＳＦＰを通じて作物の半分以上を農家から直接調達し、２０１６年までに既存オペレーションにおける水使用量が25％効率化された。[注40] 同社はまた、従業員のダイバーシティを大幅に改善し、２０１８年に世界全体で管理職の40％が女性となっている。[注41]

こうしたあらゆる社会的便益には同様に素晴らしい財務業績も伴っていた。ヌーイがＣＥＯに在任していた２００６年から２０１７年末までの間に、ペプシコのＴＳＲはＳ＆Ｐ500指数のＴＳＲのほぼ2倍となった。[注42] ２０１８年にヌーイの後任としてペプシコＣＥＯに就任したラモン・ラグアルタはこの戦略を土台に「パーパスにかなった勝利」と

いうビジョンを打ち出し、サステナビリティという経営課題の位置づけをさらに高めている。[注43]

サステナビリティの追求はリターンにもつながる

政府や地域社会も、事業を行う権利と引き換えに企業により多くのことを期待している。選挙で選ばれたリーダー、官僚、活動家は、国、地方などあらゆるレベルの政府機関が単独ではよりサステナブルな未来はつくれないことを認識し、企業にその隙間を埋めてほしいと考えているのだ。「政府は思い切った措置を講じて主導権を握らなければならない。それと同時に、企業は私たちの世界をよりサステナブルな軌道に乗せるのに欠かせないソリューションやリソースを提供できる」と、前国連事務総長の潘基文は語った。[注44] インドや中国などの新興国政府は長年、企業は社会のために事業活動をしなければならないという信念もあって、経済活動を厳しく規制してきた（たとえばインドは、ＣＳＲ投資を企業に義務づけた最初の国だ）。[注45] このような市場で成長を目指す企業は、現地政府の懸念や要求に対応し、社会に良い影響を及ぼすためのコミットメントを示す必要があるだろう。そうすれば企業は、とりわけ鉱業、石油・ガス、製薬など、規制が厳しい、あるいは政府や地域社会から強い圧力を受けやすい業界の企業はレジリエンスを高められる。

従業員や投資家も企業により多くを求めている。トップ人材は、変化を起こしたいという情熱を分かち合える企業に魅力を感じている。ある調査では、若手の従業員や学生の92％が環境に配慮する企業で働きたいと志望していた。[注46] 投資家も同じく、企業によりサステナブルな戦略を立てるよう声高に要求している。ある調査によると、投資家の80％は資本を振り向ける先を選択するときに、価値観に基づいて意思決定するという。[注47]

サステナブルなビジネス戦略を追求する企業はよりリターンが大きいという証拠は増加している。サステナブルな企業に投資するファンドは、従来型企業に投資するファンドよりもボラティリティ（価格変動の激しさ）が小さく、下落時の時価総額の偏差が20％低い。[注48] ２００９年から２０１８年までの調査結果によると、企業の社会的インパクトへのコミットメントは、資本市場での評価の向上、ボラティリティの低下、リターンの増加と相関しているようだ。[注49] このほか、80％の事例で、マルチステークホルダー・アプローチをとることが企業の株価を押し上げているという報告もある。[注50] 投資家の要請により、広範な社会的パーパスを追求することで企業は資本にさらにアクセスしやすくなっている。近年では、多くの大手投資会社のＣＥＯがサステナビリティを考慮した投資戦略をとる意向を表明してきた。投資家からのプレッシャーがさらに強くなりそうだ。

ブラックロックのＣＥＯのラリー・フィンクは、よく読まれている投資先ＣＥＯ宛て公開書簡の２０２０年版で「ステークホルダーに対応せず、サステナビリティのリスクに対処しない企業や国は時間とともに市場からますます疑いの目を向けられるようになり、その結果、資本コストが高くなるだろう。対照的に、透明性を高め、ステークホルダーへの対応力を示す企業や国には、より質が高くより忍耐強い資本をはじめとして、より効果的に投資が集まるだろう」と書いている。[注51]

BCGの試算では、2023年までに45兆ドルが社会的責任投資に向かうと見込まれる。[注52] KKRのグローバルインパクトファンド、TPGのライズファンド、ベインキャピタルのダブルインパクトファンドなど、大規模なプライベートエクイティ企業はサステナビリティと社会的インパクトの関連銘柄をターゲットとするファンドを組成した。他の企業も新しいESG投資ファンドを発表し、既存ファンドに（非準拠企業への投資を拒否し、投資家としてより積極的に働きかけることで）ESGの側面を追加したり、より広範なポートフォリオにESGを組み込む方法についてクライアントに助言したりしている。

ＴＳＩとＴＳＲを実現する3つの道筋

ＴＳＩの6領域

ＴＳＩを戦略として実行している最先端企業は現在、一つひとつの意思決定、資産、業務プロセスがどのように利益創出に役立つかだけでなく、それぞれが地域社会や社会全体にどう貢献するかも考えるようになっている。とはいえ、ＴＳＲを最大化するのと同じように、自社のオペレーションと業績に及ぼす影響を関連づけて追跡しながら、社会的インパクトを包括的に理解しない限り、社会的インパクトの実現がコア・オペレーションから切り離されたままになりかねない。

ＢＣＧではこの点を踏まえて、⑴経済的価値、⑵消費者のウェルビーイング、⑶倫理的な価値観・慣行、⑷環境サステナビリティ、⑸ソーシャル・イネーブルメント、⑹ガバナンスという主要6領域にわたる、入念に組み立てた進化する戦略と関連指標としてＴＳＩを考案してきた。図1に示すように、この6領域は、国連のＳＤＧｓ（持続可能な開発目

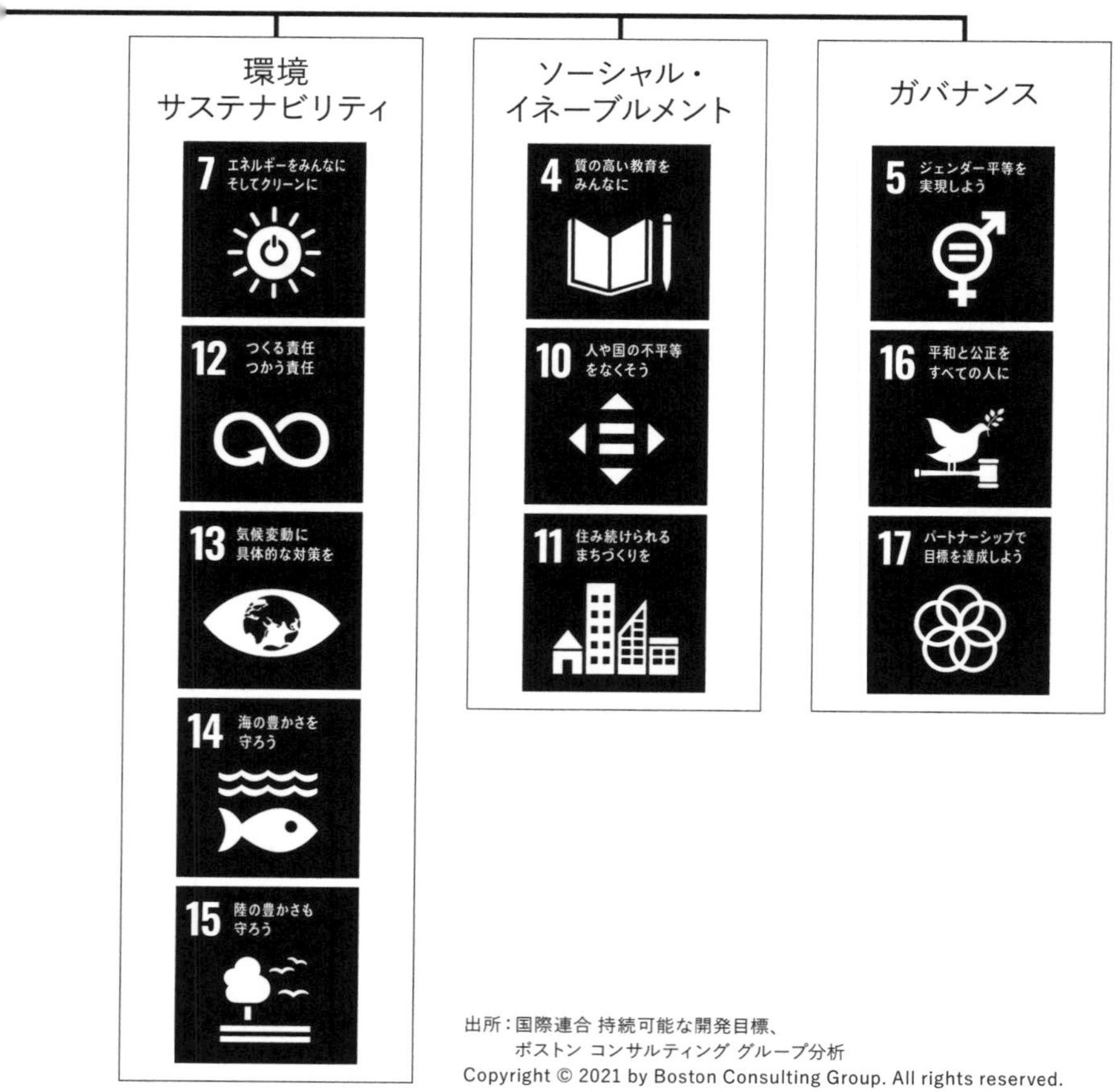

出所：国際連合 持続可能な開発目標、
　　　ボストン コンサルティング グループ分析

|図1| TSIの6項目とSDGsとの対応関係

トータル・ソサイエタル・インパクト（TSI）の6項目と
国際連合の持続可能な開発目標（SDGs）との対応関係

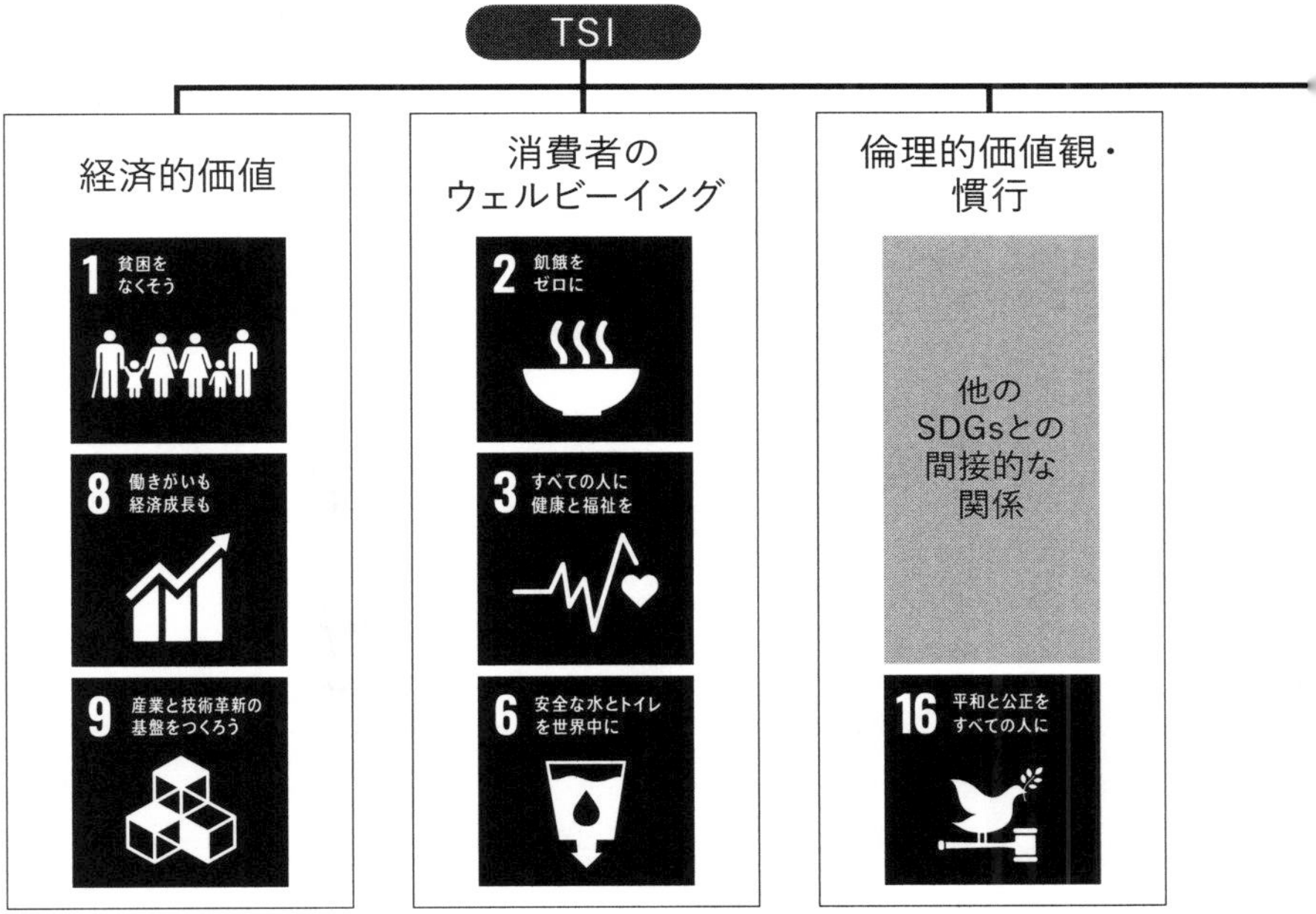

SDGsの17の目標

1 貧困をなくそう
2 飢餓をゼロに
3 すべての人に健康と福祉を
4 質の高い教育をみんなに
5 ジェンダー平等を実現しよう
6 安全な水とトイレを世界中に
7 エネルギーをみんなに そしてクリーンに
8 働きがいも経済成長も
9 産業と技術革新の基盤をつくろう
10 人や国の不平等をなくそう
11 住み続けられるまちづくりを
12 つくる責任 つかう責任
13 気候変動に具体的な対策を
14 海の豊かさを守ろう
15 陸の豊かさも守ろう
16 平和と公正をすべての人に
17 パートナーシップで目標を達成しよう

標）に対応している。この6領域の戦略と指標は、自社の業界や該当する影響領域によって異なるだろう。BCGのTSIを開発したチームが指摘しているが、TSIを測定しやすい領域と測定しにくい領域がある。[注53]

企業戦略を策定する際にTSIをTSRと併用することで、企業のオペレーションや商品・サービスが外部の世界に与えるトータルの効果を把握できる。TSR戦略をTSIに結びつけるためには、6領域のそれぞれを検討し、企業が社会や環境に与えるオペレーション上の便益や損害を最も正確に測定する方法を判断しなくてはならない。次に、今後の自社の存続や成長を脅かす最大の課題を探し、こうした課題を自社のコア・コンピテンシーや商品・サービスに結びつけ、自社の戦略に対する有形・無形の影響を突き止めていくべきである。また、戦略、オペレーション、資源配分についての意思決定をするときには、TSIのレンズも用いて、6つの側面にわたりプラスの社会的インパクトを最大化するよう努めるべきだ。

こうしたTSI戦略にたどり着ければ、組織全体が1つになれる明確なパーパスや存在理由、つまり、単なるミッション・ステートメントではなく、生命を吹き込む存在理由を導き出すことができる。「TSIを高める最も強力な、そして最も困難だがやりがいのある方法は、コアビジネスを活用することで、スケーラブルでサステナブルな取り組みを生み出すアプローチだ。このアプローチをうまく実行すれば、ネガティブなイベントリスク

を減らし、新しい機会の扉を開くことによって、長期的にTSRが高まる」というのがBCGのTSI開発チームの見解だ。注54

企業がTSIの評価を通じて採用する具体的なモデルは、業界間さらには業界内でも大きく異なる。それにもかかわらず、私たちの調査で明らかになったのは、社会的責任において先行する企業は、並外れた成長や株主価値を達成しながらプラスの社会的インパクトを実現するために、3つの異なる道筋を単独もしくは組み合わせて進んでいたことだ。これらの道筋は、TSIを追求することによってビジネスで勝つための優位性を獲得する唯一の方法というわけではないが、私たちが研究する中で見つけた特に効果的で有望なアプローチである。それぞれを順番に見ていこう。

道筋1　新しいビジネスモデルを構築して、革新的な商品・サービスをより広く利用できるようにする

その改革がなければアクセスできなかったかもしれない顧客向けに自社の商品・サービスをすぐに利用できるようにすることや、イノベーションを起こして、取り残された個人や地域社会を支援することにより、企業は地域社会の生活を大幅に充実させ

たり、環境サステナビリティの取り組みを促進したりできる。

この道筋の好例がマスターカードだ。同社は2006年の株式上場以来、社会的便益をもたらすことに非常に力を入れてきた。アジェイ・シン・バンガは2010年にCEOに就任すると、そうした取り組みをテコ入れし拡大させた。バンガは原則として、リーダーは、システム・アウェアネス（部分ではなく、システム全体に対して意識を持つこと）を大切にして株主のみに狭く固執しないようにする必要があると信じていた。「企業はグローバルエコシステムの一部だ。エコシステムは定義上、バランスと多様性が必要となる。また、自社自身よりも大きく、直近の将来よりも長期的な視点が求められる。私たちが単独行動をとるよりも、みんなとつながって全体として動いたほうが強いことを理解する必要がある」と、バンガは語る。[注55]

こうした取り組みが経済的に持続可能でかつスケーラブルであることが極めて重要であり、マスターカードでは「善い行いをしてビジネスとしても成功する」ことを日常化させることに主眼を置いている。

バンガをはじめとするリーダーたちは、マスターカードが、単に慈善活動を通じて中核事業の外で社会的インパクトをもたらすのではなく、中核事業を活用して社会的インパクトを促進し、そこから恩恵を受けることを期待していた。そのための方法が、発展途上国でマスターカードのプレゼンスを高めることだった。
リーダーたちの意見では、同社には、十分なサービスを受けていない人々が金融サービスやデジタル・ソリューションを利用できるように支援する機会がある。それによって、そうした人々が富を生み出し、地域経済を築くために貢献し、エコシステムや市場にデジタルでつながることが可能になるだろう。そのうち社会から取り残されていたセグメントがマスターカードの新規顧客となり、同社の成長を促進させる可能性もある。
「私たちの中核事業は、人々にビジネスや商取引を利用してもらうためのデジタル・インフラストラクチャを構築することだ。私たちは今、その同じ中核的組織能力を、いかに取り残されたセグメントや人々に広げていけるかについて考えている」と、人道および開発分野担当EVP（エグゼクティブ・バイスプレジデント）のタラ・ネイサンは語る。[注56]
同社の新しいTSI戦略には、さらに強力なビジネス・ロジックがあった。フィンテック企業が2010年代に爆発的に伸び、そのモバイル決済ソリューションは従来のクレジットカード会社を破壊する恐れがあったのだ。[注57] 加えてマスターカードは、インクルーシブ（包摂的）なキャッシュレス経済を構築することの経済的、社会的便益をますます意識するようになっていた。同社はこうした現実に対応して、最先端のデジタル決済ソリューションを開発するだけでなく、新市場、特に発展途上国で試験的に導入し、積極的に売り出そうと努めた。このような市場には往々にして銀行がごく少ないため、消費者は金融サービスを利用できず、デジタル経済から分断されたままになっていた。マスターカードは同業他社と同じく、こうした消費者が従来の金融商品・サービスを飛び越えて、デジタル・ソリューションに直接移行すると考えていた。そこで、そのような新しいデジタル・ソリューションを提供するためにイノベーションに取り組み、新しい消費者層が出現したときにアクセスできるように政府やＮＧＯと提携した。この対応により、同社は信頼とブランド認知を築き上げ、競合他社よりも優位に立てるとともに、十分なサービスを受けていない地域社会に極めて大きな恩恵をもたらすことができるだろう。

マスターカードはかつて「善を促進する力（A Force for Good）」になりたいという思いから、２００６年に株式を寄付して独立組織のマスターカード財団を立ち上げ、アフリカでのプロジェクトに特に力を入れてきた。[注58] バンガの下での新しいＴＳＩ戦略を実現するために、同社はさらに踏み込み、ビジネスとして持続可能な社会的インパクト活動を推進する手段としてマスターカード戦略成長部門を設立した。これは、インクルーシブな成長への取り組み、斬新なビジネスモデル、革新的なパートナーシップの推進を主眼としていた。この部門には、政府の巻き込み、人道および開発プログラム、寄付用プラットフォーム、企業とのパートナーシップなどの分野と結びついた幅広いビジネスユニットが置かれている。

マスターカードはこのような取り組みの一環として、２０１８年に自社のサステナビリティ、社会貢献に役立つデータ、慈善活動を監督するために、センター・フォー・インクルーシブ・グロースを設立。その後、同センターに5億ドルを出資した（2018年に最初の1億ドルを助成した）。ネイサンの話では、以前のようにただ小切手を切ることは重視されなくなったという。

「モバイルアプリや決済のテクノロジー開発に向けたアイデアが多く寄せられるようになり、そこに関心が向けられるようになった。（中略）私たちがその状況や望ましい結果に適したソリューションを設計するために手伝えることが明白になった」[注59]

マスターカードはさらに、サステナブルなイノベーションを中核事業から切り離された慈善活動に委ねるのではなく、中核事業に組み込もうとしてきた。たとえば、「5億人の個人顧客を金融サービスにつなげる」ことや、2025年までにCO_2排出量を5分の1に削減することを約束した。[注60] リーダーたちはこうした社会的インパクトの目標を後押し、全社のチームに新しい市場やテクノロジー、新たなKPI（重要業績評価指標）で実験することを許可した。すぐに投資のリターンが出ない場合もあることも重々承知している。

ウガンダでは、教育省とユニセフが協働して、モバイルプラットフォーム「クパ（Kupaa）」を立ち上げた。このプラットフォームにより、10万人を超える保護者が授業料を安全にネット経由で、従来のような全額一括ではなく、少額ずつ分割で納められるようになった。また、子どもたちが学校に通うことが経済的に実現可能になるだけでなく、学校は支払状況を効率的に管理したり、教師の勤怠状況や他のパフォーマンス指標を追跡したりできるようになり、政府は意思決定に使えるデータが増えた。[注61]

東アフリカでは、ゲイツ財団と協働し、マスターカード・ラボ・フォー・ファイナンシャル・インクルージョンを設立している。このラボは、取り残された地域社会を支援する新商品の設計、テスト、最終的な拡大展開に重点を置いている。そこで生まれたイノベーションの一例が、小規模農家と買い手をつなぐマスターカード・ファーマーズ・ネットワークと呼ばれるプラットフォームだ。スマートフォンでこのアプリを立ち上げると、農家はより多くの市場情報を入手でき、農作物の交渉や販売の際の大きな力となる。また、農家はこのプラットフォームを使って、デジタルで入出金履歴を確認することもできるので、将来的に資金を確保し公式経済に参加するのに役立つだろう。農家はこのプラットフォームを無料で利用でき、マスターカードは、（知識向上と小規模農家とのつながりから恩恵を受ける）農業エコシステム内の他の関係者に課金することで、これを経済的に成り立つビジネスにしている。[注62]

近年に行われた他のイノベーション・プロジェクトとして、南アフリカの社会保障局の低所得層への給付金支払いを支援するテクノロジー・プラットフォームや、ＮＧＯのネットワークが、既存インフラが不足している遠隔地の貧困層に助成金を分配できるようにするプラットフォームなどが挙げられる。[注63] ２０２０年初めの時点で、マスターカードはこれまで経済的に対象外とされてきた５億人以上の個人をデジタル経済に取り込む目標を達成した。現在はそれを超えて、２０２５年までに金融サービスへのインクルージョン対象を合計10億人に拡大し、さらに５０００万の零細企業や小規模企業をデジタル経済につなげようとしている。[注64]

何百万人もの消費者が金融サービスを利用できるようにする取り組みにより、マスターカードの中核事業の業績は向上してきた。新たに大きな高成長市場を開拓し、新しく出現した消費者層向けに最善のサービスを提供する方法について貴重なインサイトを得られるようになった。また、ブランドの認知度や評判を高めながら、政府やＮＧＯ、民間部門のさまざまな業界との新しいパートナーシップの構築にも役立っている。

さらなる恩恵として、マスターカードが開拓した新市場は多くの場合、反景気循環的であり、世界の他の地域で景気後退に入っても同社は高いレジリエンスを保つことができる。マスターカードの評判が急上昇してくると、トップ人材が同社の社会的パーパスに刺激されて集まるようになった（ネイサンの推定では、新入社員の約60～70％が社会的インパクトで同社を選んだという）。[注65] ２０１９年の「働きがいのある職場（Great Place to Work）」調査では、マスターカードの従業員の93％が「自社の地域社会への貢献のしかたに満足している」「ここで働いていることを他の人に伝えることを誇りに思う」という項目に「はい」と答えた。[注66] 株主もかなりの恩恵を受けてきた。２０１０年から２０１９年までの期間に、マスターカードの年平均ＴＳＲは37％増となり、同業他社（14％増）やＳ＆Ｐ５００指数（９％増）をはるかに上回っている。[注67] ２０１９年、フォーチュン誌の「ビジネスマン・オブ・ザ・イヤー」でバンガはトップ10に入り、「金融サービスのレガシープレイヤーがいかに急速に進化する環境を受け入れ、適応できるかを示す象徴として、マスターカードが浮上した」と評された。[注68]

マスターカードの外部向けＴＳＩ戦略は、中核事業のオペレーションとチームを通じて提供され、社会の中で銀行取引を利用できなかった人々に非常に大きなインパクトを与えるのと同時に、将来の市場と顧客セグメントを開花させて成長の土台をつくった。ただしこの戦略には、上級リーダーたちの忍耐力や賛同が欠かせない。特に、サステナブルな取り組みは、成熟し利益を生み出すまでに既存事業よりも時間がかかる場合があることを認識する必要がある。「長期間そこに留まる胆力を持たなくてはならない。忍耐力が必要となる。これは四半期業績を追求している企業には非常に難しいことだ。自分の行っている投資のＲＯＩを実質的に理解する必要がある。ＲＯＩは向こう側にあり、それを進んで見ようとしなくてはならない」と、ネイサンは語っていた。[注69]

道筋2　内部プロセスと機能に社会的ニーズを組み込んでインパクトを出す

一部の企業は、主要な内部機能に社会的インパクトを積極的に組み込んでいる。たとえば、イノベーション・プロセスの一環として積極的に社会課題を詳細に調べ、社会的ニーズを満たせる新製品を開発して成功している企業もある。

日本の製造業企業であるオムロンの例を見てみよう。ナチュラと同様、オムロンは利益とともに社会的パーパスをしっかりと念頭に置いて構想されていた。創業者の立石一真は「企業は利益を追求するだけではいけない。（中略）社会の役に立つ義務がある」と考えていた。[注70]今日、オムロンの経営陣は社会を自社の主要顧客とみなし、社会問題を売上やイノベーションの主要ドライバー（推進力）として捉えている。この哲学は「ソーシャルニーズの創造」という同社のコアバリューや、「事業を通じて社会価値を創出し、社会の発展に貢献し続けること」という存在意義に織り込まれている。[注71]

しかし、こうした啓発的なビジョンは単なるショーウィンドウの飾りではない。オムロンのリーダーたちに話を聞くと、社会的インパクトは組織のトップから末端まで、社内のイノベーション・プロセスに著しい影響を与えてきたという。リーダーたちは、成長と新規事業開発に関連したすべての戦略会議で社会的インパクトについて話し合う。特に、自社でイノベーションを加速させて社会的インパクトの創出をめざす領域を4つ定めてきた。それは、ファクトリー・オートメーション、ヘルスケア、社会システム、機械部品である。

領域ごとに、製品・イノベーション担当チームが市場を精査し、満たされていない顧客ニーズや根本的な社会的課題を調べたうえで、ニーズを充足し課題に対処する製品を設計する。オムロンでは、科学、技術、社会の間のつながりを意識した方法論を用いて見出した社会的課題を選別し、社内の技術面のコア・コンピテンシーで対応できる最も関連性の高い社会課題を突き止めていく。さらに、人材採用プロセスの中で、同社の社会的ミッションに賛同し、社会課題の特定や解決に必要なスキルを備えた多様な人材を求めている。

たとえばオムロンは、史上初の自動改札システムを開発した。[注72] このシステムにより、高度経済成長において生じた輸送機関の混雑が緩和され、駅構内係員がより付加価値の高い業務に携わることを可能にした。直近では公共交通機関を利用する子どもを親が追跡できる機能も加わった。[注73] このように社会から発想を得た同社のイノベーションの歴史は長い。さまざまな次元での駅の自動化の取り組みは数十年に及ぶ。オムロンのコア事業である製造現場の自動化のほかにも、自動信号機（道路の安全性を高め、渋滞を減らすために1960年代に設計された）や家庭用血圧監視システム（患者が病院の外でより多くの時

間を過ごせるように1970年代に設計された）などのイノベーション事例がある。[注74]

パーパスを実現するための社内アプローチは、オムロンの評判を実質的に向上させてきた。オムロンは日本企業のブランド価値ランキング「ベスト・ジャパン・ブランド」で2019年に30位（前年は39位）に入り、経済産業省と東京証券取引所による2019年「健康経営銘柄」に選ばれた。2009年から2019年までの期間で、日経平均株価の2倍のリターンも達成した。それでもなお、海外の主要競合企業には財務実績で後れをとっており、本書の執筆時点で、同社のリーダーたちはその強力なTSI実績をより高い株主利益に転換しようと注力している。

道筋3　現地政府と協力して、地域社会により多くの経済的機会を創出する

大企業、特に新興国市場と規制産業で事業を営む企業は長年、充実したCSRプログラムを推進してきた。学校や病院を建設し、栄養プログラムを運営し、危機の際には支援を行う。今日、ステークホルダーや地域社会は当然ながらさらに多くを要求し、最先端企業はそれに対応しようとステップアップしている。最先端企業は保有する幅広い財務や経営の組織能力を発揮して、地域社会、政府、NGO、学術機関など

のステークホルダーと協力しながら、地域社会の経済発展を促進している。

鉱業資源を扱うグローバル大手のアングロ・アメリカンは近年、この戦略を採用している。過去数十年で、同社は（100年以上にわたってプレゼンスを維持してきた）南アフリカで政府と緊密に連携しながら、社会契約や地域社会への貢献を明確に打ち出してきた。しかし、グローバルに展開する同業他社と同様、アングロ・アメリカンも地域社会や環境活動家、政府、投資家からより大きな貢献を求められていた。ステークホルダーは、生産性や財務的なレジリエンスを超えて、サステナビリティや気候変動などの領域で期待に応えてほしいと思っていたのだ。アングロ・アメリカンは、事業を営み成長するための長期的ライセンスを維持するためには積極的な行動をとる必要があることに気づいた。

アングロ・アメリカンは、守りに入ったりCSR戦略を微調整したりするのではなく、根本的に自社のあり方を見直すことにした。TSI重視のレンズを使って、地域社会、政府、規制当局など主要な外部ステークホルダーとの協働により地域社会に貢献することを中心としたビジネスモデルを採用したのである。この戦略には、社会的恩恵だけでなくビジネス上の優位性をもたらす意図があった。2018年、同社は新しいパーパス「人々の暮らしを向上させるために鉱業を再構想する」を採用し、その実現に向けて社会的要素、技術的要素、サステナビリティの要素を含んだ、革新的なサステナブル・マイニング・プログラム（同社の呼び方では、フューチャースマート・マイニング）を導入した。

この戦略には2つの領域がある。第1に、新しいテクノロジーを導入して、天然資源の採掘時に環境に及ぼす影響を減らすように努める。第2に、新しいやり方で地域社会と関わることで繁栄する地域社会を構築したいと考えている。最も注目すべき点として、コアの鉱業活動とは独立した経済的機会を生み出そうとしている。同社はこの目的のために、政府、地域社会の代表者、学術機関、宗教団体、企業、NGO、研究者と協力しながら、経済発展の機会を特定し、自社の既存の鉱業オペレーションに依存しない、将来の地域的成長について計画を策定してきた。

アングロ・アメリカンは企業責任の一部として現地に投資するときには、その地域社会の開発ニーズを包括的に理解するようにしている。たとえば、同社の施設までの道路を建設する場合、エコツーリズムの機会を切り開けるように道路を延長するかもしれない。あるいは、科学的な空間分析データに基づいて土地利用の機会を調べれば、地元地域の繁栄に最適な農業活動について理解が深まるかもしれない。牛を飼育する代わりに、その土地でバイオディーゼルの生産に使う作物を栽培し、それを鉱山や他のユーザーに購入してもらうのも一案だ。

アングロ・アメリカンは、現地の従業員が新しいテクノロジーに乗り遅れないようにアップスキリングしたり、若手従業員が将来必要なスキルを習得したりできるように、教育投資も行っている。従業員がより良いトレーニングを積めばメリットになるが、同社が投資してきた職業訓練は自社のサプライチェーン上のニーズを超えている。そうした行動を通じて、自ら栄える強い地域社会の構築を目指しているのだ。[注75]

これに関連して、同社は国や地方レベルでコミットメントや結果責任について継続的な対話を促し、意見の不一致を解消し、新しい信頼に基づく関係を構築している。国際・政府関係担当グループ責任者のフロイディス・キャメロン＝ヨハンソンは「21世紀の企業がやるべきことの1つは、エコシステムを取り仕切ることよりも、もっとパートナーの関係になることだ。アングロ・アメリカンの場合、ＴＳＩは私たちのＤＮＡの一部となっている考え方であり、パートナーシップや謙虚さ、そして耳を傾けることによって初めて実現できるものだ」と私たちに語った。[注76]

フューチャースマート・マイニングがもたらすインパクトを完全に理解するのは時期尚早だが、初期の兆候は明るい。アングロ・アメリカンの見解では、安全性やサステナビリティが向上し、より多様な社会的関係とパートナーシップを育む力が高まってきた。フューチャースマート・マイニングについては、投資家も「今、気づき始めている」と、テクニカルディレクターのトニー・オニールは指摘する。「まだストーリーの初期段階だと思うが、投資家は当社が行っていることや、その背後にある大きな志を見てとれる。最終的に、異なる投資家プロファイルに発展し、投資家も増えるだろう」。[注77]

フロイディス・キャメロン＝ヨハンソンが示唆したように、インパクトをよく理解したうえでの意思決定は、明らかに企業とその株主に恩恵をもたらすと思われる。「ある環境の中で事業を行っている企業に対して地域社会が満足していないとすれば、あっという間にその企業にとって生産量の低減を意味することになる」。その一方で、より広い地域社会に環境面や経済面で恩恵をもたらすために協力することは、すべての人のためになるだろう。同社の地域開発における協業の可能性について、「あなたが勝って、私が勝つ。ともにスーパーウィンだとすれば、『私たちの勝利』になる」と、彼女は説明する。[注78]

世論の中に潜む不確実性を考えると、「私たちのスーパーウィン」を生み出す能力によって、同社はレジリエンスを高め、一般の人々の不満から生じうるリスク（鉱業会社がよく経験することだ）から会社を守り、事業を営むためのライセンスを強化できる。

リーダーへの示唆

善い行いとTSIの実現は、CSRの取り組みとしてではなく、中核事業の必須要件であり、グローバル企業や経営リーダーたちの間で、いまだかつてないほどそうした機運が高まっている。「民間部門が気候変動対策に取り組む流れに弾みがついている。自社のビジネスモデルをより強固にし、将来により適合させるための競争が間違いなく起こっている」と、ユニリーバ前CEOのポール・ポールマンは語る。[注79]

110カ国の2200人以上のCEOを対象とした2019年YPOグローバルリーダーシップ調査では、ほぼすべてのCEO（93％）が企業のパーパスにマルチステークホルダーの考え方を盛り込むことに同意していた。[注80] 米国の経営幹部300人に聞いた2019年のINGの調査では、戦略策定時に社会的インパクトやサステナビリティを考慮しているという回答が、前年の48％から85％に増加している。[注81]

それにもかかわらず、ほとんどのグローバル企業の側では、こうした前向きな兆候がまだ幅広い行動に反映されていない。2017年の国連グローバル・コンパクト調査によると、「企業責任への自社のコミットメントについて公表する」と回答したが、明確な目標の設定や、その達成状況の追跡、自社のオペレーションが実際に及ぼしているインパクトを評価していない企業が相変わらず多い。[注82]

皆さんの組織では、戦略やオペレーションにTSIを最大限に織り込んでいるだろうか。まだだとすれば、真っ先に、そして速やかに、やらなければならない。気候危機が深刻化し、国や地域社会からの要求が高まり、若い世代がサステナブルなビジネスを求める声を上げるようになるにつれて、企業に対して株主価値の先を考えよというステークホルダーからの圧力は今後数年で劇的に増大するだろう。

すでにすべての業界の企業が、事業を営むためのライセンスに対する脅威の高まりに苦慮している。ビッグテックがその良い例だ。近年では、グーグル、フェイスブック、アマゾンなどのテクノロジー大手に対し、政府の規制を求める声が高まっている。アトランティック誌の観測筋は「ビッグテックへの反発は目まぐるしいペースで加速している」と指摘する。[注83]とはいえ、この分野でも、進化したTSIの考え方に沿って思い切った対策を打ち出し、多大な恩恵を享受している企業もある。マイクロソフトは、CEOのサティア・ナデラの采配下で、「地球上のすべての人、すべての組織がより多くのことを達成できるよう力を与える」というミッションを導入してきた。[注84]同社はそれに沿って、2030年までにCO_2排出量をマイナスにする「カーボンネガティブ」を達成し、2050年までに、創業以来排出してきたCO_2をすべて除去することを約束した。[注85]また、同社の財源、テクノロジー、AI（人工知能）能力を活用しながら、政府と協働してさまざまな社会的課題の解決に乗り出している。

こうしたパーパス重視の取り組みのおかげで、マイクロソフトは近年、驚くべき価値創造を遂げてきた。それについては本書の後半で取り上げる。

ほとんどの企業がTSIと最終利益の両方でインパクトを出すための戦略をなかなかとれずにいることは、この章で挙げた企業と同様、皆さんの企業にとってのチャンスを意味する。特に、株主価値の最大化を重んじる価値観が強固な企業カルチャーとなっている場合（米国では、日本などのアジア諸国よりも、この倫理観が歴史的により深く根付いている）、実行するのは容易ではない。では、どうすれば自社の社会的インパクトの取り組みに新たな意識やエネルギーを植えつけられるのだろうか。次の問いについて検討してみよう。

●CEOや経営陣など上級リーダーたちは、社会的パーパスを発見、明確化、活性化して、組織全体に深く埋め込む責任を負っているか。

●全社的な事業戦略と合致した、TSIに関するストーリーが作成されていて、それに対して社内外のステークホルダー（顧客、従業員、株主、サプライヤー、そして社会全体）は信頼できるものとみなしているか。

●TSIの取り組みのインパクトを拡大するために、どのようにパートナーシップを確立できるか。

●TSI戦略を事業化する際に、TSIを従来の事業価値のドライバーに組み込むために、どのようなトレードオフの意思決定をしなくてはならないか。TSIのインパクトを促進するために、どのような慣行を変えなくてはならないか。それにはどのくらいコストがかかるか。

●自社の評判を守りながら、自社事業のインパクトを伝達するためにどのような指標を選択できるか。

●TSIの実現で社内の全員が報われるように、どのようにインセンティブを調整しているか。

●自社はどのように短期と長期のコミットメントのバランスをとり、避けられないトレードオフに対してどのような意思決定をするのか。

商品、サプライチェーン、マーケティング、従業員エンゲージメントなど、ビジネス戦略の全要素をTSIのレンズで見たり、政府や規制当局など外部ステークホルダーと自社がどう関係するかTSIを使って情報を提供したりしながら、よく考えて進めていくことが重要だ。そこから、財務、テクノロジー、人材など自社の組織能力をいかに活用して最も大きなプラスの社会的インパクトを出すかに注力する。それが結果として自社事業の優位性を構築するのに役立つからだ。説得力のあるビジネスケースとともに、TSIの取り組みを説明する信頼できるストーリーも作成し、情熱を持って投資家、顧客、一般の人々を巻き込んでいく。社内外のステークホルダーに、自社が何をどのような理由で選択したかを説明し、投資と意味のある指標で自社の意思決定を補強する。そして最後に、社内でTSI目標の達成に沿って報酬を調整し、組織と事業運営に新しいTSIの考え方を深く浸透させるようにする。[注86]

19世紀の米国の作家、ヘンリー・デイヴィッド・ソローはかつて「善は決して失敗しない唯一の投資である」と述べた。[注87] その格言は個人だけでなく、企業にも当てはまる。TSIの考え方は極めて大きなビジネスチャンスになる。なぜかというと、まさに非常に多くの企業がまだその方法を習得していないからだ。さらに広く見れば、世界、世界中の人々、将来の世代、株主のためにも、TSIは資本主義の再考に役立つユニークなチャンスとなる。

それと同時に、TSIは、大手グローバル企業が21世紀に向けて構造改革を行い、グレートを超えるための多くの道の1つにすぎない。グローバル企業の従来型モデルを、戦略、オペレーション、組織を含めて上から下まで徹底的に見直す必要がある。今後数年間で勝利を収めるために企業がとらなければならない成長戦略について、私たちの分析を続けよう。事業を営むライセンスを確保し、多様なステークホルダーに対して自社をうまく位置づけたら、最も差し迫った課題は、顧客について真剣に考え、自社の商品・サービスで現在の顧客ニーズや要望に確実に応えられるようにすることだ。

次の章で見ていくように、20世紀に大規模な利益ある成長を促進するために開発された従来の商品・サービスは、次第に時代遅れになっている。過去には、物理的な製品を大量に出荷し長距離輸送ができれば、顧客は満足してくれて、成長につながった。今日優れた業績をあげている既存企業は、利益ある成長に向けて革新的なデジタルサービスをインターネット経由で提供している。

主なインサイト

- 企業は今日、グレートを超えるために、善い行いをしてTSI（トータル・ソサイエタル・インパクト）を最大化しなくてはならない。TSIは、長期的に株主利益も伸ばせる目標である。
- 自社は喫緊の社会問題や環境問題に対処するために重要な対策を打ってきたかもしれないが、社会的インパクトを最大化するために、どこまでコア戦略を実際に変革してきたかを再考する必要がある。
- 私たちの調査から明らかになったのは、社会的責任を果たしている先進企業は、並外れた成長と株主価値も実現しながら、社会的インパクトを最大化するために、次の3つの道筋を単独もしくは組み合わせて活用していることだ。⑴商品やサービスへのアクセスの拡大、⑵社会的ニーズ主導型イノベーションの推進、⑶経済的機会の創出を目的とする現地政府との協働、である。

第2章

デジタルを活用してソリューションを提供する

グレートカンパニーはこれまで世界中の顧客に優れた物理的製品やサービスを販売してグレートになってきた。今日の最先端企業はさらに先へと進み、顧客にとっての成果や体験を完全に掌握している。デジタルテクノロジーを駆使しながら、新しいソリューションを物理的製品やサービスに結びつける、もしくは完全に置換することによって、顧客の利用ライフサイクルに深く入り込み、満たされていなかったニーズを充足させている。

デジタルが生み出す新しいグローバル顧客

最先端を行くグローバル企業はバリュープロポジションを急速に進化させ、個々の商品の提供を超えて、利用ライフサイクル全体にわたり継続的に成果をもたらす魅力的なソリューションを新たに生み出している。顧客と取引ベースでつきあうよりも、本格的なパートナーとなって顧客体験を自分のものとして捉えようとする。新しい商品・サービスに対してそのパフォーマンスに応じて課金することも多い。また、世界のあらゆる場所でつながった顧客向けに、世界中のどこからでも新しいソリューションをデジタルで提供している。

そのドライバーとなっているのが、デジタルコネクティビティ、時間や場所を問わないブロードバンド活用、あらゆるものをインターネットでつなげるIoTテクノロジーだ。既存の物理的製品にデジタル要素を上乗せする形態、もしくは純粋にデジタル形態で、国境を越えて新しいサービスを提供することが技術的、経済的に実現可能になっている。ある業界ウォッチャーは「テクノロジーがサービスを新しいプロダクトにしつつある」と指摘する。[注1]

企業はデジタルコネクティビティから生み出される新しいグローバル顧客——地理的に定義されるのではなく、国境をまたいだアフィニティグループ（同じ興味や目的を軸に形成されるグループ」という属性で定義される顧客をつかもうと、製品のサービタイゼーションも進めている。しかも、こうした製品をますますパーソナライズするようにもなっている。それによって、グローバル消費者はアップグレード版ソフトウエアをダウンロードしたり、特定機能のロックをリモートで解除したりすることができ、データやアドバンスト・アナリティクスを活用することで個々人に最適な体験が提供されるようになる。

さらに、経済ナショナリズムも、新しいデジタルを用いたバリュープロポジションのドライバーとなっている。関税や貿易戦争の増加を背景に、物理的製品の国境を越えた輸送を主体とするビジネスのリスクが高まっているため、企業にとって越境デジタルサービスで増益を図ることがますます魅力的になっているのだ。国家は新車に関税をかけ、輸入車の価格を引き上げて、国内メーカーに肩入れするかもしれないが、自動車メーカーは車から取得したデータを用いたデジタル製品・サービスとして、一連の越境カスタマーサービスを苦もなく提供できるだろう。新車販売は振るわないかもしれないが、既存車用デジタルサービスは大幅に伸びる可能性がある。

一般的に、サービタイゼーションによって企業のレジリエンスは高まる。コロナ禍で、政府がソーシャルディスタンス（社会的距離）を課したので、物理的製品を主体としていた企業は苦戦を強いられたのに対し、ネットフリックス、ツイッチ（アマゾン傘下のゲーム専用配信サービス）、ペロトン（フィットネス機器と動画配信）などのデジタルサービス企業は売上を維持もしくは増加させた。

製品より革新的サービスが主役に

20世紀から21世紀にかけて、多くの業種の企業が物理的製品とそこに含まれる特定機能を自社の強みとしてグローバルで収益を上げてきた。競争に勝つということは、他の同等品よりも素晴らしく、より安価で、高品質のものを売ることを意味していた。自動車メーカーであれば、より高級な車、より信頼性の高い車、より安価な車、あるいは、それらの特徴が組み合わさった車があれば、競争に勝てる。ジェットエンジンのメーカーは、信頼性の高さ、性能の良さ、低いオペレーション・コスト、あるいは、それらの組み合わせを提供していた。グローバル企業は保守契約など、こうした製品の付随サービスを販売してきたが、それらは往々にして限定的で、明らかに二次的な存在だった。

> 最先端企業は今日、物理的製品に驚くようなサービスのレイヤーを重ねて、多くの場合、物理的製品をサービスとして販売している。

耐久財について考えてみよう。ワールプールのような企業にとって、洗濯機は次第に単なる洗濯機ではなくなっている。反応が良く、思慮深く、「スマート」でさえあり、追加で販売する関連サービスのハブ機能を果たす。ワールプール製洗濯機に搭載されたセンサーはクラウドにつながり、洗剤の残量が少なくなれば知らせてくれるかもしれない。幅広い家電を制御できるアプリと同期しておけば、洗濯機が自動的に洗剤を再注文するようにアプリで手配し、使い切る前に、玄関のドアを開けると新しい洗剤が届いているかもしれない。サブスクリプション方式で配達される「サービスとしての洗剤」である。

ワールプールの元戦略責任者のラッセル・ストークスによると、同社は家電製品経由で提供する新しいデジタルサービスを展開しているそうだ。「我が社ではすでにソフトウエアのレイヤーを追加した製品のサービタイゼーションを始めている。Ｗｉ－Ｆｉ経由で食洗機を修理したり、リモートで更新ソフトをダウンロードしたりできるとしたら、あるいは、レシピをダウンロードしてオーブンに表示できるとしたら、どうだろうか」と、彼は言う。[注2]

これはほんの序の口にすぎない。家庭やオフィスの家電製品が消耗品を再注文したり、互いにやりとりして、より複雑なタスクをこなせたりする未来は難なく想像できる。ワールプールの社長兼ＣＥＯのマーク・ビッツァーは、デジタルサービスのレイヤーを重ねて自社製品を強化することが重要な戦略的課題だと述べている。[注3] 同社はそのためのインフラ整備やリレーションシップ構築を続け、グローバル・データハブを構築し、必要な基本技術を獲得し、グーグル、アマゾン、プロクター＆ギャンブル（Ｐ＆Ｇ）などとのパートナーシップを模索してきた。

グローバル企業を経営する立場であれば、市場で急増中の新しいバリュープロポジションを無視するわけにはいかない。ドーナツ販売会社がグレートを超えるために必要な商品・サービスは、世界中で同じ好みを持つドーナツ愛好家向けのデジタルを駆使した新しいカフェ体験や、ドーナツクラブの各メンバーの車やオフィスにドーナツとコーヒーを毎朝届けるサービスかもしれない。女性向けファッションブランド企業であれば、おそらくアプリや店内デバイスを使って、独自のスタイルや好みに基づいてパーソナライズされたショッピング体験を提供するだろう。ほとんどの業種で、こうした新しい商品・サービスによって従来品が駆逐されることはない。おいしいドーナツや、高品質のファッション、ワールプールであればクラス最高の家電製品を今後もつくって販売していく必要がある。

とはいえ、次第にこうした物理的製品と組み合わせてワクワクする革新的なデジタルサービスを届けられるかどうかが、トップ企業になれるかどうかの分かれ目になりつつある。従来の企業は顧客のハート（心）と財布をつかもうと製品を出荷したが、今後の企業は製品の出荷とデジタルを活用したサービスの提供の両方を行うようになるだろう。

サービス消費

サービタイゼーションで急拡大

多くの企業がすでに製品の出荷とデジタルを活用したサービス提供の両方を行っている。世界全体のデジタルサービス取引は2008年以降の10年間で、非デジタル部門の2倍のペースで成長してきた。[注4] 中には、デジタル新興企業がサービタイゼーションで急拡大して、グローバル規模で有利なポジションをとっている業界もある。消費者は自宅で娯楽映画を見るとき、かつてはブロックバスターなどレンタルビデオ店に行って物理的製品であるDVDをレンタルしてきたが、ネットフリックスのデジタルサービスのおかげで、どこで暮らしていようとも、24時間年中無休で映画を楽しむことができるようになった。

ネットフリックスは2007年にストリーミング・サービスを開始し、改良を加えた後、海外展開を図ってきた。[注5] 2010年にカナダでサービスを開始し、その後2年間で南米とヨーロッパにも進出した。2019年までに、ほぼ200カ国の消費者がデバイスを数回クリックやタップするだけで映画を楽しめるようになり、同社の売上高は150億ドルを超えた。[注6] これほど猛スピードで海外展開すること自体が異例であり、おそらく史上最速だろう。

しかし同じく特筆すべきなのが、物理的製品で現地の消費者をターゲットにするのではなく、どこからでもアクセスできるデジタルサービスで国境を越えた消費者をターゲットにするという同社の戦略だ。これは動画配信サービスを手掛けるフールーやアマゾンプライム、音楽配信サービスのスポティファイ（後述）、パンドラ（米国の音楽ストリーミングサービス）、アップルミュージックといった競合他社に匹敵する偉業といえる。

消費財カテゴリー全体で、いわゆるシェアリングエコノミー（共有経済）の一環として、バリューストリーム（全体的な価値創造活動）が、物理的製品から離れて、デジタル対応のサービスやソリューションへと移行していることがわかる。今日の消費者の多くはもはや物理的製品を買いたがらず、むしろサービス利用料を継続的に支払おうとしている。食品スーパーをスキップし、オンラインに乗り換えてブルーエプロンなどの企業で食材宅配サービスを頼む。自転車を買うのではなく、ＪＵＭＰなどの自転車シェアサービスを利用して旅先でその都度レンタルする（米国では２０１８年に、そうしたサービスの利用件数は約８４００万件にのぼった）。[注7] 世界全体のシェアリングエコノミーの推定規模はさまざまだが、今後数年間で大幅な成長が見込まれ、２０２５年までに３３５０億ドル規模の機会になるかもしれない。[注8]

別形態のサービタイゼーションとして、消費者と直接サブスクリプション契約を結んで製品・サービスを提供するD2C（direct-to-consumer）も拡大している。オンラインでアクセスすれば、アマゾンや何百もの小さなスタートアップ経由でさまざまな消費財の定期配送サービスを申し込むことができる。カミソリ（ダラーシェイブやハリーズなどのブランド経由）、化粧品（バーチボックス）、コンタクトレンズ（ハブル）、ドッグフード（チューイー）、ファッション（スティッチ・フィックス）、歯科用品（クイップ）、さらにはセックストイ（モード）までもその対象だ。あるアナリストが指摘するように、D2Cサービスは価格でも利便性でも競い合い、忙しい消費者は「設定したら、あとはお任せ」にすればよい。注9

モビリティサービスに注力する自動車メーカー

多くの消費財カテゴリーで、サービタイゼーションは既存の大企業に破壊的変化をもたらし、各社は迅速な行動をとらざるをえなくなっている。たとえば、自動車業界は急速に変革を進め、従来の車体製造から移行しつつある。コネクテッドカー・サービス（ロードサイド・サービス、車のダッシュボードからの品物の決済機能、周辺の駐車場を探す機能など）、自動運転、移動に関するシェアサービス（ウーバーやリフトなどのライドシェア）を含めて、デジタルで可能になる**MaaS**（サービスとしてのモビリティ）の提供にも注力している。あるニュース記事に茶目っ気たっぷりに書かれていたように、「自動車メーカーはいつか消費者に車の購入をやめてもらうように求める」ようになり、「車体の代金と駐車場代はネットフリックスのようなサブスクリプション・サービスで移動距離１マイルごとの課金方法に置き換わる」未来を思い描いているのだ。[注10]

このトレンドの背景には多くの構造的要因がある。老舗自動車メーカーは全世界で慢性的な過剰生産能力に苦しめられてきた。世界最大の自動車市場の中国では長城汽車や江鈴汽車、インドではマヒンドラというように、主要市場で現地プレイヤーとの競争にさらされ、テスラ、グーグル、ウーバーなど新しいＥＶ（電気自動車）プレイヤーやデジタル企業からの突き上げを食らっている。こうしたテクノロジー大手企業は「ますます（自動車メーカーの）存続に対する最大の脅威になっている（ようだ）」と、最近のニュースでも報じられた。[注11]

図２に示すように、自動車業界では、２０１７年の全世界の利益総額である約２２６０億ドルのうち、新車販売は７９０億ドルを占めていたのに対し、モビリティサービスは10億ドル未満だった。２０３５年までに利益総額は３８００億ドルに増え、そのうちコネクテッドカーは２８０億ドル、オンデマンド・モビリティは７６０億ドルを占めることが予想されている。データコネクティビティの利益率は14％にもなりそうだが、物理的な車体販売はことごとく赤字になる見通しだ。[注12]

自動車大手は今後も成長し収益性を維持するが、それは自社でテクノロジーを開発するか、第4章で取り上げるように、こうしたサービスを提供するパートナーのエコシステムをつくってうまく運営することにより、消費者が強く望むデジタルサービスを積極的に提供する場合に限られるだろう。自動車メーカーは依然として高品質の車やトラックを製造しなくてはならないが、提供する価値を大幅に高めるサービスのレイヤーで、こうした物理的製品の周囲を固めなくてはならない。

ゼネラルモーターズ（GM）はMaaSの台頭に積極的に備えている。同社は会長兼CEOのメアリー・バーラの下で、ブランド、プラットフォーム（車台）、進出国の数を削減してきた。同社の経営幹部のダン・アマンが語るように「あらゆる場所で、あらゆる人のために、あらゆるものを揃えることはできない」ことに気づいている。[注13] GMは2018年に、全世界で8工場を閉鎖し、幹部・管理職の人数を25％削減し、ブランド・ポートフォリオと製品プラットフォームの再編など、幅広いトランスフォーメーションに着手する意向を発表した。[注14]

その一方で、統合型ライドシェア・サービスの一環として機能する自動運転車両ネットワークの開発に多額の投資を行ってきた。2016年、自動運転車両を開発するクルーズ・オートメーションの買収に加えて、ライドシェア・サービスのリフトに5億ドルを出資した。[注15] 2017年には、自動運転に不可欠なテクノロジーを持つストローブを買収して

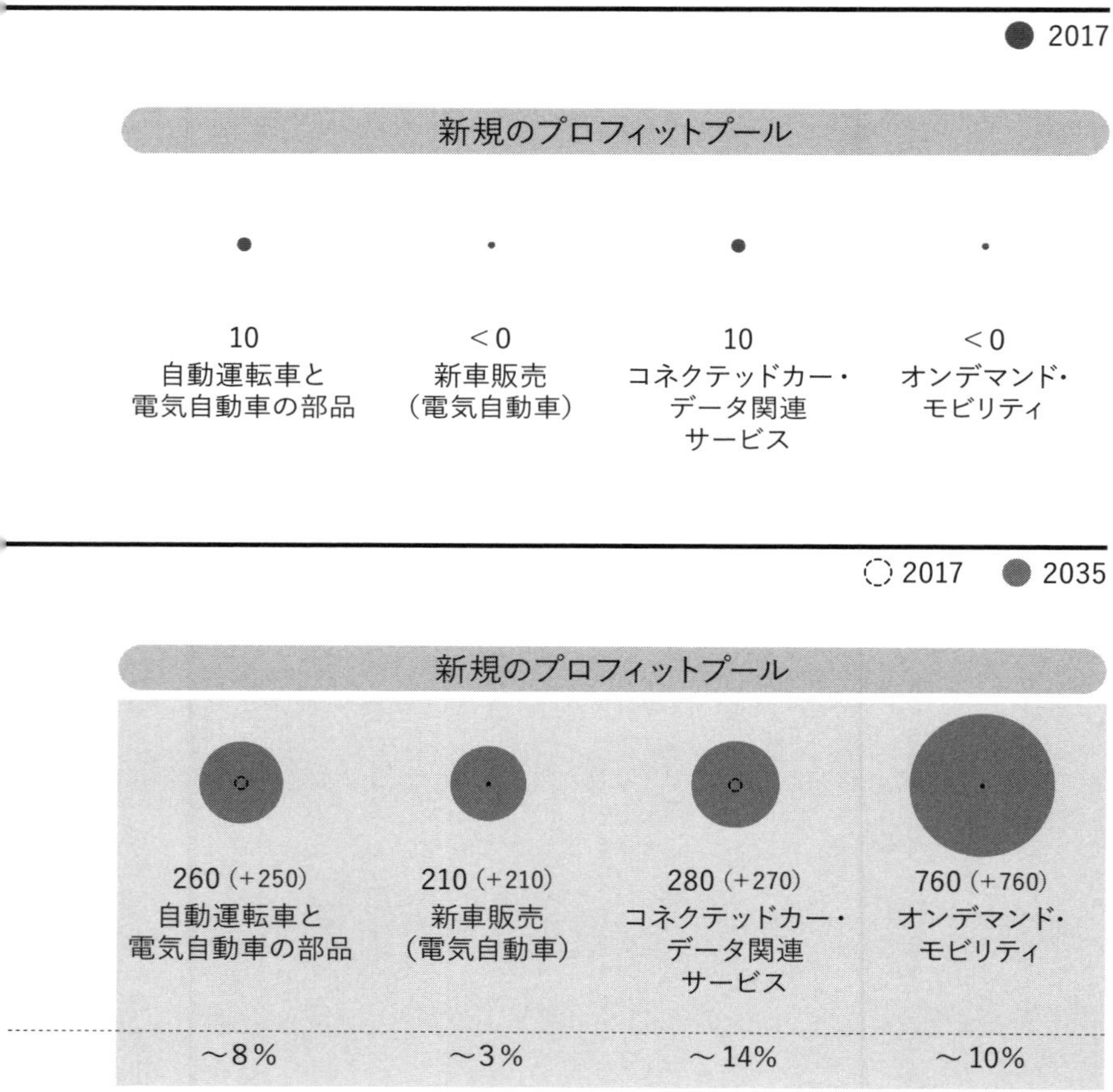
2017
新規のプロフィットプール
10
自動運転車と
電気自動車の部品
＜0
新車販売
（電気自動車）
10
コネクテッドカー・
データ関連
サービス
＜0
オンデマンド・
モビリティ
2017
2035
新規のプロフィットプール
260（+250）
自動運転車と
電気自動車の部品
210（+210）
新車販売
（電気自動車）
280（+270）
コネクテッドカー・
データ関連
サービス
760（+760）
オンデマンド・
モビリティ
～8％
～3％
～14％
～10％

|図2| 今後15～20年間の自動車の収益構造の変化

自動車の収益構造は今後15～20年間で大幅に変化する見込み

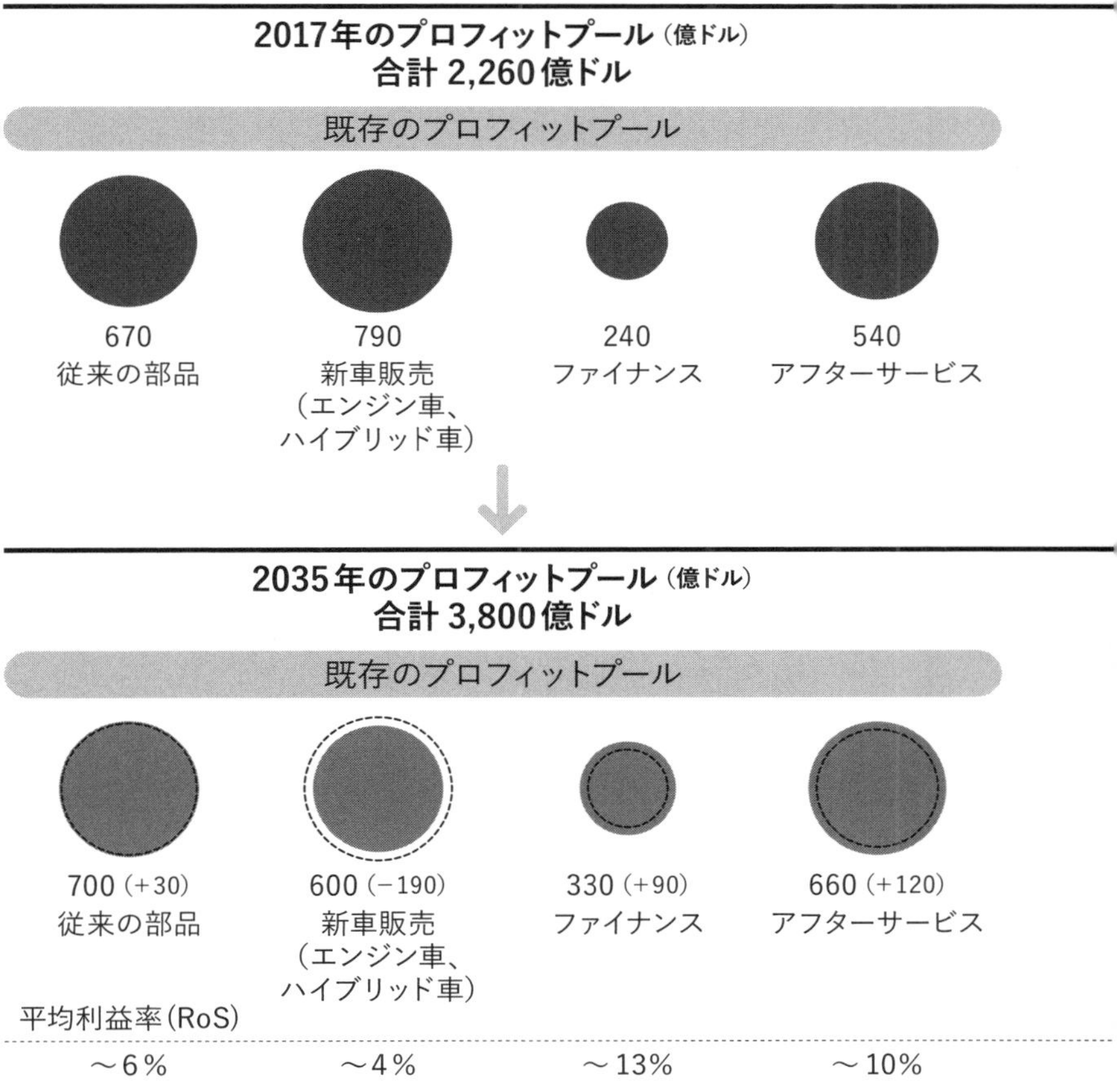

出所："The Great Mobility Tech Race: Winning the Battle for Future Profits," Boston Consulting Group, January 11, 2018.(「激動する自動車業界」ボストン コンサルティング グループ　2018年2月)

いる。[注16]　２０１８～19年に、ホンダとソフトバンクがクルーズに合計で50億ドル出資すると発表した。[注17]

全体的に見ると、ＧＭは20～30％もの利益率が見込まれるモビリティサービスで先行しようと努めながら、中核事業の自動車・トラック製造の利益を増やすために業務の合理化も進めている。[注18]「かつてはシリコンバレーが自動車産業を打ち負かすと考えられていたが、今ではお互いに協力する方向に傾いているようだ」と、ある業界ウォッチャーは指摘していた。[注19]　それもすべて、物理的製品だった自動車を、最先端のサービスと体験のハブに変えるためである。

産業財企業のサービタイゼーション

バリューベース・モデルに力を入れるフィリップス

２０１７年、オランダのセントアントニウス病院は世界中の医療施設に先がけて、身体への負担が少ない低侵襲手術を行うために、フィリップスが提供する最先端の血管内治療用プラットフォーム「アズリオン」を導入した。[注20]　アズリオンのシステムはＳＦドラマ「スタートレック」の世界からそのまま飛び出してきたように見える。手術台に横たわる患者の周りを近未来的な白いアームが動き、医師は大型スクリーンに映し出される高解像度の画像を見ながら施術する。他の医療施設と同じく、セントアントニウス病院で手術を受けたいと思う患者は相当長いこと待たされ、手術自体もますます複雑になっていた。病院側は、コストを抑えつつ、血管内治療ラボの機能を向上させる狙いで、アズリオンを導入した。より正確に言うと、テクノロジーの利用状況を最適化し、目覚ましいパフォーマンス向上につながるサービス込みで、フィリップスとの継続的なパートナーシップを結んだ。[注21]

フィリップスは新しい医療機器を納入するとすぐに、特別カリキュラムを開発し、医療チームメンバーにアズリオンの使い方についてトレーニングを行った。同システムが稼働し始めると、運用データを継続的に収集し、医療チームがその施設内でどのようにテクノロジーやその利用法を最適化できる可能性があるかを確認した。たとえば、機器の操作に関するデータと院内の物理的空間分析を組み合わせて、「血管内治療ラボでのワークフローを最適化する機会を突き止めた」。[注22] 治療スペースの一部はほとんど使われていなかったので、患者（待合室として）や医師（資料を見たり患者のカルテを作成する作業スペースとして）が利用できるようにした。[注23]

このような協働作業のおかげで、手術の準備にかかる時間は12％、実際の手術時間は17％、予定時間より長びいた手術件数は25％削減された。[注24]「1日当たり手術件数が増えるような形でワークフローを変更できた。その結果、患者の安全と医療の質で妥協せずに、1週間当たりの患者数が増え、年間患者数が増えている」と、血管内治療医のマルコヴァン・スティジンは語っていた。[注25] セントアントニウス病院のCFO（当時）のワウト・J・アデマは、新しい機器導入がうまくいったのはフィリップスとの協働を続けたからだと考えている。「今回の成功はフィリップスとの深い信頼に根差したパートナーシップによるものだ。アズリオンを設置したことで、血管内治療チームは既存プロセスを評価し、ワークフローを標準化する機会を持てるようになった。短期間に具体的で重要なオペレーション上の改善を図りやすくなり、チーム内で継続的に改善するカルチャーが醸成された」[注26]

アズリオンに象徴されるのは、近年フィリップスが取引ベースのビジネスから、リレーションシップとサービスに根差したビジネスへと移行していることだ。単に機器を売るのではなく、顧客への成果やソリューションの提供に一層注力し、販売量を増やすだけでなく、付加価値も生み出そうとしている。フィリップスは、顧客とリアルタイムでつながり続け、顧客がテクノロジーへの投資から最大の価値を引き出せるように継続的に支援する役割を担うことを目指している。

たとえば、「エイミング・フォー・ゼロ」プロジェクトでは、顧客と協働し、データをモニターして修理や必要なメンテナンスを先んじて行い、機器の故障を**未然に**防いでいる。エンジニアのチームはデータ・インフラストラクチャーとアドバンスト・アナリティクスを駆使しながら、毎日1万2000以上の画像システムをモニターし、対象システムに予防的メンテナンスの必要性を示すデータ・パターンを探っていく。このチームは毎年1万件を超えるメンテナンス・アクションを起動させて、フィリップス製機器の稼働停止時間を最小限に抑えている。[注27]

このようなサービスを提供することで、フィリップスは前述の広範に及ぶ破壊的な潮流だけでなく、ヘルスケア分野のある変化にも対応している。高齢化、慢性疾患の広がり、コストの急増は、医療システムの財務状況と組織能力の負担になってきている。医療システムがプロバイダーに求めるのは、個々の機器の値下げではない。医療システムとプロバイダーが同じくコストを抑えながら、医療の質と患者の体験を向上させる価格モデルが一層求められているのだ。

「15年前、私たちは最新スキャナーの性能や特徴を紹介するために放射線科に行っていた」と、フィリップスの最高技術責任者のヘンク・ヴァン・ホーテンは語る。「最近では、放射線科の責任者はこう聞いてくるかもしれない。高まる患者の要求に応えて、うちの部門がもっと効率性を高めるために、御社はどんな支援ができるのか、と[注28]」。

メディアの報道によると、フィリップスは生産性、患者のアウトカム（医療の成果）、医療従事者の体験などに関する業績指標に基づいて売上を生み出すバリューベースのモデルに移行しつつあるという。[注29]こうしたモデルで必須となるのが、継続的にサービスを提供することだ。そうすれば自社の機器や医療チームのそれらの機器の利用のしかたを最適化できるため、医療システムの効率性と質が高まり、フィリップスの売上増進にもつながる。

ヘルスケア分野におけるバリューベース・モデルへの移行はいまだ初期段階にある。ある調査によると、米国では、提供した価値に基づいて保険会社から診療報酬を受け取っている病院は3分の1にすぎない。[注30] それでも、フィリップスの売上の35％はソリューションが占め、同セグメントは2桁成長を遂げている。[注31] こうしたサービスやソリューションは、医療従事者の患者データの使用法の効率化、戦略的コンサルティング、臨床データの収集・コンパイル・分析用のプラットフォーム「ヘルススーツ」の提供など、さまざまな形をとる。2019年時点で、同社は「コンサルティングによる顧客パートナーシップとサービスというビジネスモデルへの方向転換」を継続し拡大させようとしていた。[注32] そのために、単なる製品提供から、顧客と協働しながら「つながった統合型プラットフォーム・ソリューション」をつくることへと移行している。[注33]「顧客との共創と価値モデルが明確でない限り、私たちは一切投資しない」と、最高イノベーションおよび戦略責任者のイェロン・タスは言う。[注34]

消費財市場でのサービタイゼーションが一般メディアでよく取り上げられるように

なったが、フィリップスのような産業財企業も次第にサービタイゼーションを取り入れつつある。

製品＋ソリューションをデジタルが支える

さまざまな業界にわたり、サービス販売には多くのメリットがある。特に、顧客の物的製品の所有に伴うコストや手間を省き、単なるコモディティ（汎用品）とは見られないようにすることができる。中国のある風力タービン会社のＣＥＯが私たちに語ったように、今時の顧客はタービンの容量、性能、仕様をあまり気にしない。顧客が求めているのは、現地の具体的な風の特性に基づいて風力発電所の収益性を最大化するソリューションだ。多くの分野の産業財顧客が今日、機器ではなく、利益につながるソリューションを求めている。機器を買う場合も、サプライヤーにデータとＩｏＴテクノロジーを駆使して、部品の故障を未然に回避し、機器の稼働時間を最大化できるよう支援してほしいと思っている。

サービタイゼーションは、産業財企業にとって繰り返し発生する売上・利益構造（プロフィットプール）になる点でも魅力的な戦略だ。サービスを提供している企業のほぼ半数が「利益率が20％以上増加した」とする報告もある。[注35] サービタイゼーションはレジリエンスの高い収益源にもなる。エレベーター会社のリーダーが私たちに語ったように、新しいエレベーターの売れ行きは景気循環で鈍ることはあっても、既存のエレベーターにサービスを提供する場合は影響を受けない。実際に、景気が後退すれば、顧客は新しいエレベーターに交換する時期を遅らせるので、サービス関連の売上は増える可能性がある。

サービタイゼーション・モデルを採用した産業財企業の最初期の事例はロールスロイスだ。同社はエンジン販売に加えて、時間単位で課金するサービスも手掛けている。「パワー・バイ・ジ・アワー」と呼ばれ、エンジンの稼働時間に応じて課金する。[注36]厳密に言うと、顧客はまだエンジンを所有しているが、エンジンの可用性とマネジメントについてはロールスロイスが全責任を負う。パワー・バイ・ジ・アワー契約が「トータルケア」サービタイゼーション・プログラムの一環として提供されることで、ロールスロイスと顧客のインセンティブが一致する。というのも、顧客である航空会社はジェットエンジンに信頼性を求め、オペレーション・コストもできる限り正確に予測したいと思っている。トータルケアの場合、顧客はエンジンのメンテナンスに対してではなく、稼働時間に応じて料金を支払う。飛行時間だけが課金対象になるので、オペレーション・コストが正確に把握できる。つまり、エンジンが稼働しているときだけ支払い、予期せぬ修理コストの心配は要らない。[注37]

ロールスロイス側は、エンジンの稼働停止時間を最小にして信頼性が高まれば収益が増え、長期サービス契約で顧客をロックインできるメリットもある。２０２０年時点では、トータルケアにより、修理のためにエンジンを使用できない時間が25％短縮し、顧客は経費を節減でき、同時にロールスロイスの売上は増加した。[注38]

パワー・バイ・ジ・アワーは簡単そうに見えるが、決して楽に提供できるものではない。トータルケアが利用可能になる前、顧客はエンジントラブルが発生してから、ロールスロイスに連絡し、技術者が問題を解決してくれるのを待っていた。現在では、デジタルセンサーがエンジン内に取り付けられ、リアルタイムで状態をモニターし、国境を越えてイギリスのダービーにある中央分析施設にデータを送信するようになっている。

同施設のエンジニアは常に、世界中で何千個ものつながったエンジンの稼働状況をモニターしているが、１フライト当たりデータ量はテラバイトに達する。[注39] グローバル・アナリティクス・チームは、高度なアルゴリズムを使って、使用停止時間を極力減らすメンテナンス・修繕計画を策定し、世界５地域のカスタマーサービス拠点に常備するスペアパーツの在庫水準を決定する。データセンターのエンジニアは、デジタル通信プラットフォームを使って、世界中の空港やメンテナンス施設にある現地サービス拠点の同僚たちとリアルタイムで連携し、先を見越してエンジンをメンテナンスし、障害が起こる前に修理する。マイクロソフトやＳＡＰなどのパートナーが提供する国境を越えた豊富なデジタルテクノロジーがこのプロセスを支えている。[注40]

トータルケアはロールスロイスにおけるサービタイゼーションの始まりにすぎない。2017年、同社は世界中の拠点に新しいデータハブ「R^2データラボ」を開設した。[注41] そこでは、学際的なデータ専門家チームが事業横断チームと協働しながら、エンジンの状態の維持、運行上の安全性の向上、政府の規制への準拠など、さまざまな形で顧客を支援する新しいサービスが開発されている。チームは500以上の外部テクノロジー・プロバイダー、イノベーション・スタートアップ、学者、OEM（相手先ブランド製造業者）と提携して、新しいサービスのアイデアを明らかにし、それを迅速にソリューションに仕立てる。[注42]

R^2データラボは「インテリジェントエンジン」の実現を目指す同社のビジョンの一部である。インテリジェントエンジンは、顧客、他のエンジン、ロールスロイスのビジネスパートナーとやりとりし、人手を介さずに外部環境に対応でき、それ自身や仲間の経験から学習してパフォーマンスの調整や最適化ができるというものだ。ロールスロイス・シビル・エアロスペースのマーケティング担当シニアバイスプレジデントのリチャード・グッドヘッドが述べているように、同社は現在「はるかに多くのデータを取得し、それを使ってはるかに多くのことを行っている」が、それはすべてサービスからより多くの価値を獲得するためである。[注43]

ほかにも、IoT、アナリティクス、関連テクノロジーを用いた革新的なサービスに基づくビジネスモデルから、より多くの売上と利益を稼ぎ出している産業財大手は多い。フランスのエネルギー・マネジメントの大手企業、シュナイダーエレクトリックは、財政難により自前で資産やインフラを持つことにうまみがないと感じている公共サービス大手に幅広いサービスを提供している。2020年時点で、同社の売上の50％はデジタル・システム／サービスからもたらされている。このカテゴリーには、物理的製品を組み込んだ新しい包括的ソリューションに加え、従来の単体売り切り型の製品向けの付加価値サービス、更新、アプリケーションも含まれ、物理的資産からの売上よりも速いスピードで成長してきた。[注44]

キャタピラーの予防保全サービスは、自社製建機からリアルタイムで稼働データを収集し、アルゴリズムを使って、その機器のパフォーマンスをエリア内の他の機器のパフォーマンスと比較する。そのデータをもとに、個別機器の補修時期を前倒しでアドバイスし、顧客のコストを軽減させている。

こうした企業は産業財のサービタイゼーションの先駆事例だが、まだ道半ばである。多くの企業が基盤技術の導入で後手に回っている。

多様な産業で製造業務に従事する中堅社員500人を対象にしたある調査によると、

「自社の製造プロセスの少なくとも半分に産業用IoTテクノロジーが装備されている」と答えたのは50%未満だった。「プロセスの少なくとも4分の3がIoT対応になっているのはわずか11%、リモートセンサー経由でデータを収集しているのは40%にすぎない」という。[注45] 今後数年間で、より多くの企業がこのテクノロジーを導入し、刺激的な新しいサービスを開発する必要があるだろう。そうしなければ、後れをとるリスクがある。

あなたのためにつくった商品、サービス、体験

スターバックスが実現したパーソナライゼーション

午前7時45分。あなたはクライアントとのミーティングに向かおうと、ホテルの部屋を出ようとしている。ロビー階にはスターバックスがあるので、着替えが済むと、スターバックスのアプリをクリックして、テイクアウト用のグランデ・カフェミスト（カフェオレ）を注文する。空腹なので、注文時にアプリが奨めてくるベーコン・ゴーダチーズ・エッグのアーティザンロールや、低脂肪ターキー・ベーコン・エッグを挟んだ有機全粒粉イ

ングリッシュマフィンなどの朝食用サンドイッチが気になる。ゴーダチーズは好物で、先週試したら、なかなかおいしかった。そして今、アプリに表示されているのは魅力的なリワード（ご褒美）だ。朝食用サンドイッチを3回購入すれば、無料の飲み物や食べ物と交換できるボーナス・スターが80個つくという。もともと好きなサンドイッチを買えば、リワードがもらえるのだ！　嬉しい驚きを感じつつ、カフェミストと一緒にサンドイッチを買うことにする。そして、これは当たりだった。

15分後、サンドイッチを食べ終えて、タクシーで打ち合わせ場所に向かうときには、程よくお腹が満たされ、元気いっぱいで、その日の準備はできている。スターバックス・アプリはこちらから要求する前にあなたの欲しいものや必要なものがわかっていたらしい。おかげで、少し良い日になった。

これは偶然ではない。スターバックスは長年、店内で消費者にパーソナライゼーション・サービスを提供してきたが、２０１６年以降、消費者のブランドとの関わりをデジタル化する方向へと迅速に動き、顧客体験をさらに向上させて売上を伸ばしている。リワードプログラムや、アプリを使った注文・決済なども含む、包括的な消費者エンゲージメントのアプローチである同社の「デジタルフライホイール」戦略には、パーソナライゼーションが顕著に表れていた。[注46]スターバックスは、消費者の購入履歴データを（本人の同意を得たうえで）収集し、時間帯、ショッピングカートに入れたアイテム、天気、ソーシャルメディアでの活動などの要素を考慮に入れて、顧客体験のさまざまな側面をパーソナライズしている。

たとえば、複数の機械学習のアルゴリズムを使って、スマートフォンの同社アプリで、パーソナライズされたレコメンデーションをリアルタイムで作成している。同社はまた、消費者がすでにどのくらい愛着を持って利用しているかを判断し、それを踏まえてリワードの内容を決めて送信する。購入は不定期でさまざまな商品をランダムに注文する人には、より頻繁に購入する機会をつくることで、顧客ニーズをさらに満たそうとするかもしれない。いつも同じ商品を買うロイヤル顧客であれば、電子メールで提供するリワードの内容を拡大し、その人が好みそうな商品を奨めるかもしれない。しばらくして、エンゲージメントが高まってきたら、より多くのリワードを獲得するために必要な「チャレンジ」が進化し、ゲーム化された楽しい体験になる。

このデジタルを駆使したパーソナライゼーションの取り組みは大成功であり、消費者にとっても魅力的だ。デジタルフライホイール・プログラムによって、最初の1年以内でスターバックス・リワードのアクティブ会員の購入額は8％増加し、過去最高の前年比増加率となった。[注47] リワード会員からの売上がほぼ40％を占めるスターバックスにとって、これは直接的かつ大幅な売上増である。[注48]

同社の前会長であるハワード・シュルツは「私たちの新しいパーソナライズされたワン

トゥーワン・マーケティングの組織能力は（中略）小売業界のゲームチェンジャーになるだろう」と語っていたが、[注49] 確かにそうなりそうだ。２０１９年、スターバックスのアプリは米国で最もよく利用される決済アプリの１つに挙げられ、会員数は２５００万人を超えた。[注50] スターバックスはデジタルフライホイールをＰＯＳソフトと同期させて、さらに多くのパーソナライズされた店内体験を可能にした。また、データとアナリティクスを用いて、ソーシャルメディア上、カスタマーサポートセンター内、その他のデジタルデバイスでの消費者とのやりとりもすべてパーソナライズしている。

> 製品のサービタイゼーションに加えて、多くの企業がパーソナライゼーションを自社顧客へのバリュープロポジションに織り交ぜている。

テクノロジーが変えたパーソナライゼーションの経済性

「マーケティングの未来は、あらゆるものがオーダーメイド品になる」と、アトランティック誌の記者アマンダ・マルは同誌に書いている。[注51] スタートアップのプローズは事前にアンケートに記入した顧客にパーソナライズされたヘアケア製品を配送し、ケア／オフはパーソナライズされた栄養補助食品を販売し、キュロロジーはパーソナライズ処方のスキン

ケア化粧品を提供している。[注52]

バリュープロポジションのパーソナライゼーション（およびサービタイゼーション）で大成功しているスタートアップの1社が、オンラインファッション小売のスティッチ・フィックスだ。おしゃれな服を従来よりも買いやすくし、利便性も向上させてきた。同社はまずアンケートをとり、その後は消費者から継続的にフィードバックをもらいながらデータを集め、個々の消費者と人間のスタイリストをマッチングし、スタイリストが各顧客のためにアイテムをセレクトする。[注53] その後、定期利用もしくはスポット利用のサービスとして、選んだ商品を届ける。スティッチ・フィックスは数十人のデータサイエンティストを雇用し、「データや機械学習と、専門知識を持つ人間の判断」を組み合わせて、お奨めの洋服をキュレートし、オペレーションの他の側面を最適化している。創業から8年後の2019年、同社は約16億ドルの売上を記録した。[注54]

パーソナライゼーションを積極的に推進する戦略をとってきた企業の1つが、グローバルな化粧品メーカーのロレアルだ。同社はかなり前から、顧客データ・プラットフォームを活用してマーケティングとコミュニケーションをパーソナライズしてきた（詳細は第6章を参照）。しかし、マーケティングを超えるパーソナライゼーションも導入している。

2020年に、AIを使って消費者が自宅で高度にカスタマイズした化粧品を処方できる「Perso（パーソ）」スキンケアシステムを開発した。[注55] このシステムは、消費者の同意を得たうえで、それぞれの好み、肌の状態（消費者がスマートフォンで撮影した画像をＡＩで分析する）、肌に影響しそうな環境条件などのデータを収集する。このデータに基づいて、デバイス内のカートリッジに入った原材料を使って、消費者にぴったりのスキンケア化粧品を調合して提供する。同様の口紅用デバイスを使うと、消費者はスマートフォンのパネルで自分の欲しい正確なカラーを選ぶことができる。これは、何十ものカラーを手元に揃えておく通常のやり方に代わる、歓迎すべき革命的なアプローチだ。将来的に、顧客は同社製品をさらに磨き上げ、「自分の服に合わせたり、その瞬間にソーシャルメディアで人気のトレンドカラーを選んだりするために」口紅をデザインできるようになるだろう。[注56]

パーソナライゼーションは戦略としてとりたてて新しいものではない。１９７０年代から、レストランチェーンのバーガーキングは、「自分好み」のハンバーガー（つまり、サンドイッチに入れるトッピングを選択可能）にすることを消費者に約束してきた。[注57] 変化したのはテクノロジーであり、パーソナライゼーションのグローバル規模での経済性がはるかに高まった。従来型（旧式の）グローバリゼーションの手法でも、個々の消費者向けに商品・サービスをパーソナライズすることは可能だったが、数千種類や数百万種類もの物理的製品をつくらない限り、実現できなかった。今日では、用意する物理的製品の種類は比較的少ないが、ソフトウエアを使って機能的に異なる数億パターンから選べるようにしている。

たとえばゲータレードは、消費者の汗を分析するパッチを展開し、それを使って自分の身体に最適な飲料の処方を選ぶことができる（ゲータレードのウェブサイトで、自分でカスタマイズしたボトルも購入できる）。[注58] それに負けじと、バーガーキングも現在デジタルテクノロジーを導入し、消費者が自分流にアレンジする方法を強化し、パーソナライズ品やカスタマイズ可能なサンドイッチを提供している。[注59]

テスラが推進する「ダイナミック・パーソナライゼーション」

単一の物理的製品のデザインでさえ、今では地理的場所を越えて多くの人々に多くのことを意味する可能性がある。テスラが提供するのは4車種（モデル3、S、X、Y）のみだが、高度にパーソナライズされた体験ができる。顧客は購入後に「シートの位置、ステアリングホイール、ミラー、サスペンション、ブレーキなど、さまざまな機能をカスタマイズし」、個別のユーザープロファイルをつくることができる。[注60] ある批評家の言葉を借りると、この能力は「車が運転者を拡張したものになったような独特の感覚を生み出す[注61]」。

モデルSのソフトウエアはアップデートされ、通勤など毎日の利用状況を車が学習した後は交通情報が表示されるようになる。[注62] また、ユーザーのスマートフォンからカレンダー情報をダウンロードすれば、次の行き先までのルートを自動的に生成できる。[注63] テスラの持ち主は愛車に名前を付けて、同社のモバイルアプリにその名前をポップアップさせることも可能だ。[注64] テスラは今後数年で、ユーザーが車に乗り込むと車載カメラで人物を認識して、車のさまざまな要素をすぐにユーザー向けに再設定できるようにしようとしていると思われる。同社CEOのイーロン・マスクの言うところの「ダイナミック・パーソナライゼーション」である。[注65]

テスラの例が示しているのは、グローバル企業が利益の出る形でサービタイゼーションとパーソナライゼーションを組み合わせて、息を呑むほど素晴らしい新しい製品・サービスを市場に投入するやり方だ。テスラ車は単なる物理的なモノではない。デジタルでのサービス提供と消費者との継続的な関係構築のためのプラットフォームの役割を果たす「コネクテッド」車両である。ウェブから更新ソフトをダウンロードすれば、これまで以上に車のパーソナライズが可能になる。また、他のさまざまな改善や最適化を継続的に提供する点でもダウンロードは役立つ。自動車メーカーは従来リコールに数十億ドルを費やし、完了するまでに最大で2年もかかったことがあるのに対し、更新ソフトのダウンロードであればテスラはほとんど費用をかけずに済み、グローバル展開もわずか1カ月でできる。

２０１９年、テスラは更新ソフトをダウンロードするためのコネクティビティを活かして、保有者に保守サービスを提供できるようになった。テスラ車は現在、不具合を自己診断し、利用者に代わってサービスの予約をとり、必要な部品を最寄りのサービスセンターに自動的に発送する（そのサービスが不要だと思えば、車の持ち主は予約をキャンセルすればよい）。[注66] テスラではモバイル修理担当者の活用により、利用者がショップに持ち込まなくても路上でリモート診断や修理サービスを受けられるケースが90％にのぼる。[注67] テスラのビジネスは、そのほかどのような課題を抱えようとも、素早く非常に低コストで新機能を立ち上げ、製品の品質問題に対応できるので、レジリエンスが高く、オペレーション面でも有利になる。

グローバル消費者をターゲットにする

この章の多くの事例のように、デジタルテクノロジーによって、消費財企業も産業財企業も一層パーソナライズされた商品・サービスや体験を提供するだけでなく、新しいグローバル消費者に国境を越えてそれらを届けられるようになる。

音楽ストリーミングサービスのスポティファイは当初、世界中のリスナーに一般的なプレイリストを提供していたが、現在はアルゴリズムを用いて、個人の好みに合わせてプレイリストの微調整やパーソナライズをしている。[注68] 同社は2018年に顧客エンゲージメントを高めたのと同じように、顧客エンゲージメントの向上を継続していきたいと思っている。[注69] 同社のプラットフォームの全要素は、サイト訪問中に実験（たとえば、あるコンテンツを提示してクリックしたかどうか確認する）しながら探り出したユーザーの好みに合わせてパーソナライズされている。2019年までに、ネットフリックスは3億件を超えるユーザープロファイルを作成し、これを活用して同社のアルゴリズムでパーソナライズされたコンテンツを推奨できるようになった。[注70] 人の手で番組をテーマごとに分類した後、アルゴリズムを使って非常に的確なレコメンデーションを作成する（ユーザーが視聴するコンテンツの約80％はアルゴリズムが推奨したものだ）。[注71]

同社のアルゴリズムは、国籍など従来のデモグラフィック（人口統計学的な属性）でセグメンテーションするのではなく、消費者のコンテンツ視聴状況を分析し、その結果をもとに2000のグローバル「テイスト・コミュニティ」に照準を合わせていく。[注72] さらに、現地の嗜好や政府の規制を考慮して、地域ごとにレコメンデーションをカスタマイズしている。

企業が商品・サービスをパーソナライズするかどうかにかかわらず、グローバル消費者の台頭は非常に広範囲に及ぶため、地理的な場所ではなく親和性で定義したクロスポーダーの消費者グループをターゲットとする新商品・サービスやプロモーションを生み出している企業もある。

2019年、音楽プロデューサーで覆面DJのマシュメロは、グローバルなビデオゲーム「フォートナイト」内でバーチャル・ライブコンサートを開催し、世界中にいる数百万人のゲーム愛好家グループに向けてパフォーマンスを披露した。[注73] 同じく、メディアの報道によると、ナイアンティックが2016年にゲーム「ポケモンGO」をリリースしたとき、世界中のゲーム愛好家グループを同時にターゲットにして、1年も経たないうちに約10億ドルの売上をたたき出したという。[注74] 米国プロバスケットボールのNBAはグローバル・コミュニティにファンサービスを行っている。近い将来、テクノロジーを展開して、ファンが物理的にどこにいても視聴体験をパーソナライズできるようにするだろう。[注75]

デジタルモデルを推進している他の大手グローバル企業は、どの地域にいるかにかかわらず、共通の興味を持つ消費者をメインターゲットとしている。たとえば、商品・サービスを探すときに、共通のブランドエコシステム（アップル、アンドロイド、テンセントなど）の中で探すような消費者がそうだ。冒頭で触れたように、より低コストで世界がシームレスにデジタルでつながるようになってきたことは、企業が消費者を所在国だけでなくデジタルＩＤで定義することを意味する。

急成長中の交通ネットワーク企業のゴジェック（バイク版ウーバー）のユーザーは全員、携帯電話アプリを用いて同社のサービスにアクセスする。そのサービスは、法規制を守りながら、国境をまたいで同一、もしくは少なくとも類似のものだ。現在、東南アジアに展開しているゴジェックは、インドネシア人、タイ人、ベトナム人という国籍のアイデンティティでユーザーを定義してはいない。みんなグローバル消費者であり、同社のバリュープロポジションはどこでもシームレスにサービスを行うように設計されている。

リーダーへの示唆

今後数年間で、物理的なモノとデジタルを融合し、データを活用してパーソナライズされた商品・サービスをグローバル顧客に届けるバリュープロポジションが、あらゆる産業で盛んになるだろう。多くの企業はもはや商品・サービスそのものを売るのではなく、成果を届けたり体験を形づくったりするようになる。

あるテクノロジー大手は、自社のコンピュータ・サーバー・シリーズ用に提供しているサービス化されたソリューションの売上比率は２０１９年の10％から、まもなく50％になることを見込む。産業財企業の間では、物理的製品に付随するデジタルサービスは最も急速に成長している事業領域である。これまで見てきたように、自動車会社の未来はコネクテッドカーやモビリティ製品・サービスにある。こうした組織能力の構築と進化に熟達した企業が栄え、そうでない企業は先行企業の下請けに甘んじるか、廃業に追い込まれるだろう。

このような新しいバリュープロポジションをどのように構築し提供するか。私たちがクライアントと協働してきた経験から、まず次の中核的な問いをじっくり考えてみることをお勧めしたい。

●自社がすでに顧客のために解決している主要なペインポイント（痛点）は何か。ペインポイントについて十分に深く理解しているか。顧客は車の燃料を買うために自社を頼りにしていると思っているかもしれないが、顧客が燃料購入を通じて本当に解決しているのはA地点からB地点に行けるようになることだ。サービス化されたデジタル商品・サービスを介して、顧客が根本的な問題を解決するために、ほかにどのような支援ができるだろうか。

●その機会には十分な魅力があるか。顧客の問題に対処する際に、サービス化されたバリュープロポジションに十分な市場機会があるか。ソリューションを市場に投入する過程で、どのようなコスト（設備投資、再教育、インセンティブの再調整など）が発生するか。どの企業が競合になるか。新しいバリュープロポジションは既存事業にどう影響するか。

● 勝てるソリューションを開発するために適切なリソースが揃っているか。サービスだけでなく、体験を提供できるチームを編成してきたか。顧客のペインポイントに十分に対処できるような敏捷性、協働する姿勢、時流に沿った感覚をチームメンバーは持っているか。他にどのようなインフラ（製造能力、データ・アーキテクチャなど）を整備しなくてはならないか。

● 組織面の準備はできているか。大手グローバル企業の場合、新しいバリュープロポジションの開拓や実現が、根強い官僚主義に阻まれることはないか。どうすればスタートアップのように動けるチームをうまく配置できるか。上級幹部は、プロジェクトを確実に成功させるために十分に注力しているか。これまで製品中心の企業だった場合、サービスやソリューションをうまく提供するために、どのような内部調整が必要になるか。

最終的に、新しいデジタル・バリュープロポジションをつくるためには、リーダーの考え方を新しい形の顧客中心主義に改める必要がある。現在手掛けている商品・サービスの種類に関係なく、その商品・サービスのライフタイム全体で顧客が獲得する価値を最大限に引き出すためには、すすんで根本から見直さなくてはならない。

仮に現地の消費者に洗濯機を長年売ってきた場合、そのまま続けるべきか。それとも、たとえば、消費者がリモートで操作して、サイクルを変更し、あるタイプの汚れに最適な設定や洗剤について、同じ洗濯機を使っている人々と情報交換できるような衣料品洗浄**ソリューション**をグローバルの消費者に売ったほうがよいのか。あるいは、ヘアケア製品を現地の消費者に販売している場合、そのまま続けるべきか。それとも、サブスクリプション型サービスとして、顧客がどこにいてもパーソナライズ製品を受け取ることのできるヘアケアソリューションを提供すべきか。

こうした問いに答えるためには、顧客やそのニーズについて、現状よりもはるかに深い、より厳密で共感的な視点を養わなければならない。これまでは、企業は新しい商品・サービスを開発するときに顧客の声を求めてきたが、通常はフィールド調査やフォーカスグループを実施する程度で、それに関わる人もマーケティングやR＆Dのチームだけに限定されていた。デジタルと物理的要素を融合させたビジネスモデルで成功することは、顧客、ビジネスユニットチーム、テクノロジー・チーム、顧客行動の専門家、外部のパートナーが協働して、いわゆるカスタマージャーニーを実現するということだ。ライフサイクル全体を通じて、顧客がどのようにその商品・サービスを使い、価値を引き出すかという全体像を明らかにしたうえで、デジタルをはじめとする手段でその価値を高める方法を探っていく。

BCGでは、こうしたジャーニーをクライアントと一緒に体験しながら、顧客が本当に望んでいるもの、顧客があまり気にしないもの、顧客が望むものをより多く届ける方法、最善の課金方法を判断する。電力会社が風力タービンを購入するときに本当に求めているのは、最大の利益をもたらすソリューションだ。デジタルツイン・テクノロジーを使えば、プロバイダーは風力タービンのオペレーションをリアルタイムで最適化できるので、電力会社の利益の最大化につながる。企業が販売するのは単なる風力タービンではなく、電力会社の利益を最大化させる能力に基づいて売上を生み出すソリューションかもしれない。

成功するカスタマージャーニーでは、エスノグラフィー（行動観察調査）を用いた深い観点から全体的な顧客体験を分析し、ペインポイントを突き止め、物理的製品の上にデジタル対応サービスを積み重ねたソリューションを開発している。このプロセスは、次の4つのフェーズで展開される。

1　プロジェクトを立ち上げて、顧客と業界を徹底的に調査する。

2　次に、デジタル・ビジネスモデルのアイデアを出し、プロトタイプをつくり、クライアント企業の顧客と一緒に改良を繰り返す。

3　スプリント（開発サイクルの単位）を回し続けながら、ＭＶＰ（提供可能な最小限の製品）を定義し、構築し、パイロットを行う。どのようなテクノロジー・ソリューションが必要か。どのようなデータインフラか。どのくらい厳密にサービスや顧客インタラクション（いわゆるエンゲージメントモデル）を作り込むか。どのような規制上のハードルを乗り越えなければならないか。

4　長期的なビジネスモデルとそれを展開するためのロードマップを作成する。

顧客のペインポイントを探し出して革新的なデジタル・ソリューションを開発したからといって、必ずしもさらに踏み込んで新商品・サービスを大規模展開すべきであるとは限らない。自社が利益を獲得しながらサービスを提供できるように、顧客が実際にその新しい商品・サービスに十分なお金を払ってくれるのか、あるいは、それがうまくいかない場合でも、他のパートナーが十分な価値を共有してくれて経済的実行可能性を担保できるのか、を検討することが重要である。

ワールプールなどの冷蔵庫メーカーは、Ｗi-Ｆiとボックス内のセンサーを装備して、牛乳、卵、ジュース、チーズなどの生鮮食品の使用状況を追跡できる機能をつけるのも1つの考え方かもしれない。残量が少なくなれば消費者に自動的に知らせて、アマゾンに牛乳の配達を注文し、クレジットカードで決済するサービスを提供することもできる。

しかし、顧客はこのサービスに対して、ワールプールがやる価値があると感じるだけの金額を喜んで支払うだろうか。アマゾンなどのプロバイダーは、購入価格の一部をワールプールに配分して、サービスを財務的に支援してくれるか。新たに提案するデジタル対応サービスは既存事業にどう影響するか。このアイデアではうまくいかなくても、競合他社が仕掛けてくるので、引き続き発展させたいと思うかもしれない。しかし、それがうまくいかなければ、別のアイデアを探ったほうがよいかもしれない。

新しいビジネスモデルで勝つ企業は、基本的なデータインフラを用いて迅速に国境を越えて参入できるため、1つまたは少数の市場に視点を限定せずに、グローバルに考える。また、デジタルと物理的要素を融合させた革新的な商品・サービスを継続的に改良することと、新しいものを生み出すことに注力している。ネットフリックスはひとたびグローバル商品・サービスを立ち上げたら、そこから生み出される大量のデータを用いて、仕掛かり中のオリジナル・コンテンツも含めて、新しいサービス要素をさらに最適化することができる。さらに、ネットフリックスが消費者の行動は国別ではなくグローバルの嗜好別コミュニティにより異なることを発見し、新しい消費者セグメンテーション手法を開発したのは、こうしたデータを分析した後だった。

同じく、産業用火薬メーカーのオリカは、鉱山の地形や現場での爆発物の性能など、顧客である鉱山会社に関する広範なグローバルデータを収集し、それを用いて顧客の生産性と利益が最大になるように爆発物の使用法を最適化させた新ブランドのサービスをつくることができた。自社でデータを入手した場合に、どのような新しい商品・サービスが可能になるか。どのような深い顧客インサイトを導き出せるだろうか。

刺激的な新しいバリュープロポジションを考え出すことは、それをうまく実行することとはまったく別物だ。実行するには、本書で取り上げた他のさまざまな戦略を動員する必要がある。それぞれの業界や商品・サービスの性質によって、提供面を支援するパートナー・エコシステム（第4章）、カスタマイズした製品・サービスをつくる新しいフレックス生産工場（第5章）、データ収集・処理用のグローバルデータ・アーキテクチャ（第6章）を開発する必要があるかもしれない。本書の後半で説明するように、顧客起点で自社を再編し、よりアジャイルに動きデジタルの世界で競争できるようにするための社内改革を実現していきたいと、誰しもほぼ確実に思うだろう。このように、物理的な商品・サービスを超えることは、グローバル企業としての自社のあり方を完全に考え直す道を歩み、現状の戦略やオペレーションの上に包括的な新しいレイヤーを追加することにつながる可能性がある。

グローバル企業としてのあり方を再考するための次の論理的ステップは、どの新市場にどれだけ速く参入するかに関する従来の仮説を疑ってみることだろう。デジタル・ソリューション／体験を提供し販売できるようになった結果、最先端企業の地理的拡大に関する考え方は大幅に変わりつつある。

仮にGMがインドや中国などの大市場で自動車を売り出したいと思った場合、現地に工場を建設しなければならなかった。これはかなり時間のかかる資本集約的なプロセスといえる。一方、ウーバー、グーグル、ネットフリックスなどのプレイヤーは安価に電光石火のスピードで拡大を図ることができる。デジタルベースのソリューションと体験を提供する際に、あらゆる市場でデータや分析センターが必要になるわけではない。こうした企業は、アプリストアからダウンロードできるアプリと決済ソリューションを導入するだけで、多くの国で越境ビジネスを一気に展開している。

次章で見ていくように、デジタルベースのビジネスモデルは、事業拡大に向けた新しいアセットライト戦略に役立ち、近年一層熾烈になっている競争分野で成功するためにまったく新しい道筋がとれるようになる。

主なインサイト

- グローバル企業は従来の製品提供を主体としたビジネスを超えて、刺激的な新しいソリューションと顧客体験をつくるために、バリュープロポジションを急速に進化させている。

- 企業はデジタルコネクティビティとIoTテクノロジーを駆使して、既存の物理的製品に新しいデジタルサービスを上乗せしている（サービタイゼーション）。これまでの企業は製品を出荷して顧客の心と財布に食い込もうとしていたが、今後の企業は製品出荷とデジタルを活用したネット経由のソリューション提供で入り込んでいく。
- ワールプールのような消費財企業はサービタイゼーションを採用しているが、フィリップス、ロールスロイス、キャタピラーなどの産業財企業も同様である。ネットフリックス、アップル、パンドラなどの企業は純粋にデジタル形態でサービタイゼーションを行っている。
- 企業は製品・サービスのカスタマイズ（パーソナライゼーション）を大規模に展開し、サービタイゼーションとカスタマイズを組み合わせたソリューションを開発している。
- ナイアンティック、ネットフリックス、アリババなどの企業はますます、消費者がいる地域を問わずグローバル消費者をターゲットにしている。

第3章

グローバルゲームに磨きをかける

グローバル成長は引き続き巨大な価値をもたらすが、今日の企業は20世紀後半よりも高度なアプローチで拡大を図っている。アセットライト、デジタル、EC中心のビジネスモデルを用いて新市場に参入し急拡大を狙う。また、参入先を入念に選別するようになり、逆説的だが、参入を決めた市場には関与を深めている。

21世紀のグローバル化に必要なプレイブックとは

近年、多くの既存大企業は自社のグローバル拠点網をより批判的に捉え始めている。折しも、好調なスタートアップがかつてないほど急速にグローバル化していることは、何とも皮肉である。グローバルへの拡大は依然として利益ある成長に向けた実行可能で魅力的な道筋だ。発展段階やカントリー関連リスクが異なるさまざまな市場により構成されるポートフォリオを維持することも、グローバル企業にとって予期せぬショックに対するレジリエンスが大幅に高まるので、理にかなっている。

それと同時に、20世紀にグローバリゼーションを推進してきた基本的な考え方が成り立たなくなっている。今日の機会を最大限に活用するためには、グローバル・プレゼンスに磨きをかけて最適化を図り、一見矛盾したプレイブックを採用しなくてはならない。それは、従来の規模と多大な資産による成長戦略を超えて、利益あるグローバル拡大を図るためのプレイブックだ。

一方では、資産を最小限にする「**アセットライト**」で、巨額のインフラ新設や大規模なチームの動員はせずに、迅速かつ大規模にグローバル展開を進めなくてはならない（そうした離れ業は、デジタルや現地パートナーの力を借りることで可能になる）。このような戦略をとれば、経済や社会が大混乱に陥っている時期にもリスクを最小限に抑えられる。

また一方で、既存のグローバル拠点網で事業経営を担うリーダーは、アセットヘビー（多大な資産をもつこと）で物理的プレゼンスを維持する市場を入念に選択しなくてはならない。

それと同時に、優先度の高い少数の儲かる市場には全力を投じて、高度に現地化したプレイヤーを目指すべきだ。最終的に、企業はよりスマートで断片的な形で拡大展開し、変動が激しさを増す中で許容できるカントリー関連リスクの上限を定めたうえで、ボクシングのボビングのような動きでパンチをかわしながらグローバリゼーションから最大の価値を生み出していかなくてはならない。

こうした戦略（迅速かつアセットライトでレジリエンスの高いグローバル展開）の最初の部分を理解するために、中国のエレクトロニクス大手の小米科技（シャオミ）がたどった経緯を見ていこう。２０１０年創業のシャオミはすぐに、サムスンよりもコストパフォーマンスの良いスマートフォンを中国で売り出し、２０１４年までに市場シェア14%を獲得した。[注1] それから数年でグローバル化を目指した。従来の考え方であれば、幅広いグローバル拠点を少しずつ構築しながら、成長、規模の優位性、収益性を促進しようとしただろう。各市場に多額の投資を行い、現地で強力なプレゼンスを確立し、現地の好みに合わせて製品をカスタマイズしていたかもしれない。

シャオミによる新市場参入の成功戦略

20世紀後半、このようなアプローチで成功している企業が非常に多かった。マクドナルドの場合、なるべく多くの国の多くの人々（特に中国やインドなど急発展中の市場の消費者）に、ビッグマック（地元での名称は何であれ）を食べてもらえるかどうかで、長期の業績が決まった。トヨタ、ＧＭといった自動車メーカー、キャタピラー、ＧＥ、シーメンスといった産業財企業なども同様だ。個々の海外市場でのプレゼンスが高いほど、売上が増えて利益率も向上する。というのも量が増えれば、規模の経済が働き、単位当たり生産コストが低下するからだ。言うまでもなく、大規模なインフラ投資が必要になるので、グローバル展開が実現するまでにたいてい何十年も要した。マクドナルドも国境を越えて成長を遂げるために、不動産を購入あるいは賃借し、物理的な店舗を建設しなければならなかった。その結果、47カ国に出店するまでに33年間、１００カ国に達するまでに42年間かかっている（２０１８年時点で、１２０カ国３万７８５５店[注2]）。

シャオミは座して待つつもりはなかった。また、デジタルテクノロジーを使うとともに（地元企業やテクノロジー保有企業に）パートナーシップを呼びかければ、その必要もなかった。他の携帯電話大手と違って、シャオミは初期の頃から３部構成の成長戦略を進めることを選び、拡大するために自社のソフトウエア、インターネット、**そして**ハードウエアを拠り所にしたのである。消費者にリーチし、継続的に製品をアップグレードするために、各市場に多額の投資をする必要はない。それどころか、オンラインストアで刺激的な新サービスを安価に売り出せる可能性があった。

シャオミはこのユニークな戦略を試験的に行うために、シンガポールに最初の海外オフィスを開設した。[注3] オンラインで携帯電話の輸入販売を始めて、携帯電話用ソフトウエアはオンラインでアップグレードできるようにした。これは大いに当たり、当初の予定数量は初日に完売した。[注4] シャオミの経営陣は新市場参入の成功戦略を考え出せたことに気づき、はるかに大きな目標であるインドに目を向けた。インドでは、ノキアやサムスンなどの競合他社が既に足場を固めていた。こうした企業は定石通りに巨額の投資をして、現地の好みに合わせた製品のカスタマイズ、大規模な生産設備と物理的な流通ネットワークの構築、大々的なブランド広告活動を行っていた。シャオミはそんなことは意に介さず、少人数チームをインドに派遣し、現地EC大手のフリップカートとパートナーシップを結んだ。[注5]

ここでも再び完全にオンラインで携帯電話の輸入販売を行い、厳選したモデルで高品質かつ多機能でコストパフォーマンスの良い携帯電話というポジショニングを打ち出した。従来の高くつく広告を避けて、フリップカートや、ソーシャルメディアのファンクラブ、期間限定セールを用いて情報を流したところ、やはり大きな反響があり、最初のモデルは数秒で完売した。興味を持った消費者が殺到して、フリップカートのサイトがダウンしたほどである。[注6] シャオミは2018年の第3四半期までに市場シェア27%を獲得し、インド最大のスマートフォン会社になった。[注7]

同社はインドの成功に味をしめ、その新しいアセットライトのプレイブックを使って新市場へ急拡大を図った。こうして創業から10年も経たないうちに、約80カ国でスマートフォンを販売するまでになったのである。[注8]

シャオミを創業した雷軍（レイ・ジュン）は、初期の頃から自社がグローバルであるべきかどうかと考えたこともなかった。シャオミが生粋のグローバル企業であるのは当たり前だからである。これは多くの中国人起業家に見られる考え方だ。ただし雷は、グローバル市場が根本的に変化しつつあり、成功するためには新市場への拡大について独自のプレイブックをつくる必要性も理解していた。つまり、大規模投資をして、グローバルとローカルでかなりの規模を確立して初めて、利益あるグローバル成長を実現できるとする思い込みを覆すようなプレイブックである。

カントリー・ファーストの考え方を身につける

既存企業かスタートアップかを問わず、他の最先端企業のリーダーも同様の結論に達している。既存企業は、新しいビジネスモデルを展開するのではなく、既存の大規模な物理的拠点網をマネジメントすることに関して、あらゆる市場に進出することがいまだに妥当であるかどうかを再検討しつつある。

これが特に当てはまるのは、グローバル・ブランドと規模の経済を利用して、以前は魅力的だった新興国市場に参入し成長してきた企業だ。こうした市場の多くは、現在、冷え込み、成長がより不安定になっている。[注9] 長期的な世界動向よりも先進国と発展途上国双方の貿易政策が経済状況に影響を及ぼしているため、企業は目下、国別にリスクを加味しながら、どこに参入し、どこから撤退するかという微妙な判断をしている。

歴史的に見て、高成長国では外資系企業を冷遇する政策や保護貿易主義的な規制が設けられたり、デジタルテクノロジーとインテリジェント・テクノロジーによって力をつけた現地プレイヤーとの熾烈な競争という特徴があったりするのに対し、経済成長の低い国々では、適切な戦略をとれば獲得できる手つかずの巨大な市場があるかもしれない。

消費財を手掛けるグローバル企業のCEOは2018年の私たちのインタビューで「安定的に見える世界で成長を追い求め、長期的に拡大していくことに私たちは慣れてきた。金融危機以降、各国の成長率が一様ではなく、変化もする中で、成長を『つくり出す』必要のある新時代に適応しなければならなくなった」と述べていた。

企業は競争の場と決めた国々には、より深く関与することも求められている。多国間貿易協定で共通のゲームのルールが明記されている世界であれば、グローバル企業は中央集権化された本社が主導して共通のグローバル・ビジネスモデルとコスト最適化されたサプライチェーンを経済的かつ効率的に推進することができた。21世紀になって経済的、地政学的な断片化が進み、自国の経済的価値が抜き取られることに対してナショナリストが抵抗する中で、最先端企業は標準的なオペレーションのテンプレートを多くの国にわたり適用して効率性を高めようとしても意味がないことに気づいた。

それよりも、大規模な産業財コングロマリットの副会長が指摘したように、企業はカントリー・ファーストの考え方を身につけ、グローバル企業内にローカルビジネスが集まったものとして自社を捉えなければならない。さらに、こうしたローカルビジネスをつなげたり（第6章）、グローバル規模の組織能力とプロセスを提供したり（第7章）するテクノロジーに目を向ける必要がある。「我々はテクノロジーと製品を効率的に展開することで大いに成功（新市場で成長）してきた。我々のようなグローバル企業に各国が今求めているのは、それぞれに異なる現地ニーズを満たす最善策を考えることだ」と、中国のあるテクノロジー企業のリーダーは２０１９年に語っていた。

現代を特徴づける世界的な不安定さや複雑性にもかかわらず、グローバル企業のＣＥＯにとって成長は依然として最重要課題である。しかし、成長への道筋は様変わりしている。1990年代や2000年代、ウォール街のアナリストが好んでたずねたのは「御社の新興国市場における成長戦略は何ですか」という質問だった。この問いは今や絶望的に時代遅れになっている。競争に勝つためには、多数の市場にできる限り迅速に拡大するというかつての定石を捨てて、よりスマートに、より断片化され、よりレジリエンスの高い新しいプレイブックを展開しなくてはならない。章末に、リスクを軽減し目の前にある機会を最大限に活かせるように、グローバル成長の考え方を刷新するのに役立つ、私たちがクライアントに提示している検討項目を挙げている。

アセットライトのさまざまな特徴

デジタルプラットフォームとデータ主導のビジネスモデル

新しいアセットライトのモデルは1つだけでなく、さまざまな形をとる。第1に、おそらく最も明白なことだが、企業はデジタルプラットフォームやデータ主導のビジネスモデルにより、物理的製品やそれを提供するために必要だがコストのかかるインフラがなくても、市場に参入しシェアを確保することができる。

2006年に任天堂が革新的な家庭用ゲーム機「Wii」を発売したとき、米国のビデオゲーム愛好家が最初に飛びつき、翌月に英国の愛好家がそれに続いた。[注10] インド、韓国、台湾の店頭に同社のデバイスが並ぶまでには2年、香港で売り出されるまでには3年かかった。[注11] 今から見ると、このような展開は過去の時代の話で、信じられないほど遅く思える。

サンフランシスコを拠点とするスタートアップのナイアンティックは、もともとグーグルの社内ベンチャーでグーグルマップの元責任者のジョン・ハンケが舵取りしている企業だが、2016年に革新的な製品であるAR（拡張現実）ゲーム「ポケモンGO」を発売した。同社はグローバル企業を標榜してはいないが、ポケモンGOはほぼ瞬時に55カ国で最も売れているゲームになった。2017年までに、129カ国の消費者がポケモンGOのアプリをダウンロードし、ナイアンティックのもとには約10億ドルがもたらされた。[注12]

前述のように、ネットフリックスが約200カ国に進出するのにわずか7年しかからなかった。これは、古いグローバリゼーションの文脈でメディア・コンテンツ企業がやり遂げようとすれば、何十年もかかったはずの偉業である。[注13] 2008年に設立されたエアビーアンドビー（以下エアビー）には、500万件以上の登録情報が集まり、ほぼすべての国を網羅している。マリオットグループのホテルの130万室（数十年かけて構築したポートフォリオ資産である）がちっぽけに見えてしまう。[注14] エアビーのモデルはひときわ優れたアセットライトといえる。エアビーは宿泊施設を所有していないが、宿泊者と、同社のプラットフォームに物件を掲載する現地の不動産所有者（ホスト）に課金することで売上を計上している。デジタル企業にとって海外で同等の金額を売り上げるのに必要な海外アセットがはるかに少ないという点で、デジタルモデルは一般的にグローバル成長に向けたアセットライト戦略になる。

現地プレイヤーとのパートナーシップ

シャオミと同様に、物理的製品を販売する企業でも、既存の現地プレイヤーとのパートナーシップを活用するか、ＥＣや物流プラットフォーム経由で消費者と直接つながることにより、多額のインフラ投資をしなくても、より迅速に、賢明に、経済的に市場に参入できる。

米国のウェアラブルデバイスメーカーのフィットビットは、２００９年に最初の製品「フィットビット・トラッカー」を発売して以降（２０１７年10月にスマートウォッチ「アイオニック」がそれに続いた）[注15]、グローバルなアセットライトモデルを展開し、86カ国で７６００万個以上を売り上げた。[注16] フィットビットは当初、比較的少ない投資で済むＤ２Ｃのデリバリー・モデルで市場に参入した。小売業としてもっと強力なプレゼンスが必要なことに気づき、自前の店舗や流通ネットワークを構築して運営するのではなく、世界各国でパートナーシップを結んだ。[注17] 米国だけでも、ベッドバス・アンド・ビヨンドから、コストコ、サックス・フィフス・アベニューに至るまで、数十のパートナーに同社製品を扱ってもらうように協力を仰いだのである。[注18] 2018年12月には、iPhoneなどのプラットフォーム上やフィットビット・アプリギャラリー経由でパートナー企業からフィットネス関連アプリを提供できるようにする新しいオペレーティング・システム「フィットビットOS 3・0」を発売し、アセットライトのグローバル・ビジネスモデルを強化し続けた。[注19] 2019年後半、グーグルがフィットビットを21億ドルで買収することを発表した。[注20]

インドのオートバイメーカーであるバジャジ・オートも、別のやり方だが、やはりアセットライトに向かいつつある。同社は世界最大級の二輪車サプライヤーであるだけでなく、三輪車のリーダーでもある。高成長の国際ビジネスにより、最も急速に成長している企業の1つとなってきた。同社は同事業に注力し始めた2005年、[注21] 多数の子会社の経営管理をするという官僚的な課題を回避しつつ、製品やブランド管理における自社の強みに重点を置きたいとも考えていた。

そこでバジャジは、シャオミと非常によく似たフランチャイズ方式のアセットライトのビジネスモデルで、自社の技術的な知識と製造の卓越的な能力を活用してチャネル・パートナーを支援することにした。この戦略の下で、海外市場の流通業者が物流と製品のローカライズ支援を行う傍ら、バジャジの海外拠点が流通業者をきめ細かく支援し、本社チームは引き続きブランド、製品、価格などを管理した。

10年後、バジャジはこのモデルでグローバル展開を図って大成功を収めた。[注22] エグゼクティブ・ディレクターのラケッシュ・シャルマの話によると、経営陣がそのときに考えたのは、自動車会社がかつて増益を図るために行っていたように、自社でも今、大規模な投資を行い、多様な市場でアセットを構築する用意があるか、ということだったという。そして、これまでの自社のアプローチを変更すべき理由はないという結論に至った。なぜなら、ほぼすべての市場でシェアを獲得できており、グローバルに展開しているもっと大きな同業他社と競争する中でレジリエンスを高めてきたからだ。そこで代わりに、アセットライトのアプローチを倍増させて、デジタルテクノロジーとプラットフォームを活用して、現地パートナーをより適切に支援し、より強力な顧客関係を築いたのである。

同社は現在、デジタルプラットフォームを用いて、トレーニング、診断、ベストプラクティスを現地チームに提供し、カスタマーサービス部隊が現場にいなくてもより良い顧客対応を行っている。たとえば、ナイジェリアの小さな町の顧客がリクシャー（三輪タクシー）のエンジン・トラブルに見舞われ地元のサービス技術者がその根本原因をうまく診断できない場合には、エンジンの煙の写真を撮って、オンラインで故障報告書を提出すればよい。インドのプネーにいる同社のカスタマーサポート専門のグローバルチームが問題を診断し、たいてい6時間以内にバーチャルでソリューションを提供する。2019年時点で、バジャジは79カ国に展開し、そのうち21カ国で1位か2位につけ、新市場への参入を続けている。[注23] 海外事業は同社の売上の40%を占めるが、2018年から2019年にかけて20%成長し、16億4000万ドルに達した。[注24]

一時的なパートナーシップを活用する

サードパーティーのEC、物流、宅配ネットワークの大幅な成長により、企業は目的に合わせて一時的なパートナーシップを多数活用することで投資を削減し、新興国市場の消費者にリーチすることがはるかに容易になっている。それは、従来の1対1の合弁事業や長期的パートナーシップとは似ても似つかぬものだ。

こうしたグローバル・ネットワークを多くつくって成功しているプラットフォーム企業の1つが、阿里巴巴集団（アリババグループ）だ。2019年、米国の中小企業はアリババ・コム（同グループ傘下のB2B向けオンライン・マーケットプレイス）のグローバルB2B向けECネットワークに参加すれば、直ちに取引を開始し、CRMやコミュニケーション、デジタルマーケティング・ツールを利用しながら、190を超える国と地域で1000万人のアクティブな法人バイヤーにリーチできるようになった。[注25] 「従来はツールやテクノロジーがないから不可能だった企業も、ある意味で、多国籍企業のように競争や

行動を始めている」と、アリババグループの経営幹部は語る。[注26]

従来の2社間連携協定が新しい関係構築の邪魔になりかねない既存大企業と違って、今日のスタートアップはパートナーのネットワークを自由に構築し、素早く国境を越えて拡大している（このテーマは第4章で取り上げる）。アリババの越境ECプラットフォームのTモール・グローバルのようなサービスを利用すればよい。同プラットフォームでは、国際的ブランドや中小企業が中国市場でテストし、中国で事業を立ち上げなくても7億人を超える中国人消費者と関わることができる。現在までに、92の国と地域から2万5000以上のブランドや小売企業が同プラットフォームに参加してきたが、そのうちの80％以上が中国市場には初参入だった。[注27]

アリババ自体も現地でのパートナーシップと投資の上に築かれた戦略を用いて、アセットライトでグローバルに拡大している典型例といえる。アリババは2036年までに、世界の20億人の消費者にサービスを提供し、中小規模の1000万社が採算を確保できるよう支援し、1億人分の雇用機会を創出することを目指している。大規模資産を購入し、海外市場に大規模なマネジメントチームを配置することの多い競合のアマゾンとは違って、アリババは活気あふれる現地パートナーのデジタルエコノミーを構築することで拡大してきた。アリババ傘下の物流ネットワークである菜鳥網絡（ツァイニャオ）はすでに、越境物流サービスで世界中の100社と提携し、224の国と地域をカバーしている。その一方で、アリババは自前のインフラをゼロから構築するのではなく、インドの決済サービス事業者のペイティーエムや東南アジアの通販大手ラザダなど現地のプラットフォームに投資して、それぞれの地域でプレゼンスを拡大中だ。

アリババは投資の過程で、こうしたパートナーとテクノロジーを共有し、パートナーがそれぞれのインフラをアップグレードし、オペレーションの透明性や効率性を高めて、財務業績を改善できるようにしている。この戦略であれば物理的拠点網は小さくてよいので、アリババの主要オフィスは全世界でわずか14である。BCGのフランソワ・キャンデロン、ファンチ・ヤン、ダニエル・ウーはこのような投資を「イネーブラー」戦略として説明し、騰訊控股（テンセント）など他の中国のテクノロジー大手もそれに倣っていると指摘する。[注28]

産業財企業のアセットライト戦略

国境を越えて展開するアセットライト戦略をとれば、企業の新市場参入に役立つことに加えて、産業財企業でも既存のアセットヘビーなグローバル・インフラやグローバル顧客基盤から多くの価値を引き出せる。

火薬メーカーのオリカがサービスとして提供している「ブラストIQ」は、世界中の顧客の採掘オペレーションからデータを取得し、鉱山の安全性、生産性、効率性を向上させるためにインサイトを抽出している。オリカは個別市場にごく限られた追加投資をして、このサービスを提供している。ブラストＩＱを単品サービスとして、あるいは、火薬販売に上乗せする形で提供して、現地市場の低コストの競合他社と差別化を図ったり、自社の利益率を高めたりできる。

シーメンスガメサやキャタピラーなどの製造会社はそれぞれ、風力タービンとトラクター向けに同様の越境アセットライト・デジタルソリューションを展開し、現地の投資を少し増やすだけで、世界的に既存の物理的拠点網から新しい価値を引き出してきた。多くの場合、このような戦略によって、実際に現地の資産（倉庫や在庫など）やメンテナンスチームへの投資が減り、コストが低減し利益率が高まる。

一般的に、サービスを中心に価値を提供する商品は、投資１ドル当たりの創出価値が高いので、アセットライトのグローバル拡大戦略につながる。企業がサービス事業から得た売上比率が大きくなるほど、全体の売上総利益が増加する傾向が見られる。

多数のアセットライトモデルが示しているように、グローバリゼーションは依然として多くの企業にとって魅力的な選択肢であり、急拡大したり、広範な拠点網からより大きな価値を引き出したりできる。しかし、新市場に参入するときには思考の幅を広げ、デジタルテクノロジーによって利用可能になる新しいツールや組織能力を動員するための最善策を検討する必要がある。同様に、すでに相当数のグローバル拠点がある場合、その規模を見直すかどうか、どう調整するかを判断する際には、オープンマインドと緻密さが求められる（これから取り上げていくテーマだ）。

あらゆる場所での成長から「スマートな」成長へ

拠点を減らすグローバル金融プレイヤーたち

不安定さを増す新時代の状況に企業が適応するにつれて、グローバル拠点網の形や範囲は変化しつつある。これは自動車や銀行をはじめとして全業界で起こっていることだ。銀行を例にとろう。大手グローバル銀行の場合、以前は世界数十カ国に物理的な支店を何千店も開設することが、利益あるグローバル成長への道筋に含まれていた。今日では、特に若い消費者の間で、銀行サービスはデジタルやモバイルへと移っている。米国では、フィンテック企業が今や新規の個人向け融資全体の40％近くを占め、中国ではモバイル決済ア

プリ「ウィーチャット・ペイ」のアクティブユーザーは月間約10億人にのぼるという。[注29]

このようなアセットライトのデジタルモデルがもたらす破壊的変化の中で、従来の実店舗型の銀行は、ローカル・プレイヤーか、せいぜいリージョナル・プレイヤーになりつつある。というのも、最も良好な市場の既存の顧客基盤向けのサービスに注力し、新興国市場では実店舗を縮小しようとしているからである。

シティバンクはかつて50カ国に支店を構えていたが、２０１８年にはわずか19カ国になった（ただし、同行は約１００市場で地理的プレゼンスを維持している）。[注30]２０１６年までの7年間で、ＨＳＢＣはグローバル拠点を88から70の国と地域に縮小し、従業員の約20％を削減した。[注31]「すべての国のすべてのクライアントにすべての商品・サービスを提供するのは完全に間違いだと、銀行は理解しつつある」と、シティグループ元ＣＥＯのヴィクラム・パンディットは指摘する。[注32]

グローバル銀行は拠点を減らすことで、幅広い要因に対応してきた。２００８年から２００９年にかけての世界金融危機の結果として、多くの金融機関が収益性と成長性を維持するために事業を縮小した。より直近では、個々の市場の規制要件（マネーロンダリング対策や銀行機密法など）によって、銀行が実際に販売する商品・サービスが決まり、金利構造やグローバリゼーションの程度の差にもつながっている。

特定の国々では、カタール国立銀行やメキシコのグルーポ・アバルといった地域銀行が大手グローバル・プレイヤーを脅かしているので、地元市場はより混沌としている。フィナンシャルタイムズ紙に書かれていたように、銀行は今や競争力を維持するために、「ブランド支援の目的で『設置した』弱小支店を単純に受け入れるのではなく、各国の稼ぐ力を重視するようになっている」のだ。[注33]シティバンクが日本から撤退した理由は、事業の収益性は高いものの、規制を嫌ったからだ。[注34]

既存銀行の実店舗のプレゼンスが低下するにつれて、一部には、サービスが行き届いていない市場や顧客層に向けてデジタルベースのアセットライト戦略を展開することにより、国境を越えて拡大している銀行もある。既存サービスをデジタル化する例もあれば、まったく新規ブランドでサービスを立ち上げてフィンテックや大手デジタル企業と競争しようとする例もある。

２０１９年、シンガポールを本拠とするユナイテッド・オーバーシーズ銀行（ＵＯＢ）は東南アジアのミレニアル世代をターゲットとするデジタル銀行、ＴＭＲＷを開設した。[注35]ＵＯＢは若い消費者を集客できるサービスを構築するために、テクノロジーと消費者インサイトを用いて顧客エンゲージメントを強化する専属の社内チームを動員し、認知技術を用いたコグニティブ・バンキング事業者など外部企業とも提携した。[注36]その結果として生み出されたのが、アプリ内チャットボット、ＡＩ機能、消費者の貯蓄に役立つ楽しいゲーミフィケーション体験を提供するサイトだ。[注37]ＴＭＲＷは２０１９年にタイで本格展開し、インドネシア、シンガポール、マレーシア、ベトナムなどの主要市場にも拡大した。東南アジア地域の人口は比較的若年層が多いので、UOBは強力な足場を得て5年以内に500万人の顧客基盤を築きたいと考えている。[注38]

さまざまな業界の企業が、競争の場を決める際に、かつてないほど従来の「**あらゆる場所で**」というアプローチを捨てようとしている。

海外拠点配置の見直し

過去数十年で関税と貿易障壁が低減され、新興国市場の急成長も重なったため、企業は大規模なグローバル拠点網を築いてきた。企業は現在、競争の激しいアセットライト・プレイヤーが狙う新しいバリュープール（価値が集積する場）だけでなく、新たな課題にも直面している。

かつて企業はアジア戦略を推進する、南米参入に目を向けるというように、地域という観点で拡大を検討していた。しかし、こうした市場の全体的な成長率が鈍化し、市場間で大きな格差も見られるので、もはや途上国市場に投資すれば成長するとみなすことはできない。2019年のフィナンシャルタイムズ紙には、「新興国市場への投資がまだ妥当」

であるかどうかを問い、「物価の高さは薄れゆく記憶となっている。貿易は伸び悩み、グローバル・サプライチェーンは破壊されつつある。先進国に追いつくどころか、新興国とされる市場の多くで成長スピードが鈍化している」とあった。[注39]

域内で経済のバラツキが大きくなり激しく変動することも、企業が各国の見通しについてより精緻で現実的な見方をせざるをえなくなっている要因だ。南米では、ブラジル経済が最も変動の激しかった部類に入るが、直近では成長が鈍化している。一方、ペルー、チリ、コロンビアなどの国では平均を上回る経済成長率を示している。[注40] 同じ国の中でも成長産業にバラツキが見られる。メキシコでは過去10年間、石鹼・洗剤、家電製品・家庭用品、家庭用オーディオ・ビデオ機器の3業種がGDP成長率を常に上回ってきた。[注41] タイでは、家庭用オーディオ・ビデオ機器、健康サービスが2大成長産業だった。[注42] 企業はグローバル拠点を置く際に、産業別に経済状況を分析し、自社の手掛ける商品・サービスの特性を踏まえて、その国で販売することが妥当かどうかを判断する必要がある。

関税引き上げなど各国の保護主義的な政策も望ましいものではない。米中間の貿易戦争で苦しむ両国企業、あるいは、ブレグジットの影響を注視している欧州や英国の企業に聞いてみてほしい。現地の競合企業の脅威が強まっていることもまた、多くの企業が成長プランの組み立てを変える要因となっている。主に製品提供を中心に競争が行われていた20世紀後半、グローバル展開する大企業は規模の大きさを背景に、小さな現地企業よりもコスト優位性を享受していた。今はデジタルベースのサービスに移行する業界が増え、アリババのようなパートナーが小規模なスタートアップ向けに世界レベルの組織能力を利用できるようにしているため、そうした優位性は縮小している。

一方、地元の競合企業は現地の政策とうまく付き合い、自社に有利な状況に持ち込める。顔認識、AI、マシンビジョンで知られる中国企業の曠視科技（メグビー）は欧米の競合企業よりも、システムや研究開発活動で用いる個人データにアクセスしやすい。[注43] 特に、メグビーはソリューション開発時に政府発行のIDカードの証明写真を利用できるが、欧米の競合企業はこうしたデータにアクセスできない。[注44] メグビーのような現地企業は、欧米の多国籍企業と違って、長々と続くイノベーション・プロセスやグローバル意思決定プロセスに邪魔されないので、変化する顧客のニーズに素早く対応できるというメリットもある。

物理的な規模は依然として、グローバル企業が一般管理費を吸収し、イノベーションに資金を回すのに役立つ。それでもなお、多くのグローバル企業は大手銀行と同様の動きをしている。一部の市場から撤退し、一部の市場に選択的に参入もしくは集中しているのだ。2007年、メキシコのコンクリート大手セメックスは50カ国に展開し、217億ドルを売り上げていた。[注45] その後も、同社の売上は伸び続けているが、資産や地理的範囲は縮小している。2016年に米国工場の売却を発表したが、2018年にも、長期的に最大

の成長が見込める市場に集中するために最大20億ドルの資産を削減することを明らかにした。[注46]

グローバリゼーションが最盛期にあった1990年代から2000年代にかけて、インドの鉄鋼メーカーのタタ・スチールは、2004年にシンガポールのナットスチールを買収したのを皮切りに、2005年にタイのミレニアム・スチール、2007年に欧州のコーラスを次々と買収し、国際的に拡大していった。[注47]同社の拡大戦略は、世界的規模でかつ地域横断的に統合された鉄鋼会社を設立するというものだ。コーラスを買収後、タタ・スチールは世界の鉄鋼業界で56位から6位に躍り出た。[注48]ところが2008年、世界的な金融危機で経済成長が鈍化し、鉄鋼市場は大打撃を受けたことから、グローバル規模に基づく競争優位性の基盤は大幅に変化した。優位性をもたらすのはもはや広範なグローバル拠点網ではなく、価格と需要が低迷する中でいかに特定市場における自社のサプライチェーンに競争力を持たせるかにかかっているのだ。

こうした考察をもとに、タタ・スチールは拡張戦略を変更し、規模があって競争力がもてる市場のみに集中した。主導的ポジションを築けない国々から撤退を始め、市場を牽引するインドでのプレゼンスを倍増させたのである。[注49]英国拠点は縮小し、シンガポールとタイの事業売却で中国の鉄鋼メーカーのＨＢＩＳグループと契約を交わした。残りの欧州事業はドイツのティッセンクルップの鉄鋼事業と合弁事業を開始した。[注50]残念ながら、

ＨＢＩＳとティッセンクルップのディールは規制当局の認可が下りず、実現しなかった。[注51]本書の執筆時点で、タタ・スチールはグローバルに考え続けているが、カントリー戦略では非常にローカルだ。同社はコア市場の収益性を重視して、国際事業では選択的に閉鎖を進め、対象を絞り込んだ投資のみを行っている。[注52]

セメックスとタタ・スチールがともに学んだように、グローバルな規模と広範な世界拠点網だけでは、各市場で収益性を確保しきれず、急な景気後退から自社を守れなくなっている。私たちが耐久消費財を手掛ける大手クライアント向けに、規模追求のアプローチがまだ通用するかどうかを見極めるために国別に分析したところ、同様のことが明らかになった。そのクライアントも非常に驚いていたが、海外拠点の配置を改善すれば、競争力を失ったりリスクを増大させたりすることなく、収益性が3〜5％向上することがわかった。また、新たな収益源にも投資しやすくなる。

この事例からわかるように、グローバルな規模ではなく、**個別**市場における企業の規模と市場シェアが収益性の最大のドライバーとなる。利益ある成長を大規模に達成できる国々のポートフォリオを入念に組み立てれば、全体としてリスクを調整したうえで最大の成長を達成できる。

グローバル市場における複雑性、変わりやすさ、リスクの高まりに対処するために企業がとっている別の戦略は、経済成長の盛衰に応じて、迅速にリソースを国内外に移せる柔軟なビジネスモデルを展開することだ。製菓会社のマースは、地域全体または大国市場で広範囲に（高くつくやり方で）製品を売り出す代わりに、南米のチリや欧州のバルト諸国など、初期投資を比較的抑えられる小規模な新興国市場で製品テストを行う。製品需要が確実になってから投資額を増やしていく。マースは通常グローバルに売り出す新製品を既存サプライヤーから調達することで、素早く市場に参入し、競争の激しい製菓分野でハーシーなど競合企業からシェアを奪うことができる。

マースは最近、米国でチョコレート菓子「モルティーザーズ」を発売したときに、この柔軟でリスクの低いアプローチを採用した。[注53]（同社の菓子を長く愛好してきた消費者のいる）欧州の生産拠点を使って市場に供給すれば、米国に数千万ドルかけて生産設備を新設しなくても、製品をテストすることができる。オンラインと映画館でモルティーザーズを展開したところ、供給量を限定しながら、すぐにそれなりの利益率を達成できた。米国で実際にモルティーザーズの需要があることを確認した後でようやく、北米での生産に踏み切った（2019年時点、カナダのオンタリオ州ニューマーケットの工場で生産されている[注54]）。

グローバルに勝つために現地に深く入り込む

現地企業のように経営するシーメンスの戦略

企業がより選択的にグローバル拠点を置くようになるにつれて、参入を決めた市場には深く入り込む施策を講じ、オペレーションやものの見方を以前よりもはるかにローカライズし、カルチャーの理解や現地人材との関係を深めている。深く入り込むことで、自社のネットワークのレジリエンスが増強され、経済的な混乱にも対処しやすくなる。

選択した市場で競争に勝つために現地に深く入り込む戦略は、グローバル組織のトップから始まる。グローバル企業はたいてい創業地や本国のカルチャーが反映された経営幹部チームを置き、本社から自分たちの帝国の経営に当たっていた。

この従来のアプローチは、経済ナショナリズムとデジタルでつながった多文化のグローバル消費者で形作られる世界では、もはや通用しない。世界最大のタイヤ会社であるブリヂストンのCEO兼会長（当時）の津谷正明によると、同社では10年前、上級経営幹部の圧倒的多数は日本人だったという。現地市場における顧客ニーズや政府の期待が変化するにつれて、自社の考え方や戦略を多様化し、カルチャー面に配慮する必要があることに気づき、日本人以外の経営幹部をビジネスユニットのリーダーに選任し始めた。

これはリーダーシップの劇的な変化につながる動きとなった。デジタル、研究開発、生産、物流、サプライチェーンなどの機能部門には、外国人リーダーが率いるサブコミッティーが設けられた。ビジネスユニットや機能部門の最高幹部はそれぞれ隔週でCEOに報告することに加えて、四半期ごとにリーダーシップ会議に出席して、戦略やオペレーションの整合性を確保し調整を図ることが求められた。現在ではビジネスユニット間のコミュニケーションが大幅に増え、同社のグローバル・エグゼクティブ・カウンシルには6カ国出身のメンバーが名を連ねる。「試行錯誤の道のりだったが、どうにか本当に多文化的でグローバルな考え方になってきた。これは当社のローカルビジネスに役立っている」と、津谷は当時を振り返っていた。[注55]

オペレーションにおいて、企業は新規市場への参入時に用いてきた標準化されたグローバル・アプローチを超えて、現地プレイヤーのように考え行動している。「ローカル・フォー・グローバル戦略」と呼んでもよいかもしれない。シーメンスは150年以上にわたって、発電、産業オートメーション、医療技術などの業界に展開し、世界中でがっちり統合されたプレゼンスを非常にうまく築いてきた。シーメンスは最初からずっと、エンジニアリング・エクセレンスと製品イノベーションというドイツの伝統を尊重し、世界中の工場でテクノロジーと品質を厳しく管理し、強固に統合されたグローバル・サプライチェーンを通じてドイツ工場から輸出することにより、世界全体の売上の大部分をたたき出してきた。ミュンヘン本社の経営幹部が取り仕切っていることは、社内の誰の目にも明らかだった。

この戦略は近年、世界市場の断片化にさいなまれてきた。2019年のインタビューで企業戦略責任者のホルスト・カイザーが指摘していたのが、世界的に貿易規制によって企業は製品設計時にさまざまな技術基準を満たす必要が出てくる可能性があり、近い将来にその傾向は激化が見込まれることだ。[注56] また地域社会から、企業が良き企業市民となり、経済発展や地元の雇用創出を助けることも求められている。「有益なものや価値が高いものであれば必ず、確実に地域社会に貢献し地元経済を築くことを期待する地政学的関心が生まれる」と、カイザーは言う。その結果として、シーメンスとしては、現地企業のように考え、行動し、各国の経済発展に重点的に投資することが重要だった。[注57]

シーメンスの中国事業は、競争に勝つためにとってきた強力なローカル・フォー・グローバル戦略の事例である。2019年時点で、シーメンスはこの重要市場で3万3000人を超える従業員を擁し、現地ニーズに合わせて製品をカスタマイズしてきた。クラウドサービスには、他の地域で使用していたマイクロソフトAzure（アジュール）やアマゾン・ウェブ・サービス（AWS）の代わりに、中国のEC大手アリババのものを採用している。[注58] シーメンスは中国企業と多数の合弁事業を始め、中国産業界と幅広く連携できるように中国政府との間で契約を交わしてきた。中国に21のR&Dハブを設立し、約5000人のスタッフを雇用し、90以上の大学と提携し、約1万3000件の特許の取得や出願を行ってきた。[注59] また、中国組織との先端技術プロジェクトには700件以上参加し、留学生の博士課程の研究も後押ししている。「当社は進出地域で社会的役割を果たしている。特に新興国市場ではそうだ。とりわけ、当社の事業特性や政府の期待を考えると、地元と近い関係にあることは大切だ」と、カイザーは説明していた。[注60]

大きな市場で現地にコミットするグローバル企業傘下の現地企業のように経営することで、シーメンスにとっての新しい価値が引き出されてきた。同社の中国事業からの売上は約90億ドルに増え、2005年以降の年平均成長率は約10％になっている。[注61] 欧州などの地域の事業が減速しても、中国国内に深く入り込んだ同社の現地事業は比較的無傷のままであり、会社全体のレジリエンスは高まっている。地元企業を優遇する政府の政策は、シーメンスが中国に深く入り込むことに部分的に影響を与えたかもしれないが、それでもこの戦略は、大きな市場で強い競合企業と競争するときに、今日の断片化された世界でどうしたら勝てるかを示す1つの型といえる。

現地が上、本社が下のピラミッド

一方、アリババのマレーシア事業を一目見れば、それとは異なるやり方で、グローバルで勝つためにローカルに深く入り込む戦略をとってきたことがわかる。[注62] 本書の執筆時点で、アリババはマレーシア政府と提携してクアラルンプールに「電子世界貿易プラットフォーム（eWTP）」のハブ拠点を開設した。このハブは、マレーシアの中小企業が海外のECプラットフォームでそれぞれの製品を販売したり、マーケティング、物流、クラウドコンピューティング、モバイル決済のインフラを構築したりするのに役立つ。一方、アリババの関連会社のアントフィナンシャルは、マレーシアの現地銀行がこうした企業に小口融資するのを支援している。地域内での取引を促進するために、アリババの物流部門であるツァイニャオは現地パートナーと協力して「eハブ」をつくり、スマート・ロジスティクス・サービスを提供している。

アリババ・クラウドはクアラルンプールに2つのデータセンターを設立し、マレーシアのセナ・トラフィック・システムズと協働して同国でスマート交通管理システムのインフラもつくってきた。さらに、アリババの20年間の経験を踏まえて、グループ内にアリババ・ビジネススクールをつくり、マレーシア人のデジタル起業家をトレーニングして自国市場で同様の成長機会を生み出せるようにしている。

グローバルで勝つためにローカルに深く入り込む戦略は、リーダーにとって重要な発想転換を意味する。既存企業はこれまで自社のグローバルビジネスを、本社が上にあり、各国が下に来るピラミッドとして捉えていた。本社がトップダウンで指示を出し、現地企業はグローバルテンプレートに沿ってそれを実行するやり方だ。ますます変化が激しく断片化が進む世界経済において、新しい収益源を狙う新規参入企業、顧客や規制の変化にはるかに迅速かつ柔軟に対応する強い現地プレイヤーがいる中で成功するためには、ブリヂストンと同様に、このピラミッドに関するメンタルモデルを逆転させなくてはならない。現地仕様のビジネスモデルを持つ国をピラミッドの上にして、本社は国別チームのイネーブラーとして下に置く。このように見方を変えるのは簡単ではないが、第6章で見ていくように、多くの最先端企業は新しいグローバル戦略をうまく機能させるために全く異なる組織モデルを導入している。

リーダーへの示唆

グローバル成長戦略を磨くための必須要件は一時的な流行ではない。先進国で起きている深刻な経済的、社会的な分断を考えると、保護主義政策がすぐに衰退し、世界経済が数十年前の自由貿易体制に戻るとは考えにくい。実際に、新型コロナウイルスによるパンデミックのような危機は、経済的、社会的な格差を悪化させる恐れがある。さらに根本的なことだが、産業がデジタルベースのサービスから得られる価値構造に移行して後戻りしなければ、アセットライト戦略の注目度が高まるだろう。

現在、姿を現しつつあるテクノロジーによって、グローバル拠点網はさらに軽い存在になるはずだ。拡張現実（ＡＲ）により、末端の従業員は世界各地の専門家から、リアルタイムで保守や修理の問題のガイダンスを受けられるようになる。熟練の保守担当者の大所帯を現地工場に常駐させる代わりに、各拠点には少人数チームを配置して、世界中に分散しているけれどもデジタルでつながっているグローバルな専門家がそれを支援する。このやり方であれば、低コストでこれまでと同等もしくは上回る保守修理のキャパシティが維持されるだろう。これは、国境を越えて成長するためのコストを削減する多数の新しいテ

クノロジーの1つにすぎない。注63

世界情勢がどれほどに急速かつ深く変化しているかを考えれば、今が市場の選択や参入に関する従来のアプローチを見直すべきときだ。まずは新しいグローバル・オペレーティング・モデルの参考になりそうな一般的な問いを挙げておこう。

1　過去数十年にわたって、業界内の企業がグローバル化したのはなぜか。また、その成長の背後にある経済的ドライバーはどのように進化しているか。競争環境の変化を考えると、グローバリゼーションに関する過去の仮説は今でも適切か。どの市場に参入し、どの市場をしっかりと守り、どの市場から撤退すべきか。また、その理由は何か。

2　現在の自社のバリューチェーン全体で規模、競争優位性、収益性をもたらしているのは何か。規模拡大への道筋は提供する商品やサービスによって異なるのか。

3　製品タイプごとのバリューチェーン全体や、個別製品ごとのバリューチェーンの各ステップで、ローカルとグローバルの規模の効果をどのように算定できるか。

4　今日の新しいオペレーション・モデルを実行するために、どのような投資が必要か。また、どのようなリスクが発生するか。それが売上と年平均成長率、利益、先行投資とリスク、企業価値評価に与える影響をモデル化する。

こうした問いを熟考する際には、この章で取り上げた最先端企業をヒントや実践的なガイダンスにしてほしい。ターゲット市場を決めるときは、慎重に選択し、現地プレイヤーに対して競争力を持ち利益につながる市場シェアを獲得できる国や地域、セグメント、顧客サブセグメントを探す。全体的なGDP成長率や、特定の国における自社製品・サービスの浸透状況に気を取られてはいけない。シャオミやバジャジ・オートが行ったように、サードパーティーか、リソースライト・チームか、その両方を活用するアセットライト戦略に特に注意を払おう。マースのように、必要に応じてリソースを迅速に市場に投入したり撤収したりするために、地域的にサプライチェーンを再編する方法も検討するとよい。自社内のオペレーションについて誰の見解を徹底させるかに関する考え方を改めて、各国やそれぞれの固有ニーズをピラミッドの下部ではなく上部に置く。こうした戦略が組み合わさって、自社がレジリエンスを備えた成長の道筋を構築するのに役立つだろう。

自社のグローバル成長の道筋を再考するのは容易ではない。今日のグローバル・コマースの動向を考えれば、これまで確実に儲かった既存市場の縮小もしくは完全撤退という不快な移行を余儀なくされ、新たな形で市場の魅力を評価するという考え方を好まない社内の面々との関係が悪化するかもしれない。さらに、アセットライトの参入戦略を実行するために他社と提携することは、自社のブランドや製品提供についてエンド・ツー・エンドのコントロールを失うことを意味する。リソースライト・チームのオペレーションやコントロールの難しさに後から気づくかもしれない。

こうした課題は厄介だが、成長を再検討するからといって、既存のグローバル拠点網を完全に放棄して本国市場に閉じこもる必要はないし、現状の市場参入戦略のあらゆる側面を放棄することを意味するものでもない。ただし必然的に、どこに意味があるかを変えて、新しい慣行やオペレーション・モデルを古いものに上乗せすることになる。

本書の第2部で取り上げるように、グレートを超えるためには、自分たちの戦略をオペレーション面で実践し、顧客に新しいバリュープロポジションを提供するうえでも同様の進化が必要になる。次章では、従来のサプライチェーンの先を見通し、新しいバリューネットワークで既存サプライチェーンを補完することにより、迅速に動き、驚くようなデジタル・ソリューションや未来の体験をつくれるようになった企業の事例を見ていこう。

主なインサイト

- 20世紀にグローバリゼーションを推進した基本的な考え方はもはや通用しない。企業はグローバル・プレゼンスに磨きをかけ、最適化し、従来の規模と資産を多用した成長戦略を超えて収益あるグローバル拡大に向けて、一見矛盾するプレイブックを採用している。

- シャオミ、アリババ、バジャジ・オートなど多様な企業がアセットライトに向かっている。高額の新しいインフラを構築したり大規模チームを動員したりせずに、迅速かつ大規模にグローバル拡大を追求しなくてはならない（そうした離れ業は、デジタルや現地パートナーの力を借りることで可能になる）。
- 新しいビジネスモデルを展開するのではなく、既存の大規模な物理的拠点網をマネジメントするという点で、タタ・スチールやセメックスなどの既存企業は、あらゆる主要市場で事業を行うことが依然として合理的かどうかを再考しつつある。経済状況の変化に応じて素早く市場に出入りできる戦略をとっている企業もある。重要なのは、あらゆる場所で成長することではなく、スマートな成長である。
- 企業は選定した地域では、さらに関与を深めている。経済的、地政学的な断片化が進んでいるため、どの国でも標準的なオペレーションの型を使って効率性を高めようとしても意味はない。それよりも、ブリヂストン、シーメンス、アリババなどの企業は、各国ファーストの考え方とローカル・フォー・グローバル戦略をとっている。

第2部

グレートを超えて活動する

（第4章）
エコシステムを構築する
（第5章）
柔軟な生産・供給網をつくる
（第6章）
データをフル活用する

第4章 エコシステムを構築する

多くのグローバル企業は従来のサプライチェーンに加えて、顧客が心から望むソリューション、成果、顧客体験を創出し提供するための新時代のバリューネットワークとして、デジタル・エコシステムを形成しつつある。

しかし、最先端企業が気づき始めたように、エコシステムによって明暗が分かれている。

アントフィナンシャルのエコシステム

企業は先駆的なデジタルサービス、顧客体験、先述したグローバル成長戦略を実現するために、従来のサプライチェーンを超えて、業界横断的なパートナーのダイナミックなデリバリー・ネットワーク（**エコシステム**）をつくっている。大手グローバル企業はこれまでサプライチェーンについて、サプライヤーとの間の長期的で高度に構造化された二者間パートナーシップの集合体として捉えてきた。このようなパートナーシップは多くの企業にとって依然として欠かせないが、複雑なエコシステム（**バリューウェブ**）を新たに構築しマネジメントすることにより、それを補完する動きも見られる。大掛かりな座組み（例：14カ国以上、11業界以上、30以上のパートナー）になる場合もあり、企業が単独ではなしえない形で競争できるようになる。[注1]

最も成功しているエコシステムは、すでに業界に破壊的変化を起こし、まさに社会全体を変えつつある。重要な事例の1つが、テクノロジー大手アリババの関連会社であるアントフィナンシャル（アリペイの運営会社）だ。2019年時点で、消費者金融の花唄（ファーベイ）や世界最大のマネー・マーケット・ファンドの余額宝（ユエバオ）など、多くの成功事業を傘下に持つが、中核事業はやはり中国最大のオンライン決済プラットフォームのアリペイだ。2018年の市場シェアは約54％にのぼる。[注2] 自前ですべて手掛けようとするのではなく、強力なエコシステムを活用してグローバル成長を遂げてきたのが同社の特徴だ。

アントフィナンシャルは2004年以降、大規模パートナー・ネットワークを構築してきた。さらに2014年にアリババからスピンアウトしてから、新しいグローバル・パートナーを増やし続けてきた。[注3] 国内市場以外にも勢力を拡大しようと、海外の小売企業、航空会社、ホテル、銀行などのパートナーと提携する（現地事業者との関係を活用するのが目的だ）一方で、9つの海外市場で現地のイーウォレット事業者（インドのペイティーエム、韓国のカカオペイ、バングラデシュのビーキャッシュなど）とパートナーシップを組み、各社のデジタル決済インフラを活用してきた。たとえば2016年から17年にかけて、アジア展開の一環として他社との業務提携を進め、マレーシアのスターバックス店舗や、キャセイパシフィック航空の機内販売で、アリペイを利用できるようにした。

欧州ではクレジットカードのアクワイアラ（加盟店契約会社）やバークレイズ、BNPパリバ、ウニクレディトなどの銀行系パートナーと提携して、英国、フランス、イタリアの現地事業者にアリペイを扱ってもらうようにした。それと同時に、病院とも提携し、アントフィナンシャルの決済プラットフォーム、多数のアプリやサービスを利用できる状態にした。このようにして、大規模ネットワークの一部として、世界中の1万6000病院、380の金融事業者、約4000万の事業者とパートナーシップを築いてきた。[注4]

アントフィナンシャルはこのネットワークをつくる際に、これまで十分な金融サービスを受けてこなかった世界中の中小企業や個人に金融サービスを届ける「金融包摂（フィナンシャル・インクルージョン）の提供」というミッションを支える、さまざまな形態の戦略的パートナーシップを活用してきた。インド進出に向けて、現地でイーウォレット事業を展開するペイティーエムに戦略的に投資し、インド市場の大手フィンテック・オペレーターである同社にマイノリティー出資を行った。タイ、パキスタン、フィリピンなどの現地イーウォレット事業者にも同様の戦略的投資をしている。[注5]

アントフィナンシャルは、株式を取得した企業を中核パートナーと見なし、経済的、技術的に支援する。ある業界ウォッチャーは「それぞれの市場でアントフィナンシャル流に準じる態勢にあると思われる適切なパートナーを選び、マイノリティー出資をして、パートナーがすでに持っているライセンスやブランドから恩恵を受けつつ、バックエンドにアントフィナンシャルの独自技術を注入し、マネーが転がり込んでくるのを見守る」戦略だと評した。[注6]

一方、アントフィナンシャルが顧客体験の強化と拡大のために進めてきた、いわゆるアライアンスは、非中核的な関係とみなされ、出資を伴わない業務提携である。前述の欧州の銀行とのパートナーシップはアライアンスに当たり、スターバックスやキャセイパシフィックとの関係も同様だ。出資やアライアンス以外にも合弁事業などさまざまな種類の協定を結んでいる。同社はまた、自社エコシステムへの事業者からの参加申し込みに対応するために標準化された申請手順も導入した。[注7]

アントフィナンシャルは、エコシステムを包括的かつ継続的に構築することで多大な見返りを得てきた。アリペイでは2019年、1日当たりアクティブユーザー数が2億3000万人を超え、（グローバルなイーウォレット・パートナー分も合わせて）ユニークユーザー数は12億人にのぼった。[注8] アントフィナンシャルは、現地イーウォレット事業者との提携と、中国人アリペイユーザーのグローバル購買力と現地事業者を結びつけるという2本立てのパートナー戦略で50市場以上に進出し、急拡大を遂げている。[注9] 2019年時点で、アントフィナンシャルは時価総額が世界最大のフィンテック企業となり、シティバンク、ゴールドマンサックス、ブラックロックなど大手金融機関の時価総額を上回った。[注10]

さらに広く見れば、アントフィナンシャルは広範囲に及ぶ社会的変革、つまり、中国でのキャッシュレス経済台頭の背後にある原動力となってきた。[注11] 2017年までに、中国の消費者の大多数（75％以上）はすでにデジタル手段で取引を完結させ、現金からモバイル決済へと一足飛びに移行している。[注12] あるニュース報道によると「中国はキャッシュレス社会の築き方を世界の他の地域に指し示している[注13]」。

エコシステム・マネジメントの新たなアート（技）

アントフィナンシャルのようなエコシステムの成功は、グローバルなビジネスリーダーにとって目新しいものではないだろう。２０１８年の経営リーダーを対象とした調査では、大多数の人が業界に破壊的変化をもたらす手段としてエコシステムを挙げ、約50％がエコシステムを構築して業界内の破壊的変化に対応したと回答している。[注14] とはいえ、エキスパートやアドバイザーがエコシステムに注目しても、そのほとんどが表面的で、経営リーダーはいまだにエコシステムを推進するうえで何が最善策なのか、そもそも推進すべきかどうかさえ確信が持てずにいる。エコシステムは破壊的変化への基盤として魅力的だが、実行するのは依然として至難の業だ。一握りの大成功しているネットワークがメディアの見出しを飾るが、順調にいかない事例のほうがはるかに多い。

経営リーダーはエコシステム構築に伴う多くの苦労を思ってひるんではいけない。サービス化された商品やデジタル対応ビジネスモデルへと産業が移行するにつれて、柔軟なパートナーのネットワーク（バリューウェブ）は数兆ドルの価値につながり、企業のレジリエンスをさらに高めるうえでも役立つ（企業間で契約を交わしてサプライチェーンに組み込まれている場合、リスクは次工程に順送りにされるが、独立企業の緩いパートナーシップの場合、リスクはみんなで共有される）。

銀行からヘルスケアまで、家電製品から産業機器まで、実質的に全業界の企業が非常に複雑な統合型デジタル・ソリューションを提供できるエコシステムに参加するだろう。「エコシステム・マネジメントの新しいアート（技）」と私たちが呼ぶ、まったく新しいゲームを学習しそれに習熟すべきときが来たのである。[注15] この章では、この新しい技の概要を説明し、何十もの主要なエコシステムの綿密な調査に基づいて、これまで失敗してきた企業が多くある中で、一部の企業はどのようにエコシステムで成功してきたかを紹介していく。

エコシステムの5つの原則

エコシステムの利点があちこちで盛んに取り上げられる中で、どのような協働体制をとり、従来のサプライチェーンとどう異なるかについては不明確なままだ。業界ウォッチャーによると、このような新しい協働体制は、サプライチェーンよりも、スピード、イノベーション、適応性ではるかに優れ、統合型ソリューションの提供能力も持たせるように設計されている。ただし、既存のエコシステムを系統的に評価し、その顕著な特徴を示した研究は少ない。

私たちはエコシステムを「デジタルを活用した統合型の顧客バリュープロポジションを実現するために協働する企業グループ」として定義している。この定義を適用して、既存プレイヤーやデジタルプレイヤーを含めて幅広い業界のネットワークを40以上分析した結果、エコシステムの5つの重要な特徴が明らかになった。

原則1：参加者は多者間関係

第1に、**ネットワークの参加者は多者間関係**で成り立っている。従来のサプライチェーンでは、企業の関係は二者間が多かった。ある企業は別の企業のサプライヤーとなり、その別の企業は第三の企業に供給し、それが連なって最後に完成品メーカーに至り、そこで供給された部品で完成品が組み立てられる。下位段階のサプライヤーが最終顧客と取引することはなく、それは完成品メーカーに限られる。完成品メーカーはこの垂直チェーン内のサプライヤーのパフォーマンスをきめ細かく管理・監視し、価格設定、設計仕様、納品基準などを盛り込んだルールを策定する。このように厳格に管理することで、コスト、品質、チェーン内の上下の流れを最適化できる。

対照的に、デジタル・エコシステムの構造ははるかに流動的で、さまざまな業界にわたり、時間とともに進化し拡大する多者間パートナーシップで構成されている。自動車産業を見ていこう。デジタルモビリティ・エコシステムについて、完成車メーカーを中心に異業種プロバイダーの集団に取り囲まれているウェブのような絵柄がイメージできるだろう。テクノロジーと市場の需要とともに進化するこうしたエコシステムには、ソフトウエアやＯＳ、ＩｏＴやクラウド・プラットフォームの能力、自動車プラットフォームを使った運転者向けの具体的サービス、ハードウエア・テクノロジー、アプリケーション、通信接続などを提供するパートナーが参加している。全員が集まってコネクテッドカーをつくり、自動車そのものに、消費者向けのさまざまな刺激的なサービスを上乗せして提供する。

フォルクスワーゲンは「Together 2025+」戦略の中で「最高の車両であるだけでなく、エキサイティングで優れたデジタル製品・サービスの象徴になること」を目指すと宣言した。[注16] フォルクスワーゲンは現在、そのビジョンを実現しようと、デジタル・モビリティ・プラットフォーム「WeConnect（ウィコネクト）」を提供している。このプラットフォームには、セキュリティサービス、高度なナビゲーション、予防サービス・保守、車両のリモート制御など、相互につながった広範なデジタルサービスが含まれ、すべてウィコネクト・ブランドで統一されている。[注17]

しかし、これはフォルクスワーゲン単独では実現できなかっただろう。というのも、デジタルスキルや素早く消費者に製品・サービスを展開できるアジャイルな考え方を持っていなかったからだ。そこで、同社は既存のサプライチェーンを補完するために、パートナーのエコシステムを構築した（図3）。

ソフトウエアの組織能力（OS、AIなど）にアクセスするため、マイクロソフト、アルゴ、エヌビディア、ピボタル（いずれも米国）、サイモーティブ・テクノロジーズ（イスラエル）、ワイヤレスカー（スウェーデン）、羽扇智（モブヴォイ）（中国）などとも提携したが、どの企業もフォルクスワーゲンのネットワーク全体から価値を獲得している。ドライブトレインの電動化とデジタル化のために、ノースボルト（スウェーデン）、クアンタムスケープ（米国）、SKイノベーション（韓国）、CATL（中国）と提携した。IoTとクラウドの組織能力については、マイクロソフト（米国）、アマゾン（米国）、SAP（ドイツ）と提携し、最先端のプロダクト・プラットフォームの規模を広げるために（それによってデジタル・モビリティ・プラットフォームが可能になる）、フォード（米国）やJAC（中国）などと提携した。[注18]

総合すると、フォルクスワーゲンは2019年までに、少なくとも11カ国6業界にまたがる約60のパートナーが参加する相互接続ネットワークを構築した。すべて既存の自動車製品にデジタル・モビリティのレイヤーを追加し、ダイムラー、BMW、GMなどの競合他社に後れをとらないようにするためだ。従来のサプライチェーンと違って、フォルクスワーゲンのエコシステムは、消費者が実際に車を買うかどうかとは関係なく、多様な参加者の収入源となっている（たとえば、消費者が継続的なデジタルサービス料金を支払う場合などがそうだ）。フォルクスワーゲンはエコシステムのオーケストレーター（エコシステムを構築・運営する企業）として、「エコシステムの組成とマネジメント、戦略の定義、参加者候補の特定」に取り組んでいる。[注19]

原則2：地理的な広がりをもつ

私たちが調査したエコシステムに共通する第2の特徴は、**地理的な広がり**である。調査対象としたエコシステムのほぼすべて（90％）で少なくとも5カ国のプレイヤーが参加し、先進国と発展途上国の両方が含まれている事例が大多数にのぼった。サムスンのスマートシングズ・スマートホーム・プラットフォームは12カ国以上からの１００を超えるパートナーで構成されている。[注20]シャオミのプラットフォームには、中国、米国、インド、英国などから、少なくとも70のパートナーが参加している。こうした地理的な広がりが意味するのは、企業は文化的な障壁を乗り越えなければならないこと、また、エコシステムで対応する地域ごとに法制度が大きく異なる場合でも、知的財産（ＩＰ）の保護策を講じる必要があるということだ。ＩＰの利用制限、専門知識を持つ人材の保持、ＩＰ保護の重要性に関する従業員教育、現地ＩＰ組織の構築、現地国での体系的なＩＰ保護強化（特許出願など）、権利侵害の監視と必要に応じた法的措置、現地政府の**優遇措置の対象**となること（強力なＩＰ保護に役立つ）などが必要になるかもしれない。

デジタル・モビリティ・エコシステム

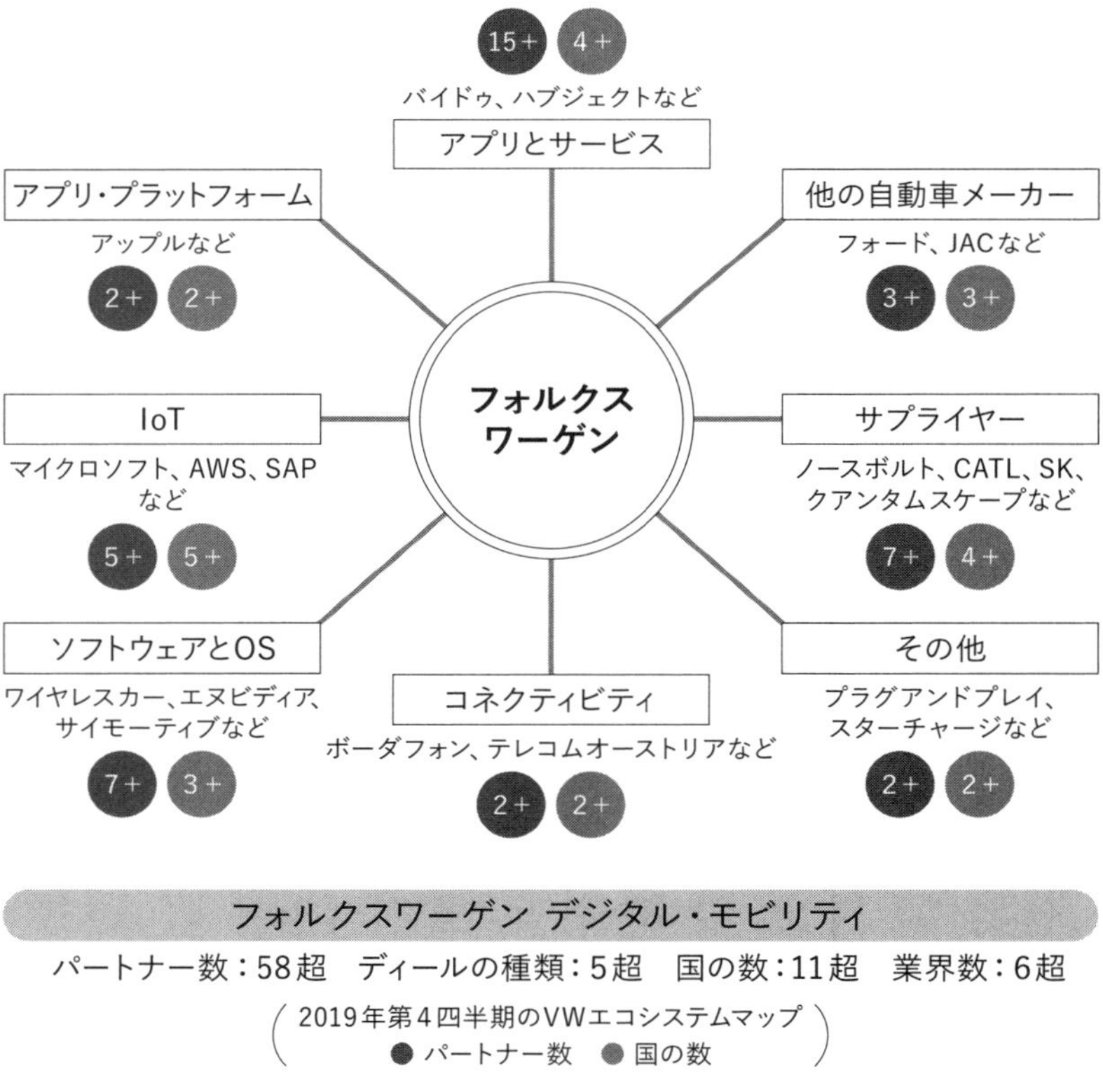
15+ 4+
バイドゥ、ハブジェクトなど
アプリとサービス
アプリ・プラットフォーム
アップルなど
2+ 2+
他の自動車メーカー
フォード、JACなど
3+ 3+
フォルクスワーゲン
IoT
マイクロソフト、AWS、SAPなど
5+ 5+
サプライヤー
ノースボルト、CATL、SK、クアンタムスケープなど
7+ 4+
ソフトウェアとOS
ワイヤレスカー、エヌビディア、サイモーティブなど
7+ 3+
コネクティビティ
ボーダフォン、テレコムオーストリアなど
2+ 2+
その他
プラグアンドプレイ、スターチャージなど
2+ 2+
フォルクスワーゲン デジタル・モビリティ
パートナー数：58超　ディールの種類：5超　国の数：11超　業界数：6超
2019年第4四半期のVWエコシステムマップ
● パートナー数　● 国の数

図3

フォルクスワーゲンは多国間・多業界の多面的なパートナーシップを通じてデジタル・モビリティ・エコシステムを構築している

自動車業界の協業モデルは大きく進化している

従来の2社間パートナーシップ

フォルクスワーゲン車

パートナー数：1　ディールの種類：1　国の数：1　業界数：1

注：協業形態は、M&A、合弁事業、マイノリティー出資、多社間連携などさまざまである。

出所：ボストン コンサルティング グループ分析

原則3：業界の垣根を越える

業界の垣根を越えたエコシステムになる傾向があることも、第3の中核的な特徴である。調査対象の半分以上のエコシステムで少なくとも5つの業界のプレイヤーが参加し、83％が少なくとも3業界にまたがっていた。掃除機メーカーのダイソンは掃除用ロボットの製品・サービスを構築するために、比較的小さなエコシステムを形成した。パートナー数はわずか6社だが、5つの業界にまたがっている。ダイソンはアマゾンのアレクサと提携してスマートホームソリューションを提供している。[注21]また、サンフランシスコに拠点を置くデジタルエージェンシーのＡＫＱＡに掃除機を動かすためのスマートフォン用アプリ開発を委託したり、ロンドンのインペリアル・カレッジと提携して一般的な研究開発課題について支援を得たりしている。[注22]

原則4：柔軟なディール形態

デジタル・エコシステムの第4の重要な特徴は、その**柔軟なディール形態**にある。従来の2社間サプライチェーンの関係は長期的な合弁事業とする傾向があるのに対し、さまざまなディール形態で関連プレイヤーをまとめられる。マイノリティー出資、プラットフォーム・パートナーシップ、短期契約などの形態であれば、エコシステムのオーケストレーターは機会や脅威が出現したときに機敏に動いて適切な対応がとれる。スイスの先駆的なテクノロジー・リーダーであるＡＢＢは主に先進国市場と中国から44社を集めて、産業用ロボットのエコシステムを構築しようとしてきた。ＡＢＢはロボット工学のハードウエアを獲得するため大小さまざまな買収（スウェーデンのＳＶＩＡやスペインのスタートアップのＮＵＢ３Ｄなど）に加えて、マイノリティー出資（米国のグラビットなど）も行っている。

ＡＢＢは強力なクラウドの組織能力を築くために、買収、出資、アライアンスも活用した（たとえば、中国の顧客に産業用クラウドソリューションを提供するために中国企業のファーウェイと提携している）。さらに、テクノロジー大手のマイクロソフトと提携し同社のアジュールクラウドサービスを用いて、自社の産業用ＩｏＴプラットフォームとＡＢＢアビリティ（デジタルサービス）を構築してきた。トレーニング、コネクティビティ、優先パートナーのＩＢＭによるＡＩソリューションなど、他のさまざまな組織能力を獲得するために、さまざまな種類のディールを展開している。

原則５：参加者の誰もが恩恵を受けられる

第５に、極めて重要なことだが、**ネットワークが価値を生み出す際に誰もが確実に恩恵を受けられる**エコシステムを目指す傾向があることだ。従来のサプライチェーンでは、ベンダーを犠牲にして自社にとって最大限の価値を引き出そうとするゼロサム・ロジックが生じる可能性がある。サプライヤーから搾取するのはベストプラクティスではないが、実際にそういうことが起こってしまう。デジタル・エコシステムでは、参加者数が増え、それぞれ持ち寄る組織能力が拡大するにつれて、ネットワークとしての価値が増していく傾向があり、全員で分け合うパイが拡大する。

この典型例がアップルとアップストアだ。アップストアは２００８年に開設して以来、約５００万アプリを擁するまで成長してきた。[注23] アプリの数や種類が増えるにつれて、消費者にとってエコシステムの価値が増し、より多くの消費者を惹きつけ、エコシステムに参加する価値が高まる。その結果、より多くのより良いアプリ開発につながる。アップルの売上分配プランはアプリ開発にとって魅力的な提案であり、開発者はｉＯＳ用アプリ経由の売上の最大85％を受け取る。開発者の売上は２０１７年に30％増、２０１８年に28％増、２０１９年に22％増となった。[注24]

新型コロナウイルスがもたらしたパンデミックにより、これまで以上に注目されているヘルスケア・プラットフォームでも、同じように積極的に恩恵を分け合おうとしている。中国の保険会社の平安（ピンアン）は、グッドドクター・ヘルスケア・プラットフォームで、提携病院で発生した患者登録料は全額、病院側が取得できるようにしている。参加する医師は各自が診た患者の診察料の70％を受け取り、残りはピンアンの取り分となる（専門医療施設に直接医療訪問をしたときも、同様の売上分配である)。医薬品販売では、約5〜10%の少額手数料をピンアンが受け取り、残りは薬局や製薬会社の手に渡る。[注25] 同様に、評判の良いヨーロッパのオンライン医療予約プラットフォームのドクトリブの場合、医師は診察料を全額取得し、プラットフォーム側に月額使用料を支払う。プラットフォームが成長し、多くの患者が集まるほど(患者は無料で利用できる)、医師にとって収入源としての価値が増していく。[注26] ネットワークに参加する医師の数が増えれば、患者にとっての魅力が増し、成長の好循環が生じる。

3タイプのエコシステム

5つの主要な特徴に加えて、エコシステムには、デジタイザー・ネットワーク、プラットフォーム、スーパープラットフォームの3タイプがある(図4)。

デジタイザー・ネットワークは、マネジメントがあまり複雑にならないようにしながら、既存の物理的製品にデジタルのレイヤーを重ねられるように設計されたエコシステムである。この好例が前述のダイソンだ。一般的に、デジタイザー・ネットワークにはオーケストレーターが所属する業界以外のパートナーが含まれ、それによりテクノロジーや

エコシステム	
プラットフォーム	スーパープラットフォーム
● 高いサービスレベルを確保し摩擦を制限しながら、プラットフォーム上でスマート製品やユーザーをシームレスにつなげる	● 複数のプラットフォームを1つの完全統合型サービスにまとめ、統合されたスーパープラットフォームからユーザーデータを取得する
● プラットフォーム利用による収入源 ● データを活用した隣接ビジネスやサービスモデル	● 広範なユーザーデータ ● 隣接するビジネスモデルによるデータの収益化

500万～1,000万	1,000万超*
＜5	＞10

図4 3タイプのデジタル・エコシステムとその特徴

3タイプのデジタル・エコシステム
──それぞれ異なる特徴を持つ

	伝統的プロダクト	デジタイザー
目的	● コストを最小限に抑えながら高品質の製品を設計製造する	● 管理面の複雑性を低く抑えながら、パートナーの助けを借りて既存製品をデジタル化する
機会	● プレミアム製品 ● 消費者プレミアムの獲得	● 新機能 ● 消費者プレミアムの獲得 ● デジタルサービス収入
特徴 新しいパートナーへのオープンさ		
パートナー数	少なくとも2	20～100
業界数	～1	～5

＊プラットフォームの直接的なパートナーと関連事業者が含まれる。
小規模なプラットフォーム・エコシステムを統合するスーパープラットフォームの場合、
パートナー数は大幅に少ないこともある。

出所：ボストン コンサルティング グループ分析（40以上のグローバル・エコシステムをBCGが独自に分析）

IPを利用したり、新サービスを追加したりできるようになる。

プラットフォームはより高度かつ複雑で、多数の消費者やスマートデバイスを単一のネットワーク内で結びつける。オーケストレーターとコントリビューターの関係は標準化されているので、ネットワーク全体で高レベルのサービスが保証され、不便さや摩擦の発生を抑えられる。オーケストレーターは収益源としてプラットフォームを発展させ、そこで生成されるデータを使って隣接ビジネスを促進することもできる。サムスンのスマートシングズなどのスマートホーム・サービスはプラットフォーム型エコシステムの良い例だ。ほかには、シスコのコネクテッドマイン、マースクのデジタル・トレード・ドキュメンテーション・プラットフォームなどの産業用エコシステム、イーベイやエアビーアンドビーなどのデジタル企業なども同様である。

最も複雑なエコシステムである**スーパープラットフォーム**は、他のプラットフォームを単一のユーザーインターフェースに集約する。オーケストレーターは各プラットフォームで生成されたデータを集めて、それを使って隣接ビジネスを促進することで収益を獲得する。アマゾンのアレクサは、ソノス、ウーバー、フィリップス・ヒューなどのプラットフォームで構成されたスーパープラットフォームだ。それぞれのプラットフォームは、それ自体で数百万もの多様なパートナーを有するが、アレクサの戦略的パートナーか、アレクサに組み込まれた特定スキルを提供しているかのいずれかである。[注27]

エコシステムは一度に複数の機能を提供することもある。アレクサはスーパープラットフォームとしての機能のほかに、物理的なステレオスピーカーにデジタル能力を追加するデジタイザーでもあり、アレクサ経由でピザの注文や救急要請をするなど、特定の組織能力を持つパートナーを集めるプラットフォームでもある。

キャタピラー（ＣＡＴ）のスマート・マイニング・エコシステムは「スマート建機の時代（the Age of Smart Iron）」戦略の一環として開発されたもので、同社の建機をサービス化してアナリティクスを提供するプラットフォームの役割を果たす。これはＣＡＴ製品を中心に構築され、アナリティクス、ソフトウエア、ロボット工学、スマートデバイスの分野でＣＡＴが選んだ約30パートナーが参加するクローズド・プラットフォームだ。このエコシステムは同時に、デジタイザーの役割も果たす。というのも、このネットワークを使えば、（可能性としては月面も含めて）危険な状況下でも人間が運転しなくても、自律型マイニング・トラックをリモートで操作できるからである。[注28]

企業は全タイプのエコシステムでオーケストレーターか参加者として活動できる。１つの役割を選んだり、１つのエコシステムにこだわったりする必要はない。ソノスには独自のプラットフォーム・エコシステムがあるが、これまで見てきたように、アレクサのスーパープラットフォームにも参加している。

中国の物流サービス会社のＳＦエクスプレスも独自のエコシステムのオーケストレータ

ーであると同時に、他に複数のエコシステムに参加している。SFエクスプレスは、アリババ、テンセント、百度（バイドゥ）など特定のエコシステム・オーケストレーターに過度に依存しないように、幅広く参加するようにしていると、同社の経営幹部は語っていた。

成功するエコシステムの秘訣

エコシステムは従来のサプライチェーンとは大幅に異なるので、同じようにマネジメントすればうまくいくだろうと期待してはいけない。20世紀を通じて、サプライチェーンが企業のグローバルなオペレーション・モデルの一部になるにつれ、厳密で科学的なアプローチがとられた。対照的に、エコシステムの設計やマネジメントは依然としてアートであり、産業財業界の既存企業には特に習得しにくいと思われている。私たちはこのアートをもっと体系化するために、[注29]各エコシステムの財務実績、ユーザー間の人気、規模に対する特許件数を調べて、それぞれの業界のエキスパートにインタビューを行った。そして明らかになったのが、成功するエコシステムを特徴づける5つの要因である。

第1に、**スピードよりも戦略が重要**である。業界で真っ先にエコシステムを構築した企業が一番良い思いをすると思うかもしれないが、必ずしもそうとは限らない。顧客ニーズは進化していくので、最初にエコシステムをつくった企業であっても、顧客やパートナーを惹きつけられるバリュープロポジションが欠けているかもしれない。アップルカープレイやアンドロイドオートがデジタル自動車プラットフォームを開始したのは、２０１４年になってからであり、ＧＭ（２００７年）、ＢＭＷ（２００８年）、フォルクスワーゲン（２０１１年）がそれぞれ独自サービスを開始してから何年も経っていた。それでも、アップルとアンドロイドのプラットフォームにはすぐにパートナーが集まった。２０１９年までにアップルには63のパートナーが参加し、ほとんどのサービスが揃っていた。エコシステムの立ち上げ時にはスピードが役立つが、勝てる戦略のほうがはるかに重要で、スタート時の遅れを補って余りある要素である。

エコシステムの成否を分ける第2、第3の特徴は、**意義深いグローバル拠点網とパートナーの専門知識の深さ**だ。これまで見てきたように、どのデジタル・エコシステムもグローバルでかつ業界横断的だが、その中で最も優れたものは特に範囲が広く、少なくとも10カ国の40以上のパートナーで構成されている。シャオミの広大なデジタル・エコシステムにはアジア、ヨーロッパ、米国、南米の数十のパートナーが参加している。サムスンのスマートシングズ・エコシステムでは、12カ国の１００を超えるパートナーにより、消費者が食洗機、冷蔵庫、テレビなどの家電製品を接続できるようにしている。

エコシステムが大きくなるほど、競合よりも容易に市場環境に適応しやすく、国境を越えてより効果的に商品・サービスを拡大していく傾向がある。これは、小さくローカルなエコシステムではうまくいかないという意味でも（ダイソンの事例は順調である）、大きなエコシステムのほうがマネジメントしやすいという意味でもない（実際にマネジメントは難しい）。とはいえ、競争上や経済的な観点では、エコシステムは実際に大きいほうがよい。

成功しているエコシステムに共通する第4の特徴は、**多くの顧客を持つ強い既存事業**であることだ。私たちが調査した中で、きわめて成功しているエコシステムはいずれも、業界内で既に圧倒的に有利なポジションにあるオーケストレーターがつくったからこそ備わっている優位性を享受していた。

「中国版グーグル」として広く知られる検索エンジンのバイドゥは、2017年にハードウエア、ソフトウエア、クラウド・データ・サービスを含む自動運転車用オープンソース・プラットフォーム「アポロ」構築計画を発表したとき、すでに世界第2位の検索エンジンだった。[注30] バイドゥは中国政府の支援を追い風にして、同国の「AIチャンピオン」の1社に選ばれた。[注31] また、既存のAIを用いた仮想アシスタント・テクノロジーを運転システムに実装できることからも恩恵を得ている。[注32] バイドゥは2018年7月までに、自動車メーカー、サプライヤー、政府機関、テクノロジー企業など130を超えるパートナーが

参加するエコシステムを築いてきた。[注33]

２０１９年にバイドゥの自動運転システムは中国都市部で走行距離が１００万マイル以上に達したと推定され、[注34]同年後半に長沙市で自動運転タクシーを運行させる計画が発表された。[注35]業界の既存企業であれば、それまで構築してきた規模やリソースのおかげで、繁栄するエコシステムの構築において明確な優位性を持っている。これは、自前でデジタル事業を立ち上げたり、単純に先駆的なテクノロジーを買い取ったりするのではなく、他のプレイヤーとよりオープンで流動性の高い協働をすべきだということのもう１つの理由である。

私たちが見出した第５の成功要因は、**デジタル・エコシステム参加者の複雑な関係性のマネジメント力**に関するものだ。ほとんどのエコシステムでは、パートナーとの提携関係の種類、地域、業界が非常に多岐にわたり、舵取りがかなり難しい場合もある。成功させるためには、賢明かつ戦略的にパートナーを選定しマネジメントしなくてはならない。テクノロジー企業はこの点でうまくやっていることが多い。最初から明確な戦略を立てて、専任チームが参加者をエコシステムに溶け込ませてマネジメントする業務に当たっているのだ。

アマゾンがパーソナルアシスタントのアレクサを開発したとき、専任チームが開発者と協力して同システム用のアプリ開発を支援していた。アレクサ・スキルキットによって、開発者はアレクサ用スキルの構築や公開が容易になるとともに、1億ドルのアレクサ・ファンドを設けて、魅力的な新スキル開発が期待される新しいスタートアップを支援した。[注36] グーグルプレイやアップルのアップストアなどのアプリストアも、開発者と協働するために同様の戦術をとってきた。それに対して、既存企業はほぼ偶然の成り行きでエコシステムを開発し、進めながらうまくいくこと、いかないことを学んでいく傾向が見られる。エコシステム・パートナーの育成やマネジメントはもっとよく考えて体系的に行ったほうがよい。

リーダーへの示唆

オーケストレーターやパートナーとして、1つ以上のエコシステムに参加すべきかどうかを検討してこなかった企業も、出遅れてはいけない。製品に機能を追加する際にもデジタル・インターフェースにますます依存するようになっているので、数年ではなく数カ月という単位で、パートナーシップ、さらには全体的なネットワークも確立させる必要があるだろう。ノキアの元CEOのスティーブン・エロップは、従業員への社内文書でこう指摘している。「デバイスの戦いは今やエコシステム戦争になってきた。(中略)競合他社はデバイスで我々の市場シェアを奪っているのではない。エコシステム全体で我々の市場シェアを奪い取っているのだ。これはつまり、自前でエコシステムを構築して活性化するか、エコシステムに参加するかを決めざるをえなくなるということである」[注37]この文書が配布されたのは2011年のことだ。今日、「エコシステムの戦争」は一層激化している。

既存事業や新規事業のためにデジタル・エコシステムをつくるかどうかを整理するために、次の問いを検討してみよう。

- 市場に投入したいデジタル商品・サービスと社内のコンピテンシーの間に重要なギャップがあるか。
- 業界内の協働は、単一商品の提供ではなく、シームレスなカスタマージャーニーにするための統合型ソリューション提供へと向かう動きがますます強まっているか。
- エコシステム・パートナーへのマイノリティー出資、オープンな協働、多者間パートナーシップなど、業界内で革新的な協働方法を見つけられるか。
- 外部のプレイヤーが自分たちの業界に参入しているか。同業他社はデジタル手段を用いて異業種に参入しているか。
- IPや非金銭的資産（パートナーシップ型ネットワークなど）が業界内で勝つために重要なアセットになっているか。

●常に新しいパートナーを惹きつけ、速やかに商品・サービスを適応させる必要があることを考慮に入れて、アジャイルで柔軟なパートナーシップへの動きが認められるか。

●イノベーションと市場投入スピードは現在、自社事業の中で重要な競争上の差別化要因となっているか。

デジタル・エコシステムを進めるかどうか検討する際には、どのタイプを目指すのか、どのように参加するかが検討ポイントになるだろう。3タイプのエコシステムは特定の目標を達成するのに適している。既存製品をデジタルで強化したければ、デジタイザー・プラットフォームが最適かもしれない。プラットフォーム・エコシステムは、プラットフォームの使用による収益源の創出や、他事業に活用できるデータの生成に役立つ可能性がある。他の補完的事業で収益化できるようにデータを大量に収集しようとする場合は、スーパープラットフォームの立ち上げを探ってみよう。

もちろん、この3つのオプションでは、協力者に対して自社がオープンになる必要性の度合いはそれぞれ異なる。オープンになるのは難しいと考えるならば、スーパープラットフォームはおそらく適さないだろう。デジタイザー・プラットフォームのほうが小規模で複雑性が低いので、オーケストレーターがコントロールできるレベルは最大になる。

自社の戦略的ニーズに合うプラットフォームがどれであれ、新しいエコシステムをつくるのか、あるいは、他社の既存エコシステムに参加するのかを考えよう。今後数年で、どの企業も戦略上の基本課題としてこの問いに向き合わざるをえなくなるだろう。その決め手となる要因は、最終顧客との接点を持つのは自社か、他のプレイヤーかである。自社が顧客接点を持つ場合、他のプレイヤーよりも、顧客とそのニーズを深く理解している可能性が高いので、エコシステムのオーケストレーターを目指したほうがよい。そうでない場合には、参加者としての役割を検討すべきだろう。エコシステムのオーケストレーターは必ずしも一番大きな企業ではない点に注意しよう。自動車メーカーはバイドゥよりも規模が大きいにもかかわらず、バイドゥの自動運転エコシステムのパートナーになっている。目指すべきなのは、顧客のニーズや行動を深く理解し、エコシステム内で、自社が最終顧客にとっての価値を創出しそれを獲得する能力を最大化できるポジションを占めることだ。

自前のエコシステムのオーケストレーターを目指す場合、最初にエコシステムをどのように構築するかを検討することも有益である。ここでは次の実行面に関する問いについて熟考するのがよいだろう。[注38]

●エコシステムの参加者をまとめていくために、どのようなルールやプロセスを確立

し、どのような具体的な指標を設定して参加者のパフォーマンスを測定するか。
●そのエコシステムは、どのように価値を創出するか。パートナーを集めて維持するために、その価値をどう配分するか。
●エコシステムの価値の最大化に最も役立ちそうなパートナーをどのように惹きつけるか。
●エコシステムの柔軟性と適応性を最大化し、レジリエンスを高めるために、どのようにパートナーとの関係性を構築するか。
●パートナーの懸念を緩和し、熱心に参加してもらうために、あらかじめどのようにパートナーのＩＰを保護するか。
●どのようにエコシステムのメンバー間の絆を育み、定期的かつ継続的な協働と実験を促進するか。

これらの点が明確になったら、次に既存事業との関係の中でエコシステムをどう運営するかを考えよう。単にレガシー事業の別の部分のように扱えば、エコシステムを成功させることは難しい。デジタル・スタートアップは迅速に機能横断で意思決定し、素早く実行できるので、レガシー企業のエコシステムも同じように機敏でなければならない。このような理由から、最先端のグローバル企業はエコシステムを統括するために既存事業とは異なる内部規定やプロセスを導入し、異なる指揮命令系統を認め、多くの場合、デジタル・エコシステムの統括責任者を既存事業と物理的に切り離している。エコシステムで成功するために必要な調整は、カルチャーや人材マネジメントなどの分野にも及ぶ。それについては本書の後半で取り上げる。

デジタル・エコシステムは現在、きわめて重要になっているが、従来のサプライチェーンを置換するよりも、補完するうえで欠かせないものだ。最終的に、その2つを**組み合わせる**ことで、画期的な商品・サービスを提供できるようになる。企業は思い切って従来のサプライチェーンに関する厳格で閉鎖的な考え方を**超えて**、流動的で柔軟かつダイナミックな協働のやり方を取り入れなければならない。しかし、商品とサービスのいずれの提供においてもサプライチェーンは引き続き重要であり、適切にマネジメントする能力を持ち続ける必要がある。次章で説明するように、近い将来のサプライチェーンは、過去数十年で非常に多くのグローバル企業の成功を促進したサプライチェーンとは別物になるだろう。最先端企業は、変化する市場や関税などの保護主義的政策にうまく対応し、工業生産やサービス提供を変革しつつあるテクノロジーを最大限に活用できるよう、自社の生産用の資産（人、工場、サービスセンター）の再配置を始めている。こうした企業は効率性重視の低コストのデリバリー・モデルを超えて、「フレックス・デリバリー」とでも呼ぶべきやり方を導入している。次章で詳しく見ていこう。

主なインサイト

- 第2章で取り上げた先駆的なデジタルサービスや顧客体験と、第3章で提起したグローバル成長戦略を実現するために、企業は従来のサプライチェーンを超えて、業界横断のパートナーのダイナミックなデリバリー・ネットワーク（エコシステム）をつくっている。
- これまでのエコシステムへの注目の多くは表面的で、経営リーダーはいまだに、エコシステムを推進するうえで何が最善策なのか、そもそも推進すべきかどうかについて確信が持てずにいる。エコシステムは破壊的変化への基盤として魅力的だが、実行するのは依然として至難の業である。
- 著者らは、既存企業とデジタルプレイヤーを含めてさまざまな業界の40以上のネットワークを詳細に分析し、エコシステムの5つの重要な特徴を示した。
- 5つの重要な特徴に加えて、私たちの調査から、過去に想定されてきた以上のエコシステム現象の複雑性が明らかになった。具体的には、デジタイザー・ネットワーク、プラットフォーム、スーパープラットフォームという3タイプのエコシステムがあることがわかった。
- 成功するエコシステムの秘訣は、強力な戦略があること、意義深いグローバル拠点網の構築、パートナーが十分に深い専門知識を持っていること、多くの顧客を抱える強い既存事業を有していること、デジタル・エコシステム参加者の複雑な関係性のマネジメント力にある。

第5章

柔軟な生産・供給網をつくる

企業は、製品の生産やサービス提供にかかる総コストを最小限に抑えるために、グローバルで最適なデリバリー・モデルを築いてきた。コストは引き続き重要だが、破壊的変化に直面する中で、デリバリー・モデルにはスピード、対応力、レジリエンスが求められている。

時代遅れとなったコスト重視のグローバル・サプライチェーン

企業が開発している新しいデジタルサービスやデジタル体験に関する報道や宣伝は膨大な量にのぼるが、製品を生産し供給する方法においても、（あまり騒がれていないが）刺激的な革命が出現している。1980年代から90年代にかけてインターネットが発展したことにより、グローバル企業は離れた場所から生産を管理し、製品を長距離にわたって追跡できるようになった。

企業はこうした組織能力を駆使して、生産拠点網を根本的に再設計した。コストを極力抑えるために、中国など人件費の安い国々に巨大施設を建設したり、現地企業と生産委託契約を結んだりしたのである。現地企業から材料を調達し、こうした工場で生産したものを世界中の市場に供給した。ナイキ、ウォルマート、IBMをはじめとして、数え切れない企業がこのやり方をとった。顧客にとって価格が安くなり、株主は利益が増えるというメリットがある。1990年に世界生産に占める低コスト国（輸出額で上位20カ国）の割合は約7％にすぎなかったが、2010年には33％を超え、繊維製品、皮革品、衣料品、アパレルなど労働集約型産業ではその比率がさらに高かった。[注1]

今日、こうしたグローバル・デリバリー・モデル、つまり、安い人件費を重視したグローバル・サプライチェーンは次第に時代遅れになっている。生産管理や物流ネットワーク管理はもはやコストを最小限に抑えるだけでなく、柔軟性、スピード、レジリエンスを向上させることも重要である。

最先端企業は、人件費の安い地域に置いた大規模なグローバル生産工場の先を見通して、よりハイテクで、より小規模で、より数が多く、よりローカルで、より顧客に近く、より柔軟にカスタマイゼーションに対応できる工場を設置して、刻々と変化する消費者ニーズを反映させたパーソナライズ製品を迅速に生産供給する能力を高めつつある。加えて、部品や原材料の調達方法や生産拠点を置く場所を決めるときにコストの先を見通して、顧客ニーズにより柔軟に対応するのと同時に、関税や極端な気候変動、さらにはパンデミックからのショックに対してもレジリエンスを高める対策を講じてきた。

製品がインテリジェントになり、顧客がより良いパフォーマンスを求めるようになるにつれて、サプライチェーンに新しいソフトウエア関連の組織能力を構築し、製品アップグレードをはるかに迅速に行い（数年ではなく、数カ月や数週間で）、物理的に届けるのではなく、製品に搭載されたソフトウエアを用いてデジタルで提供している。

柔軟性の高いフレックス・アプローチ

私たちはこの新しいやり方を「**フレックス**」アプローチと呼んでいるが、その対象は製品だけではない。サービスや体験を提供する企業も実践している。序章でも紹介したTCSやITサービス業界の事例を見ていこう。TCSの当時COOのN・チャンドラセカラン（現タタ・グループ会長）は2000年代に、より高い成長率を実現し、より高い価値を届けながら、コスト優位性（当時は優位性が薄れつつあった）を維持することで、高い利益率を守っていくために、一連の新戦略を実行することにした。[注2]

こうした戦略の1つが、柔軟性で勝る新グローバル・デリバリー・モデルを他社に先駆けて開発することだった。すべてをクラウドでつなげて、インドの低コストの大規模拠点だけでなく、先進国市場の顧客により近い中高コスト拠点からもサービスを提供する。既存の低コストのオフショアのデリバリー能力に新しい組織能力を上乗せすることで、欧米の顧客に対して、他の同業グローバル企業と同等のバリュープロポジションを実現しながら、引き続き比較的高い利益率を維持できるようにしようと考えたのだ。

TCSは、ソフトウエアのコーディングなどのテクニカルな業務をすべてインドのソフトウエア開発拠点で行う代わりに、（高コストの）現地チームと、インドなど低コスト国に配置されたチームを組み合わせて、世界中の顧客の近くにデリバリー・センターを設置することを目指した。フレックス・デリバリーにより、システム全体のレジリエンスが向上し、地政学リスクや、デリバリー能力が1カ所だけに集中する状況が軽減された。きわめて重要なのが、TCSはIP創出、新しいテクノロジーの関連サービス、デジタル・センター・オブ・エクセレンス（デジタル人材、ノウハウ、ツールなどを集約した横断型組織）の設置など、より高い価値、高度なスキル、カスタマイズされた製品・サービスを提供するうえでも有利な立場にあることだ。

2000年代初頭、TCSはグローバル・ネットワーク・デリバリー・モデルを導入し、企業がITサービスをグローバルに提供する方法を変革した。このモデルは、領域知識が蓄積される垂直型ビジネス・ユニットの設置、全社的な起業家精神の促進、IP創出の重視、デジタルテクノロジーへの早期の投資、研究開発のさらなる重点化などが含まれる包括的なものだった。フレックス・デリバリーも重要な要素だった。TCSは2019年までに、最大キャパシティは引き続きインドに持ちながら、15カ国以上に約200のデリバリー・センターのネットワークを構築した。そこには、同社にとって最大市場である欧米諸国と、ハンガリー、中国、アルゼンチン、チリなどの低コストもしくは人材が豊富な国々が含まれていた。[注3]

こうしたセンターは、キャパシティとスキルを次の3つのレベルに区分けしたグローバル統合デリバリー・ネットワークとして機能していた。①非常に多くの標準スキル

（ＳＡＰサービスなど）を大規模に展開できる、高度に自動化された低コストの大型施設。②ハンガリー、ブラジル、ウルグアイなどの場所にある地域デリバリー・センター。特定の専門スキルやキャパシティを持つが、言語や文化面で配慮が必要な地域顧客向けにサービスを提供することができる。③ニュージャージー、アリゾナ、英国のピーターバラなどに置かれた現地やニアショアのデリバリー・センター。ここでは、ハイタッチ〔人手をかけて個別かつ柔軟に対応するやり方〕、高スキル、小規模なサービスを顧客に提供する。[注4]

こうした施設はすべて、最先端のコラボレーション・ツールを備えたグローバル・テクノロジー・インフラでつながっているため、グローバル・デリバリー・ネットワークの望ましい場所からシームレスかつ柔軟に調達することができる。

これはＴＣＳの大きな競争優位性となった。グローバルセンター全体でデリバリー・チームとキャパシティをニーズに合わせて調整できる。また、最高品質のソフトウエア・エンジニアリング・プロセスを用いて品質の均一化を図ってきた。このネットワークはコスト優位性、人材、スピード、カスタマイズ、レジリエンスをもたらした。過去10年間で、これは非常にうまくいくことが証明され、目覚ましい成長を支えてきた。２０２０年時点で、ＴＣＳは最も時価総額の高いグローバルＩＴサービス企業に名を連ねる。[注5]競合他社の利益率は10％台前半だが、同社は25％を超える。[注6]

ＴＣＳのストーリーが示唆するように、20世紀後半の生産やサービス提供の中心だった、低コスト国での大規模なオフショア生産やデリバリー・センターは突然、陳腐化したわけではない。グローバル企業は引き続き、低コスト国での生産やサービス提供の組織能力を活用しているが、主要な高コスト国市場と地域センターでさらに多国間キャパシティを上乗せして、できる限り低コストにするだけでなく、スピード、柔軟性、対応力を持たせようとしている。

このような従来のサプライチェーンを超えるフレックス・デリバリー・ネットワークは、急な税率引き上げをはじめとする不確実な関税制度や非関税障壁の増大がもたらす課題に対して、適応性やレジリエンスが高い。新しいソフトウエア関連の組織能力のレイヤーを追加することで、顧客が求めるパフォーマンスや製品体験の向上に応える、よりインテリジェントな商品も届けられる。この章の終わりに、刺激的で注目を引く新しいバリュープロポジションに見られるのと同様の創造性とイノベーションをこの分野に取り込み、このようなフレックス・デリバリーの組織能力を構築し優位性を確立していくには、どのように着手したらよいかについて提案する。

近場のフレックス・ファクトリーから直送される日は近い

企業が生産物流体制の整備により、より多く（極めて柔軟な生産・物流、および、最小の物流コスト）を求める理由について理解を深めるために、シューズ産業における製造面の進化を少し考えてみよう。

仮に19世紀の英国の領主が、まもなくロンドンで開かれる舞踏会用に新しいダンスシューズを求めていたとしよう。領主は自分のマナーハウスに地元の靴屋を呼び、希望するスタイルや色について説明する。靴屋は足の寸法を測り、作業場に戻って、好みのデザインになるよう材料を裁断し、足の形に沿って縫い合わせる。数日後か数週間後に、靴屋は試し履き用のシューズを手に再びやってくる。それが気に入れば、申し分ない。気に入らなければ、靴屋は作業場に戻って、希望に適うように必要な調整を施した後、完成品をドアの前に届けて代金を受け取ることになる。

産業革命によって、ダンスシューズ、さらには大多数の消費財の生産方法が変わった。大規模工場と蒸気機関が、地元の職人に取って代わり、幅広い市場向けに安価な製品を量産するようになった。物流面が改善され、コンテナが登場してコストが下がると、こうした大規模工場は世界中に量産品を輸出し始めた。

その後も、インターネットの出現と運送費のさらなる低下により、企業は大幅に安い人件費を活かそうと、新興国に工場を移転し始めた。2000年代半ばには、アジアの大規模工場で世界のシューズの80％以上が生産され、製品カテゴリー全般がつくられるようになる。[注7] 特に中国は、多数の大規模工場が設置されて世界市場に製品を供給していたので、「世界の工場」として知られるようになった。ほとんどの消費者ははるかに安く容易に製品を入手できるようになったが、企業はかつて腕利きの職人が貴族にあつらえていたようには、個人仕様の製品にすることはできなかった。

生産ネットワーク見直しの4つの理由

この構図が今、4つの理由で再び変わろうとしている。第1に、消費者の期待が増大している。前述した新しいグローバル消費者は、デジタル生活の最小次元でさえ自分仕様にすることに慣れていて、今やオフラインでも同じことを求めているのだ。BCGの調査では、「買い物体験が高度にパーソナライズされると、カートに品目を追加する可能性は110％高まり、予定よりも支出が増える可能性は40％高まる」という結果が示された。[注8] 消費者は最新のシューズのデザイン、体験、成果も求めており、アディダスやナイキなどの企業はそれに加えて、ウェブサイトを介したパーソナライゼーション・サービスも行っている。

第2に、IoTやインダストリー4・0の発展によって、消費者の期待に応えながら、利益を出せる見込みがある。こうしたテクノロジーは、輸送コストが高くなっても、人件費の安い国で生産したほうがよいという古いトレードオフを変えようとしている。もともと急勾配のコスト曲線になる（大量生産すればコストが大幅に低減する）という理由で、大規模な労働集約型工場から調達していたが、その傾きが平らになり始めているのだ。柔軟性の向上、（カスタム注文を可能にする）小ロット生産、生産時間の短縮とともに、高コスト国市場での高度に自動化された工場が実現可能になってきた。IoTテクノロジーのコストが下がり続ける（たとえば、1980年代に30万ドルだった3Dプリンターが200ドル未満になり、速度や性能は大幅に向上している）につれて、高コスト国市場の自動化工場の魅力は増すばかりだ。[注9]

第3に、顧客向けソリューションや顧客体験の提供のより多くの部分が、ソフトウエアのダウンロードを通じて電子的に行われている。デジタルテクノロジーの発展により、電子機器やソフトウエアは製品の構成要素として一層重要になりつつある。たとえばナイキは、まったくのデジタル・エコシステムを導入して、消費者がシューズからより多くの健康上の便益を得られるようにサポートしてきた。一方、自動車は急速に車輪付きコンピュータになりつつある。

実際に、ＢＭＷ７シリーズのような高級車には最大１５０個の電子制御ユニット（窓、座席、高度なエンジンなどのシステムを動かす電子ハードウエア機構）を搭載できる。さらに、それを動かすのに必要なソフトウエアのコードは1億行以上にのぼる（ちなみに、フェイスブックが用いているコードは約６０００万行）[注10]。自動車のように毎日使う製品をつくる機械や工場も次第に電子機器とソフトウエアで制御されるようになっている。

消費財であれ、産業財であれ、こうした製品の顧客はサプライヤーがソフトウエアを更新させて頻繁に製品アップグレードを行い、パフォーマンスと機能を高めるよう期待している（たとえば、人々がスマートフォンに何を期待するかを考えてみてほしい）。これが意味するのは、企業はより高スキルで高コストの技術系スタッフを獲得し、アップグレードを迅速に（ライフサイクルが数年に及ぶ物理的製品とは異なり、毎週や毎月で行う場合も多い）設計し提供しなくてはならないということだ（また、過去と比べて物理的製品の世界貿易に占める割合が低下し、デジタル対応サービスの割合が高まっていることも意味する）。これは旧来のデリバリー・モデルでは不可能だった。

第4として、経済ナショナリズムが高まり、多国間主義が弱体化するのに伴い、平均関税率や特定（国家間）の関税率が引き上げられている。グローバル供給センターから製品を輸入すれば高い関税がかかるので、これは企業が現地生産するさらなる誘因になる。エネルギーおよび自動化関連の機器・サービスを手掛けるフランス企業、シュナイダーエレクトリックの最高イノベーション責任者のエマニュエル・ラガリーグは、「以前は、企業はさまざまな市場で同じビジネスモデルを再現でき、高い関税は過去の遺物だとリーダーたちは思い込んでいた。今日、世界は細分化され、関税が復活している」と述べていた。[注11]

こうした潮流に対応するため、シューズ業界のプレイヤーは生産ネットワークを見直し、新工場のコンセプトを試行している。アディダスはドイツと米国の拠点で、完全自動化工場である革新的なスピードファクトリーをテストしてきた。そこでは、ロボット工学や3Dプリンティングなどのインダストリー4・0のテクノロジーを用いて、生産を強化し、カスタムデザイン製品を現地の消費者に素早く届ける。従来のシューズ工場は数千人の労働者を雇い、世界中の市場にシューズを届けるのに最大で18カ月もかかっていたが、アディダスの実験的な工場コンセプトであれば、雇用する労働者は200人未満で、最新のハイエンドのデザインを最寄りの店舗にわずか4カ月で納品できる。[注12]

アディダスの前CEOのヘルベルト・ハイナーがこうしたパイロット生産施設を開設したときに気づいたように、「スピードファクトリーは、スポーツ用品の設計・開発と、自動化された分散型の柔軟な製造プロセスとを組み合わせたものだ。この柔軟性により、私たちは市場や消費者のいる場所にはるかに近づくことができる」。[注13]

企業がスピードファクトリーを大規模に展開すれば、かつては富裕層向けだったハイタッチのシューズ製造サービスを、何百万もの消費者が享受するようになるだろう。アディダスは新しいテクノロジーの能力をフル活用して、消費者がオンラインで自分だけのシューズをデザインし、最寄りのスピードファクトリーで製造するサービスを展開するつもりだ。いつの日かスピードファクトリーで完成したシューズをすぐにドローンで消費者の家に届けることも考えられる。同社の生産拠点網は、低コスト国の少数の大規模工場から調達するのではなく、多国間ネットワークで、人件費の安い国の大規模工場と、主要国市場で消費者の近くに置かれた多数の小規模なハイテク工場の両方で構成されている。

２０１９年後半、アディダスはスピードファクトリーを閉鎖し、そのコンセプトをベトナムと中国の生産施設に移管することを発表した。[注14] 同社は今日のテクノロジーのコストを踏まえて、主要市場内やその近くに配置した生産機能を経済的に見合う形で拡大するのに苦労してきた。こうしたパイロットから学ぶことは多かった。同社は技術的課題や経済的な規模の課題に加えて、西洋諸国でのサプライヤーのエコシステムが切り崩されていたこともあって、今後5～10年で生産の大部分を西洋諸国に移すことはないだろう。

それでも、コストの改善と柔軟性の向上を同時に図るために、スピードファクトリーの技術要素を中国、インドネシア、ベトナム、インドなどの国々の既存のサプライ・ネットワークに組み込んでいくだろう。同社にとって最も成長率の高い市場であるアジアでフレックス生産をすることで、最も迅速に供給できるようになった。自動車や製薬などの産業と比べて、シューズの生産工程にはまだかなりの手作業の部分が残っている。コスト軽減策の1つは、大規模な量産工場の自動化を推進し、効率性と柔軟性を高めることだった。

　スピードファクトリーの当初の形態はおそらく時代を先取りしていたのだろう。自動化の向上や自動化コストの低減により、アディダスは製造技術をさらに磨き、より安価でかつ効率的に生産できる。今後10年以上にわたって、こうした向上により、スピードファクトリー・タイプのフレックス生産でつくるプレミアム品やカスタム設計品のコスト効率がますます高まり、最終的に多数の市場で大規模に展開できるようになるかもしれない。より広範に、特に3Dプリンティングなどのテクノロジーのコストが下がっていけば、今後20年間でグローバル・デリバリー・モデルの至る所でフレックス生産を目にするようになるだろう。

クローズド・サプライチェーンを見直す

統合型サプライチェーンの新しい考え方

多国間ネットワークは、企業が低コストに加えて「デリバリー」の柔軟性、対応力、レジリエンスを高めるのに役立っているが、それだけでは十分ではない。従来の「閉じた」サプライチェーン・モデルに対して、より幅広いアプローチに向けた大幅な見直しが行われている。

グローバルなサプライチェーンを構築する際に、企業はこれまで常に2つの重要な点を明確にしてきた。第1に、自社の中核機能、すなわち設計や生産の段階、物流プロセスなどのうち社内に留めておくものは何かを定める。企業は、このような領域では品質と関連IPを完全にコントロールし続けたいと考えている。というのも、それが競争優位性をもたらし、製品の差別化につながると信じているからだ。

第2に、非中核的な活動についてサプライヤーの役割を明確にする。そのうえで厳密に管理して、完成品メーカーが最低コストと最高品質で製品・サービスを開発し提供できるようにするのだ。サプライチェーンはかなり厳格なルールのあるクローズド・システムといえる。

しかし、この現実は急速に変わりつつある。顧客ニーズの変化に素早く対応するには、生産物流プロセスをアップグレードし、まだ保有していない新しい組織能力（特にデジタル）を素早く取り込みオンラインで展開する必要がある。こうした組織能力を内部で育成するには時間がかかることが多いので、企業は従来よりもオープンなアプローチをとり、前章で説明したデジタル・エコシステムと似たやり方でサプライチェーンに取り組んでいる。世界中で貿易の不確実性が高まり、破壊的変化が頻発する中で、サプライチェーンのレジリエンスを高め、リスクを軽減し、関税と総コストをともに最適化するためには、厳しくコントロールされた閉じたサプライチェーン戦略をますます見直さざるをえなくなっている。

統合型サプライチェーンについて2つの新しい考え方がある。第1に、サプライヤーのスキルと組織能力を活かした新形態のパートナーシップを結ぶこと。第2に、かつて事業の中核とみなしていた生産プロセスもその対象に含めることだ。BCGのシニア・アドバイザーでフォードの元グローバル調達責任者のピーター・ローゼンフェルドの指摘によると、最終顧客により多くの価値を提供するのを助けてもらうために、企業はサプライチェーンにますます依存するようになっているという。中核機能である製造を全面的にコントロールし続けなくてはならないと思い込むのではなく、「自社独自の専門知識を導入しながら、いかにサプライベースを活かせるかと考えている」。今では「競争に勝つために最高の製品を提供できる、企業の枠を超えたグループ（extended enterprise）に身をおいた状態で、製品を設計すること」を選択していると、ローゼンフェルドは説明していた。[注15] もはや市場で最大の製造企業である必要はない。全体として最もうまく提供することのほうがはるかに重要だと、企業は感じているのだ。

ローゼンフェルドは、かつて垂直統合が最も重要だった自動車産業を例に挙げている。自動車会社は現在、以前は最終製品の不可侵の部品だったエンジンやパワートレインなどの製造について、水平型のパートナーに目を向けている。ローゼンフェルドによると、企業は「サプライヤーとの関係のあり方に幅を持たせられる」ことに気づきつつあるという。[注16] 状況によって、自動車会社と同じ場所にサプライヤーのチームを配置してソリューションを共同開発する場合もある。また以前のように不平等な関係性でサプライヤーをマネジメントするのではなく、サプライヤーとのパートナーシップに乗り出す場合もある。

ヘルスケア分野では、ジョンソン・エンド・ジョンソン（J&J）が革新的なパートナーシップを確立し、３Dプリンティングを用いて画期的な手術器具やデバイスを開発してきた。たとえば、ダブリン大学トリニティカレッジの研究者たちと共同で、当初は整形外科研究に重点を置いた新材料科学研究所を設立した。[注17] また、アスペクト・バイオシステムズと提携して3Dプリンティングを用いた膝組織の開発も行っている。[注18]

TCSのCEO兼マネージング・ディレクターのラジェシュ・ゴピナタンが述べたように、TCSはその世界クラスの設計とデータ処理の組織能力によって、人工膝関節置換術の分野で次第に型破りなサプライチェーン・パートナーとなりつつある。たとえば、米国のある医療用インプラント・サプライヤーの顧客である米国の病院の外科医が、膝の3Dスキャンをアップロードして、TCSに送信することもある。TCSは製造用金型を設計し、3Dプリンターでその金型と人工膝をつくるための詳細なソフトウェア指示書を作成し、顧客である米国の人工膝関節メーカーに送信する。メーカーは3Dプリターで人工膝関節をつくり、病院の外科医に届ける。

TCSは、古いデリバリー・モデルではメーカーの中核機能だった生産プロセスの中でデータが介在するこの部分を受け持ち、さまざまなタイプや複雑さの金型の詳細設計を行って顧客に素早く届ける組織能力と規模を構築している。それにより、サプライチェーンの機敏性や対応力を向上させながら、世界各地の拠点からそのクラス最高のスキルを提供しているのだ。このような従来の枠にはまらないサプライチェーンの成長により、「私たちの理解では、外部パートナーとの統合度が高まっている。というのも、よりアジャイルに動き、柔軟性や対応力を高められるように顧客を支援することで、顧客が彼らの顧客のニーズを満たし、エンドツーエンドのサプライチェーンを改善できるからだ」と、J&Jのサプライチェーン担当幹部は語っていた。[注19]

地政学リスクへの対策を組み込む

新しいサプライチェーンにより柔軟性と対応力を高められる場合、企業は関税をはじめとする地政学リスクに対してもレジリエンスを高められるようサプライチェーンを再設計している。特に、サプライチェーン内でとりうる選択肢を増やし、調達の序列を維持しつつ貿易戦争の進展に応じてサプライヤーを切り替えられるようにしている。

「多くの国の海外拠点と世界中の営業網で構成された複雑なマトリクス構造のバリューチェーンでは、貿易政策（関税障壁や非関税障壁）に関する一連の仮説に対して、地図上に市場と調達工場を表示できるダイナミック・モデルを持つ」ことが重要になっていると、世界的なアルミニウム企業の最高戦略責任者は指摘していた。また、このような分析に基づいて「さまざまなシナリオについて競合他社とコストを比較し、現行の関税率の下で最適な工場と販売市場の組み合わせを導き出せるはずだ」とも言う。

米国を拠点とするある工具メーカーは、関税対策としてインドネシア、インド、ベトナムなどさまざまな場所を綿密に分析し検討した後、メキシコに生産施設を新設する計画を立てた。他の場所はコストの絶対額は低くても、リスク調整後のコストで上回っていたからである。アディダスも同様に、サプライチェーンに柔軟性を持たせることを非常に重視して、近年はカントリーリスクを軽減するために調達国を分散させている（他のシューズメーカーも同様だ）。[注20] ２０１９年時点で、最大の調達国はベトナムでシューズ製造の多くを占め（43％）、中国は16％となっている。[注21]

サムスンのような企業は、米中貿易摩擦に対応して生産をシフトしている。中国の一部の生産施設を閉鎖し、主要国市場の工場を拡張したり新設したりしているのだ。２０２０年時点で、サムスンはインドの新しいスマートフォン用ディスプレイ生産施設に5億ドル投資する計画を発表し、２０１８年にも別のインド工場に7億ドル投資した。[注22] さらに、サウスカロライナ州に3億８０００万ドルかけて家電製品の生産施設を開設した。[注23] このようなサプライチェーンを見直す戦略により、前述の多国間モデルを強化しながら、関税などにより製品コストが急変するリスクを最小限に抑えられる。北欧のある産業財企業のＣＥＯの話では、全主要市場に工場やサプライヤーを置いた新しい多国間サプライチェーンを構築したのは、各国間で関税率が急に変わっても自社に影響が及ばないようにするための準備だったという。

高関税国から低関税国に生産拠点を移すことと、サプライチェーンに組み込む選択性を広げることだけが、サプライチェーンのレジリエンスを高めるための戦略ではない。企業は短期的措置も継続させながら、変わりやすい関税という「ニューノーマル」に対処している。その措置には、マージンの圧縮、サプライヤーとのマージン圧縮の共有、規制の抜け道の活用（たとえば、関税対象国で主に生産したものではないことを主張したり、製品を再分類して関税対象カテゴリーから外したりする）が含まれる。

ＢＣＧのクライアントのある住宅リフォーム会社は、関税などの保護貿易主義の動きにより10億ドルのコスト増を見込んでいた。これに対応するために、ＢＣＧと協働してコントロールルームを設置した。このコントロールルームで製品カテゴリー全体にわたり関税の影響を細かく分析し、喫緊の関税の脅威に対抗し、同社の長期的な脆弱性を軽減するための包括的な戦略を策定した。短期的には価格調整、サプライヤーとの条件の再交渉、貿易政策の抜け道探索などの計画を策定した。長期的には、低関税国から調達した低コストの部品を使って製品設計を変えていく可能性がある。

ソフトウエアセンター：サプライチェーンの新しいハードウエア

ソフトウエアセンターの位置づけの変化

以前にも増して、あらゆる物理的商品・サービスが何らかの形でデジタル・バリュープロポジションになりつつある。それを提供し、フレックス・デリバリーモデル自体のパフォーマンスを向上させるために、企業はソフトウエアセンターの位置づけをサプライチェーンの周縁（かつて）から最重要へと変えている。

20世紀後半、産業財、消費財、小売などの業界のほとんどの大企業はあまりソフトウエア開発を行ってこなかった。自社組織の周縁にある異質な組織能力という程度に見ていたのだ。開発者を世間から注目されないところに置き、ＩＴチームと一緒くたにしていた。その同じ企業が今日、何千人もの人員を配置した、非常に高度でかつ一元管理されたデジタル組織能力を持ち、サプライチェーンの一部としてオンラインで提供している。というのも、今日のバリュープロポジションが以前とはまるで様変わりしているからだ。商品はこれまで見たことがないほどデジタル化されている（第2章で取り上げた現象だ）。物理的製品のメーカーは、ソフトウエアのアップデートを活用して、サービスの問題だけでなく、新しいバリュープールを対象としたソリューション開発にも迅速に対応することができる。産業財企業にとってかつて物理的工場がそうだったように、21世紀に製品・サービスを提供するためには、さまざまな種類のソフトウエア機能を備えたデジタルセンターが欠かせなくなっている。

私たちの調査から、グローバルに展開するあるファッション小売企業は、フレックス・グローバル・デリバリーモデルの必須要素としてソフトウエア開発／デジタルセンターを置き、その組織能力を活用して世界中の店舗の価格設定とプロモーションをリアルタイムで最適化していることがわかった。従来の小売企業は店舗とサプライチェーン全体で膨大なデータを収集するが、日次や毎時でデータを分析して価格設定やプロモーションに役立てる能力をずっと欠いていた。そのため、在庫一掃セールで不必要な値下げをしたり、新しいデザインを打ち出す際にたいして効果のない宣伝活動をするなどして、何百万ドルものお金を無駄にしてきた。

一方、この小売企業のデータセンターでは、オンラインとオフラインのチャネルからデータを大量に収集し、強力なアルゴリズムを展開してデータ分析を行っている。その結果、適切な時期に適切な商品を適切な価格で販売して売上を最大にすることが可能だ。また、プロモーションをパーソナライズして関連性を高めるなど、消費者の買い物体験をより良いものにできる。

このファッション小売企業は、主に社内業務コストを抑え、スピードと柔軟性を向上させる目的で、フレックス・デリバリーモデル内にデジタルセンターを設けた。シュナイダーエレクトリックはさらに進んで、顧客や外部パートナーと一緒に新しいデジタル商品やソリューションを共同開発できるデザインラボを設置して、デリバリーチェーンを拡張した。従来の商品開発には何年もかかっていたが、新しいデザインラボでは数週間あるいは数カ月で新しい商品・サービスを展開できる。

2019年時点で、同社は米国、ヨーロッパ、アジアの8つのラボで毎年150を超える商品を設計し、さらにその数を増やそうと考えている。[注24] 同様に、シーメンスは顧客向けに「新しいビジネスモデル、デジタル・ソリューション、サービス」を開発するマインドスフィア・アプリケーション・センターを世界中に数十カ所開設した。こうした施設は、チームが「顧客の頭痛の種を学び、その解決に取り組む」ことができるように「顧客の活動場所の近く」に置かれ、データサイエンティストとソフトウエア開発者が配属されている。[注25]

最先端企業の取り組み

グローバルなソフトウエアとデジタルの組織能力をフレックス・デリバリーモデルに組み込む際に、最先端企業はさまざまな手段を用いている。ゼロからこうしたアセットをつくり込む場合もあれば、以前は分散していた既存アセットを再編し、シリコンバレー、ベルリン、テルアビブ、バンガロールなど人材が豊富な場所に少数のデジタル・ハブ拠点を設ける場合もある。ハブ拠点では、新しいデジタル統合型の商品・サービスの提供に必要なデジタル機能をつくり、そこに人材を集中させることにより機能横断で活発な協働を行う。本書の後半で詳しく見ていくように、企業はこうしたハブ拠点を動員して、チームの働き方を変え、アジャイルで対応力の高い商品・サービス開発を促進している。

新しいソフトウエア関連の組織能力は、エンドユーザー向け製品の開発、納入、管理に革命をもたらすだけではない。将来的には、こうした製品をつくる機械や工場設備もコントロールし、工場や物流センターの設置や管理の方法を根本的に変えていくだろう。

ここで重要な位置を占めるのが、いわゆるデジタルツイン・テクノロジー、すなわち、設計やソフトウエアのエンジニアによりつくられる工場、製品、プロセスの仮想モデルだ。エンジニアの手元にこうしたモデルがあれば、実際の（物理的な）工場、製品、プロセスのパフォーマンスについて、過去のオペレーションに関するデータを用いてシミュレーションを行い、今後のパフォーマンスを向上させることが可能となる。今日、工場や製品を管理している現地チームは、通常デジタルツインを使ってパフォーマンスを監視している。

理論的には、デジタルツイン・テクノロジーを使うことで、グローバル企業は最終的に、リモートかつリアルタイムでパフォーマンスを調整、監視し、改善を促進できるはずだ。すべての機械や設備について仮想ソフトウエアモデルを構築し、それぞれをつなげて、1つあるいは少数の集中管理拠点からネットワーク全体の監視や制御をするようになると予想される。レジリエンスの高いフレックス・デリバリーモデルの次の進化はすぐにやってくるだろう。

実際に、すでにそうなりつつある。GEが電力会社向けに風力発電所を建設する際には、最初にデジタルツインをつくり、まさに現実の世界において設置が予定されている場所での風力発電所をモデル化する。エンジニアはタービンをカスタム設計し、設置場所でうまく動くように最適化する。そしてタービンが実際に稼働した後は、ソフトウエアを使ってリモートでパフォーマンスを監視し調整する。このテクノロジーによってエネルギー生産量が20％増加し、100メガワットの風力発電所のライフタイム・バリュー（生涯価値）を1億ドル押し上げている。[注26] このような付加価値が見込めるため、デジタルツイン・テクノロジーの世界市場は飛躍的に拡大し、2025年までに358億ドルに達すると予測されている。[注27] ある推定によると、2021年までに大手産業財企業の半数がデジタルツイン・テクノロジーを採用し、オペレーションが大幅に強化されるという。[注28]

リーダーへの示唆

この章で見てきたように、21世紀のグローバル企業は、生産とサービス提供について過去の先駆者とまったく異なるアプローチを採用するだろう。最終的に、多国間の自動化された柔軟な工場設備の自社ネットワークを保有し、各地域にはそれぞれ独自の現地サプライ・ネットワークがあり、相互につなげてデジタルツイン・テクノロジーでリモート制御するようになるだろう。

こうしたネットワークは一夜にして出現するものではない。グローバル企業が既存の工場やサービス提供センターに投じてきた巨額の資金や、拡大展開に関連した技術面の課題を考えると、この章で説明してきた次世代グローバル生産・デリバリー・モデルの構築には何十年もかかるだろう。こうした非常にレジリエンスの高いモデルには、一方では、スピード、カスタマイズ、新しい人材へのアクセスをもたらす多国間の現地ハイテク工場や物流センターが含まれている。他方では、コストと柔軟性を高めるテクノロジーと統合されてはいるが、従来型の低コスト大量生産拠点も含まれるだろう。

この新しい現実に備えるために、経営リーダーは心して次の2つのことを同時に行わなければならない。①極めて柔軟な高速ネットワークに移行することと、②必要に応じて低コストの既存施設を維持することである。対応力、スピード、レジリエンスをより高める方法を検討しながら、製品・サービスを効率的に届ける方法も最適化しなくてはならない。さらに、より柔軟でオープンになるために、サプライヤー戦略を見直したほうがよい。

製品・サービスがますますインテリジェントになるにつれて、物理的製品のデリバリー・ネットワークと統合されたソフトウエアの組織能力を備えたデジタル・ハブ拠点の構築を検討する必要がある。そして、製品・サービスを生産し供給するためにより柔軟な生産能力を構築する中で、サプライチェーンのコスト効率性とスピードを高めるだけでなく、経済的、地政学的な変化に突然直面した場合のレジリエンスをいかに高められるかも考えるべきである。

生産やサービス提供の再設計に着手する際には、次の4つの戦略的な問いについて熟考することをお勧めしたい。

1　顧客はどの程度のスピードとカスタマイズを求めているか。そのために割増料金も辞さない顧客がいる場合、生産・物流ネットワークをどのように調整すれば、そうした顧客に製品・サービスをより迅速に供給できるか。

2　自社の製品・サービスのＩＱ（知能指数）はどのくらい速く成長し、新しいバリュープールはどのくらい大きいか。こうしたバリュープールを活用するには、どのようなタイプのソフトウエア人材が必要か。そうした人材をどのように惹きつけ、採用し、保持できるか（これについては、後半の章で詳しく説明する）。社内のソフトウエアやデジタルのスキルを補完するために、外部のサプライヤーとどのようなパートナーシップを結ぶのがよいか。すでに保有しているが、これまで十分に活用しきれなかったデータの山を最大限に活用するためには、どのような種類の中央集権型デジタル組織能力が必要か。

3　顧客の期待が変化しても、競争優位性の基盤であり続ける中核的な活動は何か。パートナーシップを通じて、他社に移管できる非中核的な活動はどれか。より広く考えて、バリューチェーンが次第に中抜きされ、顧客接点を持つ企業がバリューチェーンの多くの部分を自前で持たなくなったら、サプライヤーとの関係をどのように変えていく必要があるか。

4　貿易体制の不確実性が増す中で、コストとリスクの間のトレードオフのバランスをとりながら、レジリエンスを高めるために、どのような戦略を、あるいは、どのような戦略を組み合わせて展開すればよいか。たとえば、サプライチェーンのショックから切り離しておくためには、市場の近くにどのくらいの数の工場や物流センターを置く必要があるか。リスク軽減に向けて、工場間で生産能力をシームレスに移行可能にするには、どの程度までコストに目をつむった計画にすべきか。

こうした論点を議論することに抵抗感を持つ組織が多いかもしれない。これまで有用性が実証されてきたグローバル生産供給体制を変える提案は無謀だと思うリーダーもいるだろう。しかも、生産供給の現地化や地域化には相応の計画を立てる必要があり、首尾良く実行できなければ損害を招きかねない。生産力と製品開発力の両面でデジタルテクノロジーに投資すれば、費用と時間がかかる。また、製品を構成するソフトウエアをつくるために、生産やサービス提供を調整して、より多くのデジタル人材を配置すれば、既存の人材は重視されなくなったと感じて反発するかもしれない。さらに、市場の不確実性に対処するための供給戦略はいずれも、組織にとってトレードオフとリスクを伴うが、それを理解し定量化することは必ずしも容易ではない。こうした戦略が適切に実行されなければ、既存の生産供給ネットワーク内に混乱をきたす原因となりうる。

このような課題に対して及び腰になるかもしれないが、慎重に進めていけば乗り越えられる。従業員、パートナー、顧客に意見を求めて、組織と製品・サービスのビジョンをつくろう。ビジョンを一緒につくれば、計画を具体化してサプライチェーンを変革するときに、ステークホルダーの賛同を得やすいだろう。こうした戦略は慌てて策定してはいけない。時間をとって、自社の生産やサービス提供の機能の具体的な変化により生じるトレードオフを徹底的に点検しよう。本書で取り上げた戦術は、すべての状況、すべての企業に有効とは限らないことを忘れてはいけない。混乱や変動に対して自社のサプライチェーンの備えを整えるために、自社のリスク許容度を評価し、考えられるシナリオをモデル化し、実行に当たって自社内リーダーの賛同が得られそうな戦術について理解を深めておこう。

ここまでに取り上げてきた5つの重要な戦略は、「株主利益を最大化するだけでなく、すべてのステークホルダーに便益をもたらす」「新しいデジタル・バリュープロポジションを取り入れる」「よりスマートなやり方でグローバルに拡大する」「デジタル・エコシステムを構築する」「フレックス生産やフレックス・デリバリーを導入する」というものだ。そのすべてに共通する重要な特性がある。それは、**データフローに依存していること**だ。企業が提供する新しいサービスや体験は、グローバルデータとデジタル・プラットフォームを動員させたものである。このようなデジタル製品・サービスから生み出される新しい収益源は、従来の地理的拡大戦略にプレッシャーを与え、一部には広範なグローバル拠点網からの後退につながる企業もあるだろう。

グローバルでのデータ共有、低コストのコネクティビティ、バーチャルでつながった顧客の存在によって、エコシステムが可能でかつ望ましいものになっている。また、製造業に革命的な変化をもたらすフレックス・ファクトリーには、それぞれをしっかりと結びつけるとともに中央集権化されたコントロール機関につなげるグローバル・データ・ハイウェイが必要となる。

データはまさにその中心にあり、本書で取り上げたすべての戦略についてもそうだ。次章で説明するように、21世紀の企業は従来の断片化されたデータ収集を超えて、高度で戦略的なグローバル・データ・アーキテクチャを構築しなくてはならない。今後数年間で、データはグローバル企業の成長に必要な、代わりが利かない新動力源となっていくだろう。自社がまだそうした動力源を入手し動員するために動いていないとすれば、すぐに始めたほうがよい。

主なインサイト

- いわゆるグローバル・デリバリー・モデルとされる、人件費の安さを重視したグローバル・サプライチェーンは次第に時代遅れになりつつある。生産管理ではもはやコストを最小限に抑えるだけでなく、その企業のスピード、柔軟性、レジリエンスを向上させることも大切だ。

- シューズ業界以外にも目を向けると、大手産業財企業の間でより柔軟な生産に向けて似たような動きが出始めている。
- 多国間ネットワークは、低コストに加えて、デリバリーの柔軟性や対応力の向上に役立っているが、それだけでは十分ではない。企業はより幅広いサプライチェーンについて大幅な見直しを行っている。
- デジタル化された製品・サービスに対するニーズの高まりに対応するため、グローバル企業は自社のデリバリー・モデルに、デジタルやソフトウエア開発というまったく新しい次元を速やかに追加しつつある。

第6章
データをフル活用する

企業は長年、データを自社事業からの排出物であるかのように扱い、事後に測定し改善する目的での利用に留まっていた。今日、最先端企業は従来のアプローチを超えて前進し、データ（特にグローバルに収集、蓄積、分析された情報）を、将来のパフォーマンスや消費者行動の予測に利用するためだけでなく、グローバル顧客の心をつかむバリュープロポジションを推進するための動力源と見なしている。

グローバルデータの新たな使い方

グローバル商品・サービスを手掛ける企業は長年、物理的なサプライチェーンと原材料の調達で競争優位性を獲得しようとしてきたが、この状況は急速に変わりつつある。物理的なサプライチェーンや原材料は引き続き重要だが、今や多くのグローバル企業にとってデータが同じく重要な新しい原材料となっているのだ。企業はデジタルでつながったグローバル顧客にパーソナライズされたダイナミックなソリューションを提供しているが、それは膨大な量のデータを絶えず生成し、循環させ、分析することにより可能になる。

したがって、グローバル企業に必要なのは、新しいソフトウエア開発の組織能力、高速なフレックス生産工場・物流センターのグローバルネットワーク、業界や地域を超えた外部パートナーのエコシステムだけではない。大量のデータフローを国や地域を超えて処理する新しいグローバル・デジタル・アーキテクチャも必要になっている。

最先端企業はデジタル情報という動力源を活用して、より効率的なプロセス、より適切な価格設定、より価値の高い商品・サービス・体験をつくり出すために強力なグローバル・データ・アーキテクチャを構築することで、グレートを超えた企業になろうとしている。こうしたデータ・アーキテクチャは成長を促進し巨大な価値を引き出せるよう戦略的に設計され、ユーザーをプラットフォームや世界中のパートナーとシームレスに結びつけ、21世紀の企業のための新しいタイプのサプライチェーンを構成する。

これまでグローバルな商品・サービスを手掛ける企業は、データは断片化されローカライズされたままで、商品、サプライチェーン、パートナーとの協働を少しずつ改善するために活用しているにすぎなかった。データは商業活動の排出物のようなもので、収集後かなり経ってから調べてサプライチェーンのパフォーマンス向上に役立てていた。たとえば、グローバル産業財企業の収益源はデータではなく、自動車や蒸気タービンなどの物理的製品の設計、生産、販売、サービス提供であった。多くの場合、自社製品に関する大量の性能データを保持していたが、世界中のサービスセンターに分散され、社内チームがリアルタイムで利用できることはほとんどなかった。車体設計者が目にするのは、ある車種の性能に関する断片的なデータだ。しかも、最初に生成されてから数週間〜数カ月後に、簡潔にまとめられた形でだったりする。

グローバル・サービス企業はかつて、主に現地拠点でサービスを設計し販売することで収益を上げていた。グローバルに展開する銀行の場合、現地の支店で住宅ローンなどを販売していた。この住宅ローンを企画、開発、販売、利用する過程で生成されたデータはすべて現地に保存され、（おそらく）従業員か管理者が確認できるように月次報告書にまとめられる。価格設定などの意思決定の材料としたり、顧客にサービスを提供したりするために、グローバルでリアルタイムで蓄積し分析することはなかった。

当時はテクニカルな能力が不足していたため、それ以上のデータ活用は不可能だった。しかし近年、数々の社会的、技術的な進歩により、ついにデータをグローバル化し、ビジネスの促進に活用できるようになった。これまで見てきたように、世界中の消費者はますますつながり、オンラインで過ごす時間が増え、大量のデータが生み出されている。そのデータをクラウドに蓄積し処理するコストは過去10年間で劇的に低下した。ＡＷＳのようにサービスとしてのデジタル・インフラ（ＩａａＳ）を提供する企業が登場し、グローバル企業は自前で構築しなくても必要なインフラをレンタルできるようになった。

もちろん、中にはグローバルデータを保管するため独自の巨大センターに投資する企業もある。２０１７年時点で、フェイスブックのデータセンター用の敷地面積は約１５００万平方フィートまで拡大された。[注1] 高度なデータサイエンスやデータ・アナリティクスを行う新しいスタートアップ企業が現れ、オラクルなど既存ＩＴ企業もデータ・アナリティクスの組織能力を構築してきた。さらに、機械学習やＡＩなどのテクノロジーの進歩が、オペレーションと顧客向けビジネスの両面で全く新しいグローバルデータの使い方への道を開いたのである。

一目でわかるデータ革命

●2020年に世界のデータフローは毎秒6万ギガバイトを超え、2015年の3倍以上になる。越境データフローは少なくとも2025年まで2年ごとに倍増することが見込まれている。[注2]

●2013年から20年の間に、インターネットに接続されたデバイス(コネクテッド・デバイス)の数は400%増加した。[注3]

●2020年までに、世界人口の3分の2がインターネットを利用するようになった。[注4]

●過去10年間で、固定ブロードバンドのコスト(ITCプライス・バスケットによる)は40%以上減少した。[注5]

●過去10年間でセンサーの平均コストは50%以上低減した。2022年までに、データを生成するコネクテッド・デバイスは推定290億台に達するだろう。[注6]

●クラウドインフラのコストは過去10年間で66%下がった。[注7]

●世界中で生成されるデータ量は2011年から3年ごとに倍増し、2025年までに175兆ギガバイトに達するだろう。[注8]

●2018年、過去最高となる93億ドル以上の資金がAI企業に流入した。[注9]

グローバル化されたデータの蓄積や発信が容易になるにつれて、企業は根本的に様変わりし始めている。内部的には、グローバルなデータフローにより、従業員、契約従業員、パートナーが国・地域を超えて協働しやすくなる。企業はグローバルのオペレーションをリアルタイムで監視し、あらゆる課題に迅速に対応できるため、激しい変動に直面してもレジリエンスが高まる。コスト削減、生産性向上、環境負荷の軽減に向けて、資産の活用方法を最適化できる。従業員に関するデータを集めて、積極的に従業員を巻き込み、定着率を高め、パフォーマンスを改善できる。顧客向けビジネスでは、グローバルデータを使って個々の顧客の行動履歴を個別に追いかけ、パーソナライズされたマーケティングや商品戦略に活用できる。ソーシャルメディアでの活動、製品レビュー、顧客満足度調査などを通じて、世界中の何百万もの顧客のフィードバック・データを使いながら、継続的に変化していく体験やソリューションを構築することも可能だ。

デジタルを前提にビジネスを組み立てる

このような体験の最も有名な例の1つが、エピックゲームズの人気オンラインゲーム「フォートナイト」だ。このゲームは世界中の数百万人のユーザーから入ってくるデータに基づいてダイナミックに進化していく。[注10] フォートナイトでは最大100人のプレイヤーが個人やチームで競い合い、勝ち残った1人（1チーム）が優勝するといったゲーム体験ができる。これはすべて、コンピューティングとインターネット回線速度における進歩があってのことだ。ソフトウエア開発者が新しいゲーム開発に使えるプログラミング環境であるエピックゲームズの「アンリアルエンジン」も、その恩恵を受けている。同テクノロジーを使えば、複数のゲーム用プラットフォームにまたがってゲームができるので参入障壁が下がる（ユーザーはモバイル、ハンドヘルド、パソコン、Macデバイスを使ってフォートナイトで遊べる）。また、ユーザーのフィードバックをもとに、ゲームエンジンやゲーム体験をさらにアップグレードすることも可能だ。2018年までに、フォートナイトのゲームモード「バトルロワイヤル」は世界中で2億人以上のユーザーを獲得し、推定30億ドルの利益を出した。

エピックゲームズは最初からデジタルを前提にしていた多くの企業のほんの一例であり、世界中でデータを収集し分析することによっていち早く競争優位性を獲得してきた。しかし、他の多くの業界の既存商品・サービスについても、企業はデータがもたらす独自のビジネスチャンスをつかもうと動き始めている。

デジタル企業は最初からデータフローを中心に戦略やオペレーション・モデルを構築してきたが、データを排出物のように扱ってきた既存企業はより困難な課題に直面している。本書の後半で取り上げる従業員のアップスキリングに加えて、グローバルデータを活用する際の戦略目標を明確にしなくてはならない。目指すのは、競合他社から自社の市場ポジションを守ること、新しい収益源をターゲットにすること、あるいは、新しい効率性を推進することかもしれない。また、デジタル・オペレーションモデルの一部として、こうした目標達成を可能にするデジタル・アーキテクチャやサプライチェーンも設計する必要がある。どちらも手強い課題だが欠かせないものだ。それにどう対応するかについて説明する前に、ある既存グローバル企業がいかにグローバルデータを構築し、データを排出物ではなく動力源として扱うことで優位性を実現したかについて、少し深く掘り下げてみよう。

農業を再考する

農業分野の新たなソリューション

農業は人類が生み出してきた全産業の中でも最古の部類に入る。最も複雑な産業でもあり、農家の成功や失敗は、気象や土壌の状態の予測できない変化、さまざまな作業上の判断に左右される。現代では、肥料の使用量、播種深度、水やりの量、農薬の種類などの判断も含まれる。幸いにも、こうした意思決定の多くでデータが役立ち（今日は特にそうだ）、農家は耕作地1エーカー当たり利益の最適化を図ることができる。「今日の農場はセンサー、GPS（全地球測位システム）衛星、ドローン、ロボットなど、さまざまなデバイスやテクノロジーとともに、データで支えられている」と、ある業界ウォッチャーは書いていた。[注11] しかも、データの役割は拡大する一方である。推計によると、農業分野のデータ・アナリティクス市場は、ほんの5年前には5億8500万ドルにすぎなかったが、2023年までに12億ドルに達する見込みだ。[注12] その潜在的な影響は非常に大きく、アナリティクスやAIが世界の農業に年間約2500億ドル相当のコスト削減と新たな収益の機会をもたらすという見方もある。[注13]

この巨大なポテンシャルを考慮に入れて、農業分野や異業種のベンダーはデータを使ってソリューションを開発し、農家が意思決定の向上や利益の最適化に役立てられるようにしてきた。農家は携帯電話の簡単なアプリで、気象パターンや土壌の状態などを追跡し、作物へのリスクを減らし生産性を高めるための対応がとれる。農機具や種子、その他の役立つ関連品・サービスを販売する企業は、単に最高の製品・サービスを提供するだけでは競争に勝てなくなるだろう。それよりも、農家が継続的に利用する生産性関連ソリューションの最上位の提供先になるための闘いに勝つ必要がある。それはつまり、ヘクタール当たり利益を最大化するソリューションを農家に提供するための、データを活用した最良のオペレーション・モデルを構築するということだ。

農業プラットフォーム「マイジョンディア」

こうした動向の変化を理解した最初の業界プレイヤーの1社が、世界最大の農機具メーカーのジョンディアである。同社は2012年に、農家がさまざまな農機具の状態を監視し、作業効率を向上させるのに役立つデジタル・プラットフォーム「マイジョンディア」を展開した。[注14] マイジョンディアは更新や改善を経て、ジョンディア・オペレーションセンターへと名称を変えたが、農家はスマートフォンなどのデジタルデバイスを使って1エーカー単位で全作業の実施状況を表示し、業務指標を管理することができる。このシステムでは、ジョンディアの機器に搭載されたセンサーから送られてくるデータや、サードパーティの「気象や土壌の状態から作物の特徴までに関するあらゆる履歴データ」も活用する。[注15] 同社の戦略責任者のアレハンドロ・サヤゴは、「私たちの目標は、精密農業に役立つツールと付加価値ソリューションを生産者に提供することだ」と語っていた。ジョンディアはテクノロジースタック（インターネットにつながった機器やデジタル・ソリューションを含む）を総動員してこのようなソリューションを提供することで、農家が畑の作物を個体レベルで管理できるようにし、それによって農家の収益性を最大にしながら、自社

もより多くの価値を手に入れたいと考えている。[注16]

この戦略に沿って、ジョンディアの農機具に装備されたデータ生成デジタル・レイヤーがますます顕著になってきた。同社のＳシリーズ・コンバインには現在、アクティブビジョン・カメラが搭載され、７つの自動化テクノロジーが装備されている。それを使えば、コンバインから出てくる処理済みの穀物を監視し、リアルタイムで穀物の品質、異物、他の性能係数を分析することができる。[注17] コンバインから取得したデータはジョンディア・オペレーションセンターのオンライン農場管理システムに送られる。

農家はこのシステムを使って、自分の畑のデータを見たり、アドバイザーやベンダーなどと共有したりでき、収穫量を増やしコストを削減するための意思決定に役立てられる。[注18] ジョンディアは、より良い計画を作成できるソフトウエアツールと、その計画の正確な実行を可能にする高度な電気駆動装置や機械部品を組み合わせることにより、顧客が短時間でより多くの面積を耕作できるようにしている。[注19]

その一方で、搭載されたセンサーは機械のパフォーマンスを最適化し、問題が発生すると農家や機器販売業者に警報を発する。[注20] ジョンディアは率先してコンピュータビジョンなどの高度なテクノロジーを展開し、農家のオペレーション上の意思決定を支援してきた。たとえば、コンピュータビジョン／ＡＩシステムは雑草を識別し、個体別に適量の除草剤を撒布できる（従来であれば、そうした意思決定は畑単位でしていた）。[注21]「（ジョンディアは）ＡＩ、コンピュータビジョン、機械学習に非常に力を入れている。素晴らしいことに、こうしたテクノロジーはどれも農業にぴったり合っている」と、同社インテリジェント・ソリューション・グループ（ＩＳＧ）のシニア・バイスプレジデントのジョン・ストーンは語る。注22

ＩＳＧは、この付加価値を農家に提供するためにジョンディアが立ち上げた独自のデジタル組織だが、伝統企業内の新時代のテック系スタートアップのように見える。イリノイ州本社と施設を分けたことに加えて、シリコンバレーでもプレゼンスを確立している。同地でジョンディア・ラボを立ち上げ、スタートアップのブルーリバー・テクノロジーを買収して、デジタル人材にアクセスし、最新のイノベーションとのつながりを維持しているのだ。

これらの組み合わせにより、ジョンディアは画期的なインサイトとアプリケーションにたどり着くことができた。注23しかし、同社はさらに先に進んでいる。データ・アーキテクチャを駆使して、ＥＵグローバルデータ保護規則（消費者のプライバシーと保護を確保するためのデータの取り扱いを対象とする法律）に準拠させながら、グローバルでも情報を蓄積している。顧客はプラットフォーム上でデータをコンパイルし、必要に応じてジョンディアが構築したインターフェースを通じて外部データを追加し、信頼できるアドバイザーの助けを借りてカスタマイズされた農業計画を策定できる。こうした計画を基に具体的な課題の対策が立てられた後、それが個々の農機具に送信されて厳密に実行される。このようにして、ジョンディアは世界中の農家にとっての完全一体型のパートナーになることができ、作付けや農薬散布などの領域で、農家ができる限り正確かつ効率的に計画を作成し実行できるよう支援してきた。[注24]

ジョンディアはデジタル・アーキテクチャのプラットフォームとしてＡＷＳを用いて、グローバル規模で統一されたユーザー体験を生み出し、機器の接続や操作をシンプルにし、国・地域を超えて拡大しやすくしてきた。[注25]顧客が（必要に応じて）データセキュリティやガバナンス基準を満たす限られた数のサードパーティとデータを共有できるようなインターフェースも開発した。このようにして顧客は土壌センサー、ドローン、気象データ・アナリティクスなど関連テクノロジーを利用することができ、顧客にとっての統合型ソリューションサービスとなっている。[注26]２０１９年、同社は他の機器メーカーと契約を結び、さまざまな企業の機器がリアルタイムで相互通信できるようにした。[注27]これにより、農家はジョンディアのオペレーションセンターや競合ブランドが運営するポータルを使って、保有する全機械を同時に追跡したり操作したりできる。[注28]

ジョンディアはデジタル・ソリューション戦略と新しいオペレーション・モデルの構築に取り組んだおかげで、世界中の農家に選ばれるパートナーになり、将来の成長基盤を固めつつある。顧客の間で同社ブランドに対するロイヤルティが高まり、それにより小規模市場でシェアが拡大し、北米など主要国市場においてリーダーの地位を盤石にし、収益性が向上している。同社の営業部隊とディーラー・ネットワークは、機械とデジタル・ソリューションを別売りにするのではなく、統合型ソリューションを販売するようになった。同社内では経営層の間でデジタルテクノロジーの注目度が上がっている。2019年をもって同社の新しいCEOとなったジョン・メイは元最高情報責任者（CIO）であり、ソフトウエアベース・インテリジェント・ソリューション部門長も務めていた。[注29]

グローバルデータを駆使して自社の強みにしているのは、ジョンディアだけではない。キャタピラーは現在、データを収集して大型産業機械の予防保全を行っている。スターバックスはデータを収集して顧客体験をパーソナライズし、その地域の天候や購入履歴を踏まえて、独自のドリンク提案やプロモーションを行っている。すでに世界屈指のグローバル産業である自動車業界の多くのプレイヤーは、革新的なデジタル製品・サービスを推進するのに必要なデータ・サプライチェーンを構築しつつある。

既存の戦略とITシステムが時代遅れになり、レガシー・データが現地に分散し断片化されていたとしても、競合他社に先んじて大きく飛躍する出発点としてデータを活用することができる。最初のステップは、自社のビジネスに適するデータを活用したオペレーション・モデルを構築することだ。

データを活用したオペレーション・モデルを構築する

既存のオペレーション・モデルにデジタルとデータのレイヤーを加える戦略の策定は手強そうに見えるかもしれない。既存企業はどこから着手すればよいのだろうか。

私たちは調査研究やクライアント支援に取り組む過程で、データを動力源に変えるためにとりうる４つの異なるプラットフォームの道筋を見出した。こうした道筋を理解すれば、自社が進む方向性を見極め、独自の強力なデジタル・サプライチェーンの構築に向けた取り組みを具体化するのに役立つ。

皆さんの企業にはすでに、顧客に関する独自のアセットや組織能力、バリューチェーン内のポジションなどが備わっている。いずれかの道筋を選択すれば、自社が活用できるグローバルデータ優位性を最大化させるバリュープロポジション、オペレーション戦略、パートナーシップ構築へと前進できる。データを動力源に変える前に、自社と顧客の利益のためにそれをどう活用するのかを、まず一般的な言葉で理解する必要がある。

プラットフォームの道筋1：ビジネスプロセスと社内オペレーションの再構想

4つの道筋のうち最も一般的なのが、グローバルデータを活用してオペレーション要素を改善、最適化、あるいは再構想することだ。その機会は事実上無限にあり、リーダーの創造性と自由に使えるデータの種類のみが制約となる。既存企業はグローバルデータを用いて、商品・サービスの設計・開発のしかたから、原材料調達法、生産方法や生産場所、輸送や保管、宣伝・販促、価格設定、販売のやり方まで、業務に関するほぼすべてを変革してきた。バリューチェーンのあらゆる部分でグローバルデータを活用した改善機会は何百とあるかもしれないが、それは新たな状況の発生に対する企業の適応力を高める機会にもなる。

世界最大の化粧品会社であるロレアルは、複数の現地接点やパートナーシップから（消費者の同意を得て）取得した消費者データをブランド全体のグローバル・データ・プラットフォーム（CDP）を構築し、個人ベースで顧客を包括的に捉えられるようにしている。[注30] このプラットフォームでは、顧客の同意を得たうえで、複数のデータソースからの情報も集約している。これには、パートナーデータ（アマゾンやセフォラなどのベンダー、もしくは、グーグルやフェイスブックなどのパートナーから取得）、匿名加工済みメディアデータ（ターゲティング広告やメッセージに対する顧客とのやりとりや反応）、自社データ（自社のCRM、ECサイト、アプリから取得）、コンテンツ・ハブ（高度にカスタマイズされブランド化されたデジタル・コンテンツのリポジトリ）が含まれる。

さまざまな自社ブランドにわたり、このデータを人口統計的属性や消費習慣によりセグメント化することで、それぞれの買い物客のニーズを正確に特定、予測、充足することができる。たとえば、ロレアルはCDPを使うことで、若年層が多いNyxブランドの顧客が他にどのような製品を使っているかを突き止められる。その後、このインサイトを活かして、他ブランドのマーケティングのターゲットを選定し、関心の高い顧客に働きかけて、効果的な販促活動を実施できる。[注31]

ロレアルは製品のイノベーションや改善にも内部データを活用している。新製品を構想し創出するために、同社とデータ統合パートナーのタレンドは、ロレアルの製品処方と原材料に関するデータをコンパイルし、消費者の製品性能の捉え方に関するデータと組み合わせている。[注32] このシステムで処理するデータポイントは毎日約5000万と、取り扱う情報量は膨大だ。[注33] このシステムを利用して、財務部門がKPIを追跡したり、研究者がスキンケアに関する広範なテーマを研究したりしてきた。こうしたビッグデータ・アプリケーションのおかげで、ロレアルのEC売上は2019年に49%増加し、同社の全世界売上の10%を超えた。[注34]

アパレル小売業界では、H&Mなどのデジタルリーダーがグローバルデータを用いて何百もの業務改善を行い、商品構成や店舗での在庫管理方法を変革することにより、売上の最大化とコストの最小化を実現してきた。データ・アナリティクスに多額の投資を行い、パーソナライズされたマーケティングを大規模展開していることも売上増進につながっている。ウーバーやアマゾンなどのデジタル企業は、グローバルデータを活用して、それぞれの業界の価格設定やプロモーションに革命を起こしている。

繰り返しになるが、こうした改善はいずれも、10年前には不可能だった。というのも、企業にはグローバルデータに関する組織能力がなく、グローバルデータがビジネスの動力源としてどう役立つかもよくわかっていなかったからである。

一部の業界では、ほぼすべての主要プレイヤーがグローバルデータを活用してオペレーションを改善している。しかも、社内プロセスの改善だけでなく、企業の垣根を越えてプロセスを見直そうというのだ。医薬品を例にとろう。大手製薬会社はこれまで、社内リソースを使って新薬を開発し、生物医学研究を行い、製品開発パイプラインを構築した後で新薬を上市していた。最近では、多くの大手製薬会社がR&Dプロセスを変更して、スタートアップや大学の研究室との新しい研究パートナーシップ、R&Dの仮想化、他社へのアウトソーシング、小規模で機敏に動けるようにするR&D組織の再編、クラウドソーシングの採用など、さまざまな取り組みを行っている。

かつては社内のR&D部門が新薬全体の62%を開発していたが、今日では発売中の新薬のうち、創薬やバイオテクノロジーのスタートアップが手掛けたものが大多数（78%）を占めている。[注35] 企業は研究開発のオープン化の一環として、オープンデータレイクをつくり、外部の研究者が共同研究で活用できるようにしている。膨大な量のデータをやりとりしながら、企業と外部関係者が協力し合って、商業的に成り立つソリューションや体験を市場に投入することができる。それらは自社単独では考えつかなかったり開発しきれなかったりしたものだ。

大手製薬会社はこれまではあまり従来型R&Dモデルを置き換えたり、オープンモデルで補完したりしてこなかった。協働を強化すれば、外部のスタートアップは恩恵を受けられる。というのも、費用のかかる医薬品の臨床試験を行う手段や、医師や患者の手に薬を届けるためのマーケティングや販売の専門知識を持ち合わせていないことが多いからだ。

大手製薬会社にもメリットがある。外部と協働することで、自社の専門知識を拡充し、より有望な新しいアイデアにアクセスし、市場投入のスピードを向上させ、同時にこうした協働により研究開発コストを削減することができる。当然ながら、患者にもより多くの画期的な薬を利用できるというメリットがある。２０１９年のあるレポートによると、政府の承認を最近得たばかりの新薬のほぼ3分の2は外部企業（スタートアップや小規模ベンチャー）がつくったものだ。[注36] オープンイノベーション・モデルであれば、製薬会社はショックに直面してもレジリエンスを高めることにもなる。コロナ禍で、製薬会社はワクチンと治療法を開発するために共通のデータ・プラットフォームとオープンR&Dモデルを展開し、以前よりもはるかに速く前進することができた。

大手製薬会社は、データを動力源に変えるうえで有利なポジションにつけるために、主要なバイオテクノロジー・ハブの近くに研究開発ラボを移して、協働を促進している。社内ベンチャープログラムを開発して、従業員に小規模な医薬品開発プロジェクトを奨励したり、外部の研究者との協働に向けてオープンイノベーション・フォーラムを設けたりしている。さらに、社内の階層を壊すことを狙ってセンター・オブ・エクセレンスを設置し、科学者に発見を促す新しいやり方を生み出し、有益なデータセットを開発してきた他社とR&Dパートナーシップを結んでいる。

製薬大手のグラクソ・スミス・クライン（GSK）は製品パイプラインを強化するために、複数の外部R&Dパートナーシップを構築してきた。[注37] GSKは新しいデータを入手できるように、消費者向け遺伝子検査と研究開発を手掛ける世界最大の企業であるトゥエンティースリー・アンド・ミー（23andMe）と提携し、新しい治療法を共同開発している。その契約の一環として、GSKの研究者はトゥエンティースリー・アンド・ミーの遺伝子データベースに格納されている数百万人の顧客の匿名加工済みデータやアナリティクス・データが利用できるようになる。[注38] GSKはそれまでにも、他の大手製薬会社と提携してオープンターゲッツ・コンソーシアムに参加し、研究者が専用ウェブ・プラットフォームで大量の公開データを調べて、有望な新薬候補を探索できるようにしていた。[注39] また、50万人の参加者から集めたデータなどを含むヘルスケア情報ソースのUKバイオバンクとも提携してきた。[注40]

この第1の道筋は強力だが、ビッグデータを使って可能になることのほんの一部にすぎない。21世紀に成功するためには、さらに先に進んで、いかにまったく新しい競争優位性の源泉を生み出し、持続可能性が高い新しいバリューストリーム（価値を付加するための一連の活動）を切り拓くかを考えなくてはならない。次の3つの道筋をとることで、まさにそれが実現できるようになる。

プラットフォームの道筋2：専門知識の大規模な活用

ほとんどの既存企業はそれぞれの事業領域で深い技術的な専門知識を持っている。一部の企業は現在、グローバルデータを駆使しながらその専門知識を体系化し、それを顧客のグローバル・オペレーションに関する詳細な知識と組み合わせて、顧客の実務上の問題を解決する新しいソリューションを大規模に生み出している。

ドイツのエンジニアリングのコングロマリット、シーメンスを例にとってみよう。20世紀末までに、同社は携帯電話から、補聴器、通信ネットワーク、公共交通システムまであらゆるものを製造する巨大企業として頭角を現していた。[注41] しかし技術的な専門知識に関して、シーメンスは常に新しいテクノロジーの最前線に立っていたわけではない。2000年代初め、一般消費者向け製品としての携帯電話の出現を見落としていた（それまで、同技術は法人顧客向けに設計販売されていた）。2005年、同社は不採算部門だった携帯電話機事業を売却したが、損失額は約4億5000万ドルにものぼった。[注42]

シーメンスはテクノロジーで先頭を走ろうと決意し、2014年に中核事業の優先事項としてデジタル化、電動化、自動化を挙げた「ビジョン2020」戦略を発表した。ところが、重点分野の1つであるデジタル化で困難な課題に直面した。自社で設計、製造、サービス提供を手掛ける機器については膨大な深い技術的知識を持っていたが、この細分化された専門知識を大規模に適用し、顧客の業務に結びつけて、商売として成り立つような新しいソリューションに仕立てる有効な手立てを持ち合わせていなかったのだ。シーメンスはこのギャップを埋めるために、前章で挙げたマインドスフィア・プラットフォームをつくった。マインドスフィアは、ＩｏＴアプリケーションのオープン・クラウド・プラットフォームとして、電車や風力タービンなどのデバイスから取得したオペレーション・データを蓄積し、デジタルアプリ経由で利用することができる。シーメンスはこのデータにアクセスし、膨大な技術的知識を活用することにより、地域を越えてこれまで明らかになっていなかった顧客の業務に関するインサイトを突き止め、そこから刺激的な新しい製品・サービスを生み出せるようになる。

マインドスフィア・プラットフォーム自体に加えて、シーメンスは前述のようにマインドスフィア・アプリケーションセンター（MAC）を構築した。ここでは、シーメンスの技術エキスパートが顧客チームやデジタル人材（データサイエンティスト、アナリスト、ユーザーエクスペリエンス・スペシャリストなど）と肩を並べて協働している。シーメンスはそのグローバル・プレゼンスと豊富な専門知識のおかげで、マインドスフィアを世界中に急拡大させ、新しいアルゴリズム、アナリティクス、インサイト、ソリューションを生み出してきた。MACでは、顧客の最大のビジネス課題や機会をチームで検討し、協働しながら新しいソリューションの創出に取り組む。これまでのところ、こうしたソリューションは顧客に多大な価値をもたらすと同時に、シーメンスの新しい収益源となってきた（あるいは、古い収益源を保護してきた）。

たとえば、シーメンスの電力診断サービスは大量のデータを活用して、世界中の発電用風力タービンのオペレーションを強化するためのものだ。シーメンスは風力タービンを構築して現地に設置し、各風力タービンに埋め込まれたセンサーから数千のデータポイントを収集している。風力タービンの設計とオペレーションに関する専門知識を用いながら、大規模にデータを分析してアドバイスを行い、顧客のために風力タービンの信頼性とパフォーマンスを向上させ、製品寿命を延ばす支援もしている。同社は現在、約８０００の風力タービンを監視し、毎日２００ギガバイトのデータを処理する。２００８年以降、タービン故障の約97％を未然に防ぎ、必要な保守サービスの訪問件数を85％削減した。[注43]

シーメンスは発電所や公共交通システムでも同じようなことを行ってきた。個々の工場で、毎日約10万個のデータポイント（温度、圧力、タービン速度など）を収集し、タービンに関する問題を事前に診断することで、顧客は予防策を講じたりパフォーマンスを高めたりすることが可能だ。また、ドイツ、スペイン、ロシアなどの国々に供給する高速列車から大量のデータを取得し、アルゴリズムを使って特定の問題が起こる前に気づき、最善の車両メンテナンス方法を推奨している。シーメンスは将来的に、世界中のすべての列車から取得したデータと、天候、線路の状態などに関する外部データを掛け合わせてインサイトを探り、顧客が車両性能を向上させ、コストを削減するのをさらに支援するつもりだ。[注44]

２０１９年時点で、シーメンスはデジタルインダストリーズ部門から１６０億ユーロを超える売上をあげ、その数字は大幅に増加することが見込まれている。[注45]「より多くの価値がソフトウエアに移行するのに伴い、MACは収益性の向上にますます力を発揮するようになるだろう」と、最高戦略責任者のホルスト・カイザーは語っていた。[注46] 専門知識を活かして大規模にデータを活用しているのはシーメンスだけではない。オランダの塗料メーカーのアクゾノーベルが開発してきたのが、インタラックビジョンである。これはデータと技術的なノウハウを用いながら、船体に工業用コーティングをすると、どのくらいエネルギー源を節約できるかを予測し、海運業界の顧客向けにコンサルティングを行うサービスだ。同様に、フィンランドのクレーンメーカーのコネクレーンズは、建設用クレーンのオペレーションに関する深い知識を活かしながら、グローバルデータを分析して、世界中の現場でクレーンの稼働率の予測や予防保全サービスを行っている。

プラットフォームの道筋3：グローバル顧客基盤向けソリューションの共同開発・拡大展開

グローバル・データ・アーキテクチャとクラウドベースのデータ・プラットフォームにより、以前は参入できなかった事業領域や地域に、新しいソリューションを直ちに展開することができる。グローバルデータから生み出される機会をつかもうと企業が追求している第3の道筋は、これらのプラットフォームを使ってデータ内のパターンを探し、特定の顧客層に役立ちそうなイノベーションを突き止め、ソリューションを開発し、それを世界中の特定の顧客グループに素早く広めて指数関数的な価値を引き出そうというものだ。クラウドベースのプラットフォームのこのような利用は、まったく新しいコミュニティ（共同体）を中心とした問題解決のやり方だ。さまざまな分野のエキスパートがお互いの組織能力を持ち寄ることで、ブレークスルーとなる効率的で洗練されたソリューションを創り出すことができ、単独活動ではなしえないものといえる。

クラウド・プラットフォームを動員して、新しいソリューションを迅速かつ大規模に開発し普及させてきた企業の1つが、フランスのエネルギー関連企業のシュナイダーエレクトリックだ。同社は従来、断片化された形でデータを取得、蓄積、使用してきたため、自社製品・サービスや進出地域ごとにデータが分散していた。また、データを排出物のように扱っていて、限定的な事象についてデータを把握し事後分析してオペレーションの最適化に役立てていた。最近になって、デジタル・ソリューションに価値が移行するのに伴い、幅広いソリューションを迅速かつ大規模に構築し展開する能力を開発しようとしてきた。

同社の最初のステップは「エコストラクチャー」というプラットフォームをつくることだった。これは、オープンで、拡張性があり、相互運用もできるIoTアーキテクチャで、「シュナイダーエレクトリック、パートナー、エンドユーザーである顧客が拡張可能な集中型IT／OTソリューションを開発し、組織や企業のあらゆるレベルにイノベーションを届けられる」ようにするものだ。[注47] このアーキテクチャによりシュナイダーエレクトリックはエコシステムの幅広い参加者と関わり、デバイスからデータを集められる。顧客もプラットフォーム上のソフトウエアを用いて、それぞれが購入した機器をより適切に活用したり(「スマート・オペレーションズ」と同社は呼んでいる)、クラウド経由で同社が提供するアプリやサービスなどにアクセスしたりできる。[注48] 2018年時点で、約65万の現地パートナーがこのプラットフォームを利用し、シュナイダーエレクトリックと新しいソリューションを共同開発していた。

シュナイダーエレクトリックは同年、このプラットフォーム上で世界中の約200万の資産を管理し、顧客のCO_2排出量削減の支援にもエコストラクチャーを活用していた。排出量を1億2000万メートルトン削減するという2020年目標の達成に向けて着実に前進していたのである。[注49]

シュナイダーエレクトリックはエコストラクチャーに加えて、2019年に「シュナイダーエレクトリック・エクスチェンジ」と呼ばれる別のプラットフォームを立ち上げて、「リアルの世界のサステナビリティと効率性の課題解決に特化した世界初の業界横断型オープン・エコシステム」として打ち出した。[注50]

「私たちは常にパートナーのエコシステムとネットワークを持っていたが、それが非常に強力なアセットであることはこれまでに実証済みだ」と、シュナイダーエレクトリックの最高デジタル責任者のエルヴェ・クーレイユは語る。「デジタル化の中でも同様のことを続けたかったので、シュナイダーエレクトリック・エクスチェンジを構築した。これを使えば、幅広いパートナーが私たちのプラットフォームを活用して、私たちの顧客向けのソリューションを共同構築できる。私たちはエコシステムの中心ではなく、オーケストレーター（全体を編成・調整するプレイヤー）になりたかった[注51]」。

クーレイユはさらに「あらゆる顧客のあらゆる効率性やサステナビリティのユースケースのために、あらゆることに対応できるテクノロジースタックを持つ企業など存在しない。顧客中心のR&Dのためにイノベーションを加速するエコシステム、つまり、テクノロジーのためではなく、具体的な問題解決のためのテクノロジーを開発することの必要性は明らかだ」と指摘する。[注52]

シュナイダーエレクトリック・エクスチェンジは事実上、エコストラクチャーのオープン版であり、幅広い業界や地域からの参加者の間の協働を可能にするものだ。効率性とサステナビリティのためのデジタルマーケットプレイスであり、シュナイダーエレクトリックが提供するテクニカル・ツールやリソースを用いてソリューションを設計するために多くの専門分野にわたるエキスパートを呼び寄せている。「私たちは、テクノロジーと対象分野の専門知識を組み合わせて、実際の顧客の課題を解決するという観点から、シュナイダーエレクトリック・エクスチェンジを見ている」と、クーレイユは言う。顧客がサイトに問題を投稿すると、プラットフォーム参加者の間でやりとりが始まり、それぞれが独自の専門知識を出し合い、その顧客のソリューション開発を支援してくれる可能性がある。当初の顧客の同意が得られれば、その後、他の顧客もこうしたソリューションを利用できる。シュナイダーエレクトリックの顧客は幅広い人材にアクセスして、イノベーションを加速できる。[注53]

エコストラクチャーで実現されたグローバル・データ・アーキテクチャとクラウドベースのプラットフォームのおかげで、世界のある場所の顧客が開発したソリューションは、ボタンをクリックするだけで、世界の他の場所にいる顧客にほぼ瞬時に展開可能である。データそのもの、アナリティクス、分析結果からの具体的なインサイトや施策、それを展開させたユーザーの便益などの利用に対して課金すれば、企業はエコストラクチャーやシュナイダーエレクトリック・エクスチェンジのようなプラットフォームを収益化できる。シュナイダーエレクトリックはこれまでのところ、インサイトから導き出した具体的な施策を有料で提供し、それを顧客向けのパッケージサービスに仕立てることで、2つのプラットフォームから利益を得てきた。初期の兆候を見る限り、シュナイダーエレクトリック・エクスチェンジは成功が見込まれる。このプラットフォームを立ち上げてからわずか数カ月で3万以上の参加者が集まり、1000以上の新しいソリューションが生み出されてきた。[注54]

シュナイダーエレクトリックの最高イノベーション責任者のエマニュエル・ラガリーグの話によると、同社では極めて複雑なエネルギー関連の問題のソリューションを求める顧客向けの唯一無二の競争優位性の源泉としてエクスチェンジを捉えている。[注55]「パートナー中心であるから、エコシステム全体のGDPを伸ばす必要があると理解している。デジタルを使って大規模にそれを行っていきたい」と、クーレイユは語った。[注56]

プラットフォームの道筋4：大規模なバリュープールを狙った新規事業の構築

データをグローバル化し動力源に変えることでメリットを受けるのは既存企業だけではない。新規参入企業も同じように、既存プレイヤーに破壊的変化を仕掛けて価値を獲得する戦略としてデータを駆使すればよい。海運業界を例にとろう。

これまで見てきたように、20世紀のグローバリゼーションは、輸送費の低下にも支えられていた。だからこそ、低コスト国で大量生産し、世界中の市場に輸出することが可能だった。ところが、そうした便益にもかかわらず、約5兆ドル規模のグローバル物流業界は効率性からほど遠かった。[注57]顧客は積荷の状況をサプライチェーンに沿ってリアルタイムで追跡することができず、在庫やオペレーションの最適化（たとえば、需要変動に応じて倉庫に適切な人数を配置する）も図れなかった。企業は積載貨物の取り扱い、積み込み、輸送のそれぞれに対して異なる企業と契約を結ぶ必要があったので、各段階でベンダー間の調整が大変で、それぞれのパフォーマンスについて必ずしも説明責任を問えなかった。物理的製品の出荷に必要な官僚的手続きが膨大な量だったことも、取引に時間がかかった一因だ。出荷のたびに毎回30枚以上の書類を作成するのだが、同じ情報を記載することも多かった。

2013年にサンフランシスコで創業した貨物輸送のスタートアップであるフレックスポートは、最先端のデータ/アナリティクス・プラットフォームを用いて、こうした問題の解決を図ろうとした。同社商品の1つ「オーシャンマッチ」では、出荷する企業が顧客の購入関連データをアップロードすれば、輸送する荷物を集約し、このシステムがなければ空いたままだったコンテナの一部を利用でき、コスト削減につながる。顧客は世界中で自分たちの貨物の状況を継続的に追跡し、到着時期を把握できる。データ・アナリティクスのおかげでサプライチェーンが見える化され、顧客は使用中のコンテナ数、輸送で生じるCO_2排出量、トータルの輸送コストがわかり、結果として情報に基づいた意思決定がしやすくなる。[注58]

ある衛生器具会社は、フレックスポートのサービスを用いてオペレーションの効率性と柔軟性が高まり、輸送コストが10%減少した。また、欧州の旅行用品ブランドは在庫切れがほぼ解消され、35%の月次成長率を達成した。[注59] 2020年現在、フレックスポートを利

用する顧客やサプライヤーは116カ国の約1万社にのぼる。2018年の同社の売上は4億4100万ドルだった。[注60]

既存大企業もグローバルデータを、従来のバリュープールを攻撃したり、業界の挑戦者として新しいバリュープールをつくったりするために活用している。2017年、イギリスとオランダの巨大石油・ガス会社のシェルは、「スマートセンサーと次世代アナリティクス」を使って、顧客が保有車両を有効活用するのを支援できそうだと気づいた。[注61]

仮に数十台の掘削機、トラック、その他の機械類を運用している建設会社があるとしよう。シェルが考えたのは、機械の一部に磁気で取り付けられる小さな黒いボックス装置を提供することだ。ボックス内のセンサーで情報を取得して分析すれば、機械の未稼働時間の短縮、メンテナンス方法の改善などの対策が打てる。その結果、顧客である建設会社の効率性が高まり、コストが低減するだろう。シェルは数カ月以内に、イギリスでこのバリュープロポジションを商業化したベンチャー事業、マシンマックスを立ち上げた。[注62]

デジタル・アーキテクチャを構築する

グローバルデータを戦略的に活用しビジネスを進化させる方法を検討したら、次のステップは、デジタル・アーキテクチャやサプライチェーンを設計してデジタル・オペレーション・モデルを完成させることだ。

デジタル・サプライチェーンには、顧客と企業の間の双方向コネクティビティ、データとソフトウエア・アプリケーションのクラウドデータ／ストレージ機能、アナリティクスの組織能力、データ処理やデジタル・ソリューション開発のエキスパートで構成された仮想グローバルチーム、サードパーティのソリューション開発支援部隊、関連する物理的製品を届ける物流業者など、いくつかの重要な要素が含まれている。

デジタル・サプライチェーンを構築する際に、世界中のサイトから集まるデータをすべて統合し、事業の全体像を描くことは困難な場合もある。データを活用したオペレーション・モデルを構築する企業が増えるにつれて、データソース数やデータの種類が指数関数

的に増加し、より多様になっている。[注63]

一方、急速なテクノロジーの進歩により、これまで以上の統合も可能になった。アマゾン、スポティファイ、ネットフリックスなどのデジタル企業は、もともとグローバル・デジタル・アーキテクチャを構築してきたので、難なくデータを統合して真にグローバルなものにできる。それとは対照的に、レガシーのITインフラがグローバルで統合されることはまずない。このため、既存企業はレガシー・インフラの上に、あるいはそこに追加する形で独自のグローバル・アーキテクチャを構築する必要があるが、これは決して簡単な作業ではない。

さらに、グローバル・データ・アーキテクチャはすべて同じつくりになるわけではない。プライバシー法や企業の戦略目標のために、さまざまな方法でのデータの収集、蓄積、分析、共有、転送、視覚化、クエリー（検索要求）、更新が必要になるかもしれない。このほか、既存企業のデータ・アーキテクチャづくりで考慮すべき点として、レガシーITアセットの特性、生成・保存しようとしているデータの構造、データに関連した社内の既存文化規範などがある。私たちは独自のアーキテクチャ構築に着手した多数の企業と議論する中で、テクニカルなデータ処理の設計において経営層が意思決定しなくてはならない問題が3つあることを見出した。

第1に、どのように自社データ用のプラットフォームをつくるか。具体的には、古いレガシー・データシステムを組み込むべきかどうかを決めなくてはならない。広範囲にわたってレガシー・データシステムを使っている既存企業にとって、組み込みにかかるコストや時間は膨大なものだ。幸いにも、いわゆる分散型のデータ／デジタル・プラットフォームを構築することが効果的な近道となる。こうした構造であれば、マスターデータと一部の基本的なトランザクション・データだけを既存の中核システムに保持しながら、他のアナリティクスに適したデータは新しいプラットフォームに移してグローバルにアクセスできるようにすればよい。

データを体系化するためのプラットフォームを導入したら、どのようにデータフローを整理してプラットフォームに取り込むかを決めなくてはならない。ソーシャルメディアや他のサードパーティから得られる外部データと内部データを組み合わせるオープン・アーキテクチャにするか。それとも、内部データのみを使うため、外部向けインターフェースの要らないクローズド・アーキテクチャがよいか。その答えは、企業の戦略と提供したいソリューションによって異なる。

ワールプールはオープン・アーキテクチャのグローバル・データ・プラットフォームを選んで、エコシステムを形成し、他のプラットフォームと協力して一連の付加価値サービスを提供しようとしてきた。[注64] 対照的に、シーメンスのマインドスフィアは対象を絞ったセミクローズド・プラットフォームであり、自社固有データを収集して技術的な専門知識と組み合わせ、顧客向けに独自のソリューションをつくろうとしている。どちらの戦略もデータ優位性につながりうるが、企業はそれぞれの競争状況を踏まえて最適なものを慎重に選択しなくてはならない。

第3の設計上の選択は人材に関するものだ。サードパーティ・ベンダーからの派遣という方法もあるが、社内のテクノロジー人材は何人ぐらい必要か。アウトソーシングはますます魅力的なオプションになっている。データ・アーキテクチャは750億ドル規模の産業となっており、急成長を遂げている。[注65] サードパーティ・ベンダーを当てにする企業が多いが、中にはアーキテクチャの多くを社内で持とうとする企業もある。これはセキュリティ上の理由だけでなく、データソースをより適切に統合し、ユーザーが複数のシステムに1つのパスワードでサインインできるようにするためだ。社内で何を持つべきかを検討するうえで、現在や未来の競争優位性をもたらすデータ・アーキテクチャの要素を保護するよう考慮すべきである。

リーダーへの示唆

今後数年で、あらゆる地域の企業がデータを本来あるべき姿として、つまり、グローバルな競争優位性の源泉、かつ、レジリエンスを高める手段として扱うようになるはずだ。収集し運用する顧客データが多いほど、先述したような革新的なデジタル・バリュープロポジションを提供しやすくなる。従業員やチームから上がってくるデータが多いほど、社内オペレーションをより効率的かつ機敏にし、パフォーマンスを最適化できる。あるデータスペシャリストの話では、アマゾンは多数のデジタル・タッチポイントを介して、消費者を詳しく知り、商品・サービスをパーソナライズすることができる。これは、実店舗での購買パターンのみを追跡するウォルマートなどの小売企業と比べて、非常に大きな優位性につながっているという。ネットフリックスやウーバーも、最初からデータ収集を念頭に置いてビジネスを設計し、時間とともに消費者により的を絞ったサービスを開発できるようにしていた。

この章や他の箇所で事例を紹介してきたが、多くの企業にとって、自社データを単一のデジタル・サプライチェーンに統合してうまく機能させるには、まだ長い道のりがある。ある調査によると、企業データのほとんど（4分の3以上）が断片化されたままで、「組織のITシステム全体の中でサイロ化されていたり、分散していたり、複数のコピーが存在していたりする」という。[注66] 一部のデータ・エキスパートが指摘してきたように、データが組織内で断片化されていたり、データの質にバラツキがあったりするために、重要なAIソリューションをオンライン化する取り組みが進まないことがある。これは、フェラーリを保有しているのに適切な燃料がない状況と似ている。[注67]「大量のデータ断片化」現象について、あるエキスパートは次のように警告している。「データのある場所が個人用デバイスであれ、データセンターの巨大ディスクアレイであれ、アマゾンS3のような一般向けクラウド・ストレージ・サービスであれ、企業データや個人データの谷間は巨大で、ITリーダーも組織も消費者ですらよくわかっていない[注68]」。

うまく機能するグローバル・データ・アーキテクチャを開発するには、この章で取り上げた4つのプラットフォームの道筋をよく考えて、どれを優先して採用するかを決めなくてはならない。次の問いについても検討していただきたい。

1　自社にとってデータを用いて価値を創造する最大の機会はどこにあるか。さらに、コストと現在の組織能力を考えると、どのアプリケーションやユースケースが最も実現可能性が高いか。また、最も有望なのはどれか。

2　どうすればこうした機会を最もうまく追求できるか。どのようなデータが必要か。必要なインフラを構築するために、どのくらい投資しなくてはならないか。自社はどのようなデータにアクセスでき、どのようなデータを外部から取得する必要があるか。どこに、どのような形式でデータを蓄積するか。

3　グローバルデータに関して、現在どのような組織能力と専門知識があり、何が不足しているか。事業や機能全体で、自社組織のデジタル成熟度はどれくらいか。グローバルデータセットの理解、管理、操作において、従業員は十分な経験を積んでいるか。

4　顧客データのセキュリティについて顧客の信頼を得るために、強力なデータガバナンスの組織能力をどのように構築すればよいか。進出している地域でデータのローカライズやセキュリティに関してどのような法律が存在するか。どのようなルールで組織内のデータの収集、保存、利用状況を管理しているか。グローバル・データ・アーキテクチャを構築するときに、既存のルールをどのように変更する必要がありそうか。

第2部では、21世紀にグローバル企業が成功するために組み立てなければならない根本的に新しいオペレーション・アセットについて見てきた。ただし、社内変革も行わない限り、これらをうまく設計し活用することはできない。チーム編成のしかたを変えたり、異なるタイプの人材を連れてきて新しい形で参加してもらったりする必要がある。また、単に株主利益を最大化するのではなく、社会的価値を高めることを目指して、より大きな視点で事業を運営しなければならない。第3部では、最先端企業が速やかに進めている驚異的な内部進化を探ってみることにしよう。まずは、最も重要なステークホルダーである顧客を起点に編成された、機敏で対応力の高いチームづくりから見ていく。

主なインサイト

- 最先端企業は、デジタル情報という動力源を活用して、より効率的なプロセス、より適切な価格設定、より価値の高い商品・サービス・体験をつくり出せる強力なグローバル・データ・アーキテクチャを構築することで、グレートを超えた企業になろうとしている。こうしたデータ・アーキテクチャは成長を促進し巨大な価値を引き出せるよう戦略的に設計され、ユーザーをプラットフォームや世界中のパートナーとシームレスに結びつけ、21世紀の企業のための新しいタイプのサプライチェーンを構成する。
- 既存の戦略やITシステムが時代遅れとなり、レガシー・データが地域・拠点ごとに断片化されている場合でも、競合他社を大きく飛び越える出発点としてデータを活用することができる。最初のステップは、自社のビジネスに適するデータを活用したオペレーション・モデルを構築することだ。
- 私たちは調査研究やクライアント支援に取り組む過程で、データを動力源に変えるためにとりうる4つの異なるプラットフォームの道筋を見出した。これらの道筋を理解すれば、自社の方向性を見極め、独自の強力なデジタル・サプライチェーンの構築に向けた取り組みを具体化するのに役立つ。具体的には、①ビジネスプロセスと社内オペレーションの再構想、②専門知識の大規模活用、③グローバル顧客基盤向けソリューションの共同開発・拡大展開、④大規模なバリュープールを狙った新規事業の構築である。

どのようにグローバルデータを戦略的に活用してビジネスを進化させるかを検討したら、次のステップは、デジタル・アーキテクチャやサプライチェーンを設計し、デジタル・オペレーション・モデルを完成させることだ。その際には必然的に①どのようにデータ用プラットフォームをつくるか、②どのようにデータフローを整理するか、③テクノロジー人材をどのように確保するかの3点について経営判断が求められる。

第3部

グレートを超えて組織をつくる

（第7章）
顧客起点、スピード、フラット

（第8章）
人材とともに繁栄する

（第9章）
トランスフォーメーションを常時継続する

第7章 顧客起点、スピード、フラット

グローバル企業が身動きがとれずにいる原因は、
レガシーITだけでなく、組織形態にもある。
そのせいで官僚主義に陥り、顧客ニーズの変化への対応が遅れてしまう。
21世紀に成長するためには、慣れ親しんだマトリクス構造を超えて、
より柔軟で流動的な体制へと変革しなくてはならない。

バイトダンスに見る非伝統的組織モデル

革新的なデジタル戦略をとるにあたっては、組織も進化する必要がある。つながった顧客はこれまで以上に要求が厳しく、最新の革新的な商品・サービスと、より複雑で統合されたソリューションや体験を期待しているのは見てきたとおりだ。ところが、ほとんどの組織は素早い顧客対応よりもむしろ効率性を意識して設計されてきた。その結果、今日の大手グローバル企業は変化する顧客ニーズを十分に満たせるスピードで動けずにいる。

こうした企業が競争力を維持するためには、組織全体で、もしくは、組織を超えて、新しいレベルの調整や協働のしかたを展開しなければならない。チーム編成やリソース配分では組織体制をよりダイナミックで流動的にする必要があり、アメーバのような状態さえ求められる。すべては、顧客に近づき、自社を特徴づけるパーパスや存在理由（次章で説明するテーマ）を実現するためである。

非伝統的な組織モデルとはどのようなものかという感覚をつかむために、中国のインターネット関連スタートアップ、バイトダンスを見ていこう。人気のある動画プラットフォーム「ティックトック」やニュースアプリ「今日頭条（トウティアオ）」で知られる同社は、積極的なグローバル戦略を背景に2019年時点で74・5億ドルを調達した（2019年11月までに、150カ国以上、75言語で同社商品は利用可能になった）。[注1] この目覚ましい成長を支えてきたのが組織構造であり、当初からスピード、顧客対応力、そしてバイトダンス・マネジメント・インスティテュートのモージア・リーの言う「スタートアップ精神」を発揮させることを目的としていた。[注2]

バイトダンスでは、各階層を通じて複数の指揮命令系統が組まれた厳格なピラミッド型組織ではなく、フラットな構造を維持し、CEOに続くマネジメント上位2階層に100人を超える経営幹部を配置している。職場環境は民主的かつ非官僚的で、全階層の従業員がオープンオフィスで働き、会話で「サー」や「ドクター」などの敬称は使わない。お互いに正式な肩書きを知らないまま業務を行っている。階層を重視しないその社風は、非常に協調的でアジャイル（俊敏）な働き方（この章の後半で説明）もあいまって、従業員が自身でプロジェクトのオーナーシップをもち、わざわざ上司の承諾を得なくてもプロジェクトを進めるように後押ししている。創業者で元CEOの張一鳴（チャン・イーミン）の説明では、バイトダンスは従業員を信じ、各個人が賢明な意思決定ができると考えている。「だから、日常業務における官僚主義（の回避）に全力を注いでいる」という。[注3]

バイトダンスの従業員は顧客対応力をさらに高めるために、プラットフォームのマネジメントや新しいアプリのグローバル展開などの具体的なプロジェクトやプロセスに対して、主体的に流動的なクロスファンクショナル・チームをつくって取り組んでいる。[注4] フラットな組織構造のおかげで、会社全体から独自のインサイトが得られ、従業員はそれぞれの希望や会社側のニーズに沿ってローテーションすることができる。地域をまたがる協働が行われ、海外市場の現地チームとマネジャーは中国拠点の開発者とリモートで協働する。組織として方向性を合わせるために用いているのが、目標と成果指標のツールだ。それぞれが個人目標を公開し、およそ2カ月ごとに更新して情報効率を高めている。

新商品開発では、バイトダンスは通常組織内で交わされる非公式のやりとりであるグレー領域を積極的に活用している。従業員は社内コミュニケーション・プラットフォームを使って新商品のアイデアを投稿し、非公式の仮想チームをつくり、そこでも共同のウェブベースのコミュニケーション・ツールを使いながら開発に当たる。チームは最終的により複雑なクロスファンクショナル・グループへと発展し、商品の市場投入に取り組む。この後半の成熟段階になってようやく正式のチームとして既存部門に配置される。グレー領域を重視することにより、従業員が日常業務に縛られずにイノベーションを起こせるため、会社全体が新しい機会に常に注意を怠らず、迅速に対応できる。[注5]

最先端組織の3領域

総勢5万人の同社組織における流動性や柔軟性は、大多数の既存グローバル企業の状況とは似て非なるものだ。しかしこの章で見ていくように、いくつかの最先端企業は、はるかに速いスピードと高い顧客対応力を実現しようと組織再編を始めている。そこで実験しているのは、相互に補完し緊密に結びついている3領域、すなわち①顧客を起点としたチーム(以下、「顧客起点のチーム」)、②アジャイルな働き方、③水平型イネーブルメント・プラットフォーム(データ、テクノロジー、プロセスを含む)だ。これらにより組織の境界を超えた協働が促進され、組織全体に知識が広がり、企業の適応力が高まり、規模のメリットを最大限に活かせるようになる。

企業は過去にも最前線で顧客起点のチームを試してきたが、新規事業など特定の単発プロジェクトのみを対象としていた。アジャイルを導入するにしても、IT関連プロセスに限定されていた。企業は今や組織内にアジャイルな顧客起点のチームを常設する必要があり、イネーブルメント・プラットフォームを整備して、こうしたチームを支援しなくてはならない。さらに、前線チームに意思決定の権限と財務責任を与えて、顧客の問題を迅速かつ包括的に解決するようチームメンバーを動機づける必要がある。対応力の高い顧客起点の組織にエネルギーを一気に注入するためには、リーダーに新しいスキルや行動を習得させ、新しい働き方を植え付け支える強力なデジタルカルチャーを構築すべきである。

既存企業が今後数年のうちに組織を刷新することなく、顧客起点のチーム、アジャイルな働き方、イネーブルメント・プラットフォームの3つを織り交ぜた実験を行わず、それらを支援するリーダーシップ・スキルやカルチャーを導入しなければ、本書で挙げた他の戦略を実行できるかどうかが危ぶまれるだろう。

流動性と柔軟性が向上すれば、企業は新しいデジタルのバリュープールを活用できる革新的企業に変身するだろう。ＩＮＧ銀行のドイツ事業のＣＥＯであるニック・ジュエの比喩表現を借りると、このように刷新されたグローバル組織は現状の大きな「象」であり続けるものの、「グレイハウンド犬のように速くて柔軟」になり、きわめて機敏で革新的なデジタル企業と競争できるようになる。注6 この章の最後に、自社組織をより迅速で対応力の高い「象」に変えて、革新的な成長戦略を支えていくための方法を紹介する。

顧客起点

21世紀の組織変革に終わりはない

最先端企業が顧客起点のチームで実験している最初の領域を探るために、もう少し

ＩＮＧの事例を見ていこう。これまでの章で見てきたように、アセットライトのデジタル・バンキング・ソリューションは大手商業銀行に急速に破壊的変化をもたらしている。２０１０年から17年にかけて、米国のデジタル銀行のリテール（個人）部門の預金額は年間11・３％増加したが、これは国法銀行（６・３％）と地方銀行（３・３％）の成長をはるかに上回るペースだ。[注7] ２０１８年に行われた大規模調査では、お金の取り扱いについて銀行よりも、１社以上のテクノロジー企業を信頼して利用していると、過半数の消費者が回答した。[注8]「ウーバーとスカイスキャナーによって顧客の期待値は決まる。他の業界でどれほど素早くいろいろなことができるかということは、私たちが銀行業でやることにも影響を及ぼしている」と、ある銀行幹部は指摘する。[注9] フィンテックは今後数年で、はるかに多くのビジネスを呑み込む様相だ。デジタル・チャレンジャーは今のところ業界全体の収入の約３～５％を占めるにすぎないが、２０２５年までに最大で半分を占める可能性があると、ＢＣＧでは推測している。[注10]

デジタル・イノベーターの存在によって顧客の期待は高まっているが、それによって生じる脅威に直面したときに、ＩＮＧオランダの経営陣は自行の堅調な財務業績を挙げて、変革の必要性はないと一笑に付してもおかしくなかった。しかし、彼らはＩＮＧグループ全体のビジョンに沿って大胆な打ち手を選んだ。

２０１４年、ＩＮＧグループは新しいビジョンを掲げた。銀行業界で「グローバル・デジタル・リーダーシップ」を実現するというものだ。[注11]「我々は銀行免許を持ったテクノロジー企業になりたいと思っている」と、同グループCEOのラルフ・ハマーズは後に述べている。[注12]こうしたトランスフォーメーション（構造改革）は短期間では実現できず、抜本的な組織変革が避けられないことを同社の経営陣は認識していた。

当時ＩＮＧ銀行のオランダ事業のＣＥＯだったニック・ジュエが指摘したように、トランスフォーメーションによって組織内の仕事の性質が根本的に変わり、その対象は、協働や従業員のエンパワーメント、カルチャーの変化など「組織のあらゆる細部」にまで及ぶ。[注13]第９章で見ていくように、21世紀の変革には終わりがない。ＩＮＧオランダが尽力してきたように、企業は今後、私たちが「常時継続のトランスフォーメーション」と呼ぶ継続的変革に熟達する必要がある。

サイロ化問題に挑んだＩＮＧ

同行の取り組みで鍵となったのが、マトリクス構造の組織を変えて、現地市場と密に接触できる小さな顧客起点のチームをつくることだ。１９７０年代から80年代にかけてよく見られたマトリクス組織はピラミッド型の構造になっており、通常は事業部、地域、機能にまたがる複数の説明責任と指揮命令系統で定義されていた。この構造に再編されてから、多くの企業で組織の混乱や過度の官僚主義に関係したさまざまな予期せぬ状況が生じ

ていた。[注14]

しかし、グローバル企業は総じてマトリクス構造を堅持し続けた。というのも、グローバリゼーションによってますますオペレーションが広範囲に広がり複雑になる中で、効率性とコントロールを維持する手段とみなされていたからだ。事業が多国間に及ぶ場合、特定の国や地域で自社の組織構造を複製することにより、ある程度の標準化が可能になり、意思決定がしやすくなる。同時に、地域別、機能別、商品別の組織内で階層レベルを保持することにより、業務の監督管理を維持できる。情報は広範囲に及ぶグローバル拠点全体に分散し断片化されていた。集めてきた情報を報告書にまとめて指揮命令系統の上位者に知らせるためには、地域別、商品別組織にして管理職のレイヤーを置く必要があった。そうすることで、トップがマネジャーに説明責任を持たせるとともに、情報に基づいた意思決定が可能になる。

このようなメリットがあったが、マトリクス構造では組織の注意を顧客やそのニーズに集中させることは難しかった。ほとんどの場合、顧客に関する知識はマーケティング、営業、サービスなどの担当者の間に分散していた。商品、地域、機能に損益責任が割り振られていたため、そうした括りに主眼が置かれていた。サイロ化や官僚主義の存在が、顧客を理解する取り組みをさらに阻んだ。[注15] ＩＮＧオランダでは、サイロ化のせいで、リーダーやチームは顧客を本当に理解することができずにいた。同行の従業員は、さまざまな都市、ビル、スペースに置かれた機能部門に配属されていた。部門横断型チームではなく、専門の機能領域に合わせてインセンティブが組まれ、従業員はそれぞれの個人の業績目標を追求していた。

こうした問題に対処するために、同行は3年間かけて数千人のプロフェッショナル、営業職、コールセンター職員の組織再編を行い、特定の顧客関連プロジェクトを最初から最後まで担当する小チームである数百の「スクワッド（班）」に配属した。これらのスクワッドは「トライブ（部隊）」に属し、トライブではそれぞれ単一のより広範なミッションを遂行する。スクワッドのメンバーはそれぞれの専門機能分野に基づいて「チャプター」にも所属していた。個々人は依然としてチャプターとトライブの複数の上長に報告を上げるが、年1度の個人目標を立てる代わりに短期的なチーム目標を割り振られる。また、グループの成果における個人の貢献度（360度評価で測定される）と、自分のスキルレベルを高める能力（チャプターの責任者が評価する）も評価対象となっていた。[注16]

INGのトランスフォーメーションは当初、オランダのリテール銀行事業が対象だった。[注17]同社の全世界のリテール銀行事業の約40%を占める主力部門だ。その後、アジャイルな働き方と顧客起点のチームを他の地域や事業部門に導入した。メンバーがおおむね同一場所に配属される部門横断型チームがサイロ化を打破し、従業員やリーダーが機能を超えて顧客価値だけに集中できるようにしたのである。ITなど後方支援機能でも、業務がより顧客中心になった。信頼感が高まり階層が少なくなる中で、具体的な課題が出てきたときに、従業員は素早く対応できるようになった。

ローカルに考え、グローバルに行動する

顧客起点のチームを導入するＩＮＧの取り組みは主に特定市場の支店レベルを対象としていたが、ユニリーバは次のステップへと踏み出し、より迅速な意思決定と消費者のニーズの変化へのより良い対応ができるように、グローバルで組織再編に着手した。過去数十年にわたって、一部の大手多国籍企業は主にグローバルに考えて行動し、ローカル市場で強力なグローバル・ブランドを構築・活用しグローバル製品を展開することを重視してきた。一方でユニリーバのように、**グローバルに考えるが、ローカルにも行動する**ように努めてきた企業もある。つまり、新しい製品・サービスの大きな構想を見出し、いくつかの市場でパイロットを行って反応を見た後で、地域のニーズや好みを反映させてある程度ローカライズしながら、世界中の市場に投入するのだ。

すぐに移り変わる消費者ニーズに合わせて機敏に動ける抜け目のない現地スタートアップによって、自社ブランドが脅かされていることに気づいたユニリーバは、これまでのお馴染みのモデルを逆転させて、（消費者ニーズの変化に対応するため）**ローカルに考え、**（優位性を大規模に活用するため）**グローバルに行動**するように組織を再編した。[注18] コネク

テッド・フォー・グロース・プログラムの一環として、240の国別カテゴリー別ビジネスチーム（CCBT）を置いたのである。これはローカルの機能横断型の起業家的ユニットであり、完全な意思決定権限と損益責任を持たせている。[注19]

この新しい組織コンセプトについて、ユニリーバのインドのビジネスユニットであるヒンドゥスタン・ユニリーバの会長兼マネージングディレクターでユニリーバ南アジア社長を兼務するサンジブ・メフタの説明によると、CCBTは「ミニ取締役会」の役割を果たすという。[注20] 日常業務のあらゆる側面をマネジメントするため、現地市場の変化に素早く対応し、現地に好適なイノベーションを迅速に展開できるからだ。[注21]

たとえば、ヒンドゥスタン・ユニリーバには16のCCBTがあり、若手クロスファンクショナル・マネジャーに運営を任せている。[注22] こうしたチームが力を発揮できるようにすることや、現地市場でスタートアップのように活動し競争に勝つために必要なリソースを提供することに、リーダーは注力する。日常業務について権限委譲すれば、リーダーは長期目標、自前の成長以外（M&A等）の機会、破壊的変化のマネジメントに専念できるようになる。[注23] チームは現地の消費者ニーズについて理解を深めることで、ユニリーバのグローバル規模のパワーを活用して組織全体から最適なソリューションを探し出せる。

メフタはインドのカルチャーや地域の多様性を認識し、14の地域クラスターに分割してウイニング・イン・メニー・インディアズ（WiMI）戦略を開始した。[注24] この戦略では、クラスターごとに製品の価値提案、サプライチェーン、メディア展開をカスタマイズできるので、より迅速に意思決定したり、より緊密に消費者とつながったり、現地の新興競合ブランドに素早く対応したりすることが可能だ。WiMIのクラスターは地域ビジネスチームの役割を果たし、CCBTと協業しながら、ヒンドゥスタン・ユニリーバをよりアジャイルで機敏なものにしている。この構造のおかげで、同社は意思決定を加速させ、イノベーションをより速く展開してきた。

対応力をさらに高めるために、ユニリーバの経営陣はさらに2つの打ち手をとってきた。第1は組織のフラット化だ。CEOから現場までの管理職の階層を13からわずか6に減らした。今後さらにフラット化を進める計画もある。20世紀の多国籍企業の特徴である地域統括は廃止した。主要国の責任者は現在、地域担当のミドルマネジャーに報告を上げるのではなく、グローバルCOO(最高執行責任者)のニティン・パランジェの直属となっている。パランジェは現地チームの必要に応じて、官僚的手続きはほとんどなく、リソースをより迅速かつ効率的に移すことができる。「東南アジアといった広い地域内でリソース配分を最適化する代わりに、今ではグローバルで最適化する。いわば『グローバルに行動』できる」と、彼は説明していた。[注25]

第2に、ユニリーバは主要機能の一部を分散化させてきた。これは、こうした機能が現地のチームや消費者とより緊密に接触できるようにする動きだ。同社はオペレーションではグローバル規模のメリットを享受し続け、多くの分野でグローバル・プラットフォームを採用してきた（このテーマは後述する）。しかし、以前はグローバル本社に置かれていたＥＣやマーケティングなどの一部機能については、その機能にとって組織内で最も重要な地域に移転することも戦略的に進めてきた。

移転によって、その機能のオペレーションを大規模に展開しつつ、遠く離れた**本社**の考え方から機能担当の従業員を解放することができた。イノベーションやサプライチェーンなどの機能はグローバルカテゴリーチームに統合され、現地の事業や市場により近づくことを認めた。マトリクスモデルから脱却し、各国に研究開発予算の一部の正式な管理権限が与えられて、現地の消費者が望む製品・サービスを速やかに市場に投入できるようになった。データやガバナンスなどのグローバル機能でさえ、「現地市場にどう役立つかという考え方で構築しなくてはならない」と、パランジェは指摘する。[注26]

総括すると、このような改革により、ユニリーバの対応力は大幅に向上した。２０１８年時点で、ユニリーバの市場投入までの期間は２０１６年よりも40～50％短縮し、実験や協働が増えている。[注27] ２０１６年の営業利益率は14・8％だったが、２０１９年には16・8％に達した。[注28]

アジャイルな働き方

求められるジャズコンボ型の組織

商品別チームから顧客起点のチームへの移行は、新しいアジャイルな働き方の採用と密接に結びついている。

BCGの元CEOである故ジョン・クラークソンは何十年も前に、21世紀の企業はオーケストラではなく、小さなジャズコンボのようでなければならないと述べていた。メンバーは厳密な計画に従うのではなく、共通目標を達成するためにお互いに直ちに即興で動くことに熟達すべきだ、と。[注29] 先読みした言葉だったが、まさにそのとおりになっている。変化するテクノロジー、消費者ニーズ、政治情勢、社会の期待に先行し続けるために、今日のグローバル企業は迅速に方向転換し、実験し、反復し続けるジャズコンボの力量を備えたチームを構築しなくてはならない。ジャズ・ミュージシャンは予期せぬ課題に直面しても倒れないレジリエンスの権化のようだが、企業も同じようなことができる。

まさにこの能力を可能にするのが、アジャイルな働き方だ。過去数十年、ソフトウエア開発者の間でイノベーションを大いに促進するために導入されてきたアジャイルの考え方は、専門分野の垣根を越えた少人数チームを動員して、新しい商品・サービスのアイデアについてスプリントを素早く繰り返しながら進化させていくというものだ。[注30] 従来のマトリクス組織のチームは発売前に商品を徹底的にテストしたが、アジャイルチームは「**フェイル・ファスト（早く失敗する）**」の考え方で、素早くMVP（市場投入可能な最小限の製品）にこぎつける。

アジャイルには、顧客と一緒に初期バージョンの商品・サービスを試す、チームメンバーを1カ所に集める、などの戦術も組み込まれている。[注31] たとえば、米軍の特殊作戦チームは少人数で構成され、結束力が強く、敵の背後で隠密行動をとる。非常にアジャイルに動くことができ、問題が起こった際に、現場で即興の解決策を打つのに必要な多様なスキルセットや作業プロセスを持っている。企業が新しいグローバル顧客向けに画期的なソリューションを構築する場合、同じようなハイパフォーマンス・チームが必要になる。

アジャイル導入の効果

今日、アジャイルになりきれずに苦戦している大企業が多い。ところが、かなり少数だが、アジャイルにより目覚ましい結果を出している企業もある。[注32]ＩＮＧオランダはアジャイルな働き方を導入し、素早くスプリントを繰り返して仕事することをチームに奨励した。このやり方をとれば、新しい商品・サービスを大規模に展開する前に欠点をつぶすことができる。２０１４年以降、ＩＮＧオランダが新しいアイデアを市場に投入する所要期間はますます短縮した。年間数件の商品・サービスを市場投入するのではなく、数週間ごとに新しいものを次々と出せるようになっている。[注33]

従業員数１万人以上のオランダの在宅ケア会社ビュートゾルフは、さまざまな専門分野の約12人の看護師から成る極めて自律性の高い前線チームをつくり、特定の地域でサービスを展開している。[注34]同社は中間管理職の部隊ではなくコーチを起用して、異なるチーム間でベストプラクティスを広め、意思決定を支援するトレーニングやツールを提供している。[注35]重要なのは、チームを官僚主義から解放し、一定の大まかな枠内でチームが自分たちでマネジメントできるようにしていることだ。[注36]

このシステムで近年はかなりうまく運営されていて、ビュートゾルフは２０１１年から15年までの４年間、オランダで最も働きがいのある職場に選ばれた。[注37]「私たちはより自由になり、認められ、顧客にできる限り最高のヘルスケアサービスをする方法を完全に掌握できていると感じている。とかく不満の溜まるお役所仕事ではなく、今は自分たちがぜひやりたいと思っていること、つまり、顧客に在宅ケアサービスを届けることができてい

る」と、従業員の1人が語っていた。[注38]

最先端企業の中には、アジャイル手法を用いて、外部の顧客だけでなく内部の顧客との距離を縮めているところもある。金融サービスを手掛けるフィデリティ・インベストメンツは「金融サービス業界で最高の顧客体験」を提供するための継続的活動の一環として、2017年に試験的にアジャイルを導入した。[注39] INGと同じく、より流動的な組織構造をつくって、小さく機敏で自律的なチームを動員し顧客体験の向上を図ることにしたのだ。アジャイルを推進することでマーケティングやイノベーションの機能が改善され、広告活動を繰り返しながら顧客の意見を取り入れたり、外部のトレンドに沿って素早く新しい商品・サービスを開発したりできるようになった。

加えて社内でも、エンドユーザーの体験と効率性を向上させるためにアジャイルが導入されている。フィデリティの内部監査チームはアジャイルの実験を開始し、監査担当者を少人数の専任チームに割り振り、監査対象の事業グループと一緒に2週間のスプリントで作業を行った。アジャイルを展開するには、事業グループからより早く頻繁に情報をもらう必要があったが、アジャイルで監査プロセスのスピードが上がり、透明性が高まり、監査の終盤でドキリとさせられる状況がなくなることに気づくと、事業グループ側もこうした変革を支持した。

監査グループのリーダーたちも同じく、アジャイルのパイロットによって、事業部門と内部監査部門の間の信頼が高まり、キャリア開発面のメリットが生じて監査担当者に再び活力を与えることを知って感銘を受けた。２０１９年初め、内部監査グループ全体がアジャイル手法を取り入れ、現在は新しい働き方に最も適したＫＰＩ（重要業績評価指標）を見極めようと取り組んでいる。[注40]

グローバルな規模の優位性を維持しつつアジャイルを取り入れる

既存グローバル企業はよりアジャイルになろうとする一方で、グローバルな規模の優位性を維持しつつアジャイルを取り入れるという難題にも直面している。チームメンバー全員が物理的に同じ場所にいるときでも、アジャイルな作業プロセスを維持するのは十分に難しい。メンバーが世界中に散らばり、主にバーチャルな手段で連絡を取り合わなくてはならない場合には、その難易度は大幅に高まる。

最先端企業がこの問題を何とかしようと実験しているのが、いわゆる分散型アジャイルである。これはアジャイルとグローバル規模の両方のメリットを実現できるようにするアプローチだ。グローバル自動車メーカーから投資銀行やＩＴ大手まで、多くの企業が分散型アジャイルをうまく活用してきた。

欧州のある航空機メーカーは開発部門で分散型アジャイルを大規模に実行した。ソフトウエア開発チームの３分の２はインドにおり、残りの３分の１は欧州で製品に特化した役割に就いている。最初に、全員が集まって直接やりとりしながら分散型アジャイルのプレイブックを作成した後、デジタル・スクラムボード、バーチャル会議、クラウドベースの開発プラットフォームなどのデジタルツールを用いて協働した。プラクティス・コミュニティをつくり、チームメンバーが物理的な場所に関係なく、非公式に情報を共有できるようにも取り計らった。このトランスフォーメーションのおかげで、市場投入期間は50%改善され、不具合の解消スピードは20%向上した。しかも、大規模なオフショア・ソフトウエア開発チームのコスト優位性が失われることもなかった。

水平型プラットフォームを構築する

ナチュラに見る3つの水平型協働プラットフォーム

顧客起点のチームやアジャイルな働き方により、これまでの境界やサイロ化がなくなり、顧客ニーズに素早く対応できるようになる。顧客起点のチームとアジャイルな働き方を取り入れている組織には依然として明確な境界が存在するが、特定のチームを定義し他のチームと区別する枠組みは、商品別や地域別ではなく、カスタマージャーニー別になっている。

最先端企業は、組織の壁を越えた協働によって顧客起点のチームを支援し、かつ、大企業の規模の優位性を活かすために、データ、テクノロジー、プロセスを含む新しい水平型イネーブルメント・プラットフォームを実装している。[注41]

ブラジル最大の化粧品会社であるナチュラの例を考えてみよう。ナチュラは美容小売の組織能力を伸ばして、グローバル拠点網を拡大し、現地の人材、知識、経験を獲得するために、大胆な買収戦略に乗り出した。オーストラリアの小売企業のイソップと英国の小売企業のボディショップを買収したが、これらの企業はサステナビリティに関するナチュラ自身の価値観と完全に方向性が一致している。より直近では、エイボンを買収し、世界で第4位の美容グループ、ナチュラ&Coを設立した。新たに企業を買収し統合する際には、会長兼CEOのロベルト・マルケスの言う「〈ガバナンスとオペレーション構造を〉ゼロからつくる」機会があることを、リーダーたちは理解していた。[注42]

同社は買収した企業をほぼ区別がつかなくなるほど統合する、従来型の多国籍企業（MNC）は目指さないことにした。その代案を考えるときに優先させたことが3つある。第1に、ステークホルダーとの強力な個人的かつ協力的な関係を築くという長年の伝統に基づく組織構造にする。第2に、起業家精神がより発揮できる組織、そして、煩わしい構造やプロセスを伴う中央主導型の大企業の感覚とは一線を画す組織を目指した。第3に、MNCはこれまで中央集権的な本社から出される指示を重視してきたが、そのやり方に異を唱え、個々の事業の周りに**重心**をつくってリソースを配分する。要するに、グローバル組織が各ブランドの独自の競争優位性を尊重し、各ブランドにかなりの自律性を与え、官僚主義を極力抑えながら、ブランド間でしっかりと流動的な協働もできるようにしたいと考えていたのである。

このようにしてグループ構造が決まり、傘下各社が自律的に経営できるグループ・ブランド、ナチュラ&Coが誕生した。傘下企業が境界を越えて協働できるようにしながら、規模の経済を活かせるように、企業同士を結びつける3つの水平型の協働プラットフォームをつくった。統合度合いはそれぞれで異なる。

●「ネットワークス・オブ・エクセレンス」は、グループの特定機能に関する優先課題が生じたときにつくられ、グループ全体の組織能力を強化することに主眼を置く。もともと①サステナビリティ、②デジタル、③小売の3分野でこうしたネットワークが存在していた。1人の経営幹部が選任され、グループ共通の議題を明確にするために、企業横断で集まった経営幹部をまとめていく。このネットワークでの活動に要する時間は月2～4日程度である。

●「機能ネットワーク」は、調達、人材マネジメント、IR（インベスター・リレーションズ）など、相乗効果があり、グループ全体の方針を策定するためのチームが立ち上げられた領域でつくられた。傘下企業の機能担当責任者が機能グループリーダーも兼務し（たとえば、イソップの最高HR責任者はグループHRリーダーも兼ねていた）、「デュアルハット（2つの帽子）」と呼ばれる。機能ネットワークは、大規模で硬直的な中心機能を設置することなく、グループ全体で規模の経済と標準化を実現するように設計されていた。このネットワークは具体的なプロジェクトを担当し、月8～10日の短いスプリント期間で回していく。

●最も統合された協働形態である「グループハブ」では、グループ全体の財務や法務など特定の機能を集約して、グループ・プロセスの統合と実行、パフォーマンスの監視を担う。ナチュラ&Coは境界を越えた協働をさらに徹底させるために、各社の上級リーダーで構成されるグループ運営委員会（GOC）を設置した。このグループは毎四半期に2日間の会議を開き、どの傘下企業にも影響するテーマ（例：イノベーション）についてグループ全体で方向性を合わせやすいように、協力的でかつアジャイルなやり方で取り組む。

このような要素のいくつかはまだ実装中だが、滑り出しを見る限り、この柔軟で流動的なプラットフォームに基づく組織横断型の構造によって、相互にアイデアが交換されるようになり、生産的な協働につながっている。

グローバルとローカル両方の力を引き出すイネーブルメント・プラットフォーム

イネーブルメント・プラットフォームには、ナチュラの事例に見られるような特定の機能や業務プロセスだけでなく、新たに出てくる消費者ニーズに対応するために必要となる基本的なテクノロジーやデータを含めてもよい。従来は監視やコントロールの必要性から、最前線で水平型の顧客起点チームを編成するのは難しかったが、新しいデータやテクノロジー・プラットフォームを使えばそういうことが可能になる。

現地チームが膨大な量のグローバルデータを利用して新しいソリューションを設計できるだけではない。このようなプラットフォームがあれば、リーダーは現場のパフォーマンス・データにリアルタイムでアクセスし、アルゴリズムを使って、気が遠くなりそうなほど多種多様でバラバラな情報を一貫性のあるデータストリームに変換し、意思決定に役立てられる。このようなデータとアルゴリズムを装備すれば、リーダーは管理職層を通さなくても、広範囲にわたる業務を追跡し続けることも可能だ。顧客とそのニーズを中心に組織を再編し、リーダーが現場のオペレーションに直接関与することで、企業はよりシンプルでフラットになろうとしている。

アリババの顧客対応チームに力を与えているのは、いわゆるミドル・プラットフォームである。テクノロジーやプロセス関連の組織能力、あるいは、機能面の組織能力（マーケティング、コンテンツ制作、出品者募集など）にアクセスし、事業ニーズに合わせてカスタマイズできる。事業側は標準化されたコンポーネントから独自に個別プラットフォームを構築するか、独自コンポーネントを開発して追加する。新しく開発されたコンポーネントを標準化して他の事業で利用できるようにするのは「**ミドルオフィス**」と呼ばれる管理部門の役割だ。各機能のプラットフォームは数十人の従業員で構成され、少人数チームで活動している。ミドルオフィスはさまざまな事業から集まってくる顧客インサイトを統合し、エコシステム・パートナーがそれを活用して価値を生み出せるようにする。アリババはこうしたやり方で、情報のサイロ化を打破し、データのパターンを突き止め、リーダーがより良い意思決定をできるようにしている。[注43]

業界を問わず、最先端企業が採用している協働テクノロジーにより、顧客からのフィードバックデータの統合、チームのパフォーマンスの追跡、サービス関連知識の共有など、さまざまな組織能力が可能になる。ビュートゾルフの自律的な看護師チームは、情報を揃えて共有するために看護師の非公式なネットワークだけでなく、「ビュートゾルフ・ウェブ」と呼ばれるイントラネットも頼りにしている。[注44]

これまでの章で見てきたように、産業財コングロマリットのシーメンスや航空機エンジンメーカーのロールスロイスなどの産業財企業は高度なテクノロジー・プラットフォームを使って、顧客の機械の稼働状況をリアルタイムで監視、発信、分析している。このテクノロジーにより、前線チームはエキスパートを集めたチームとやりとりし連携しながら修理に当たることができる。

データ、テクノロジー、プロセス関連のプラットフォームは、組織を超えてより幅広い参加者ネットワークを構築しようとする最先端企業の取り組みの中で不可欠なものだ。また、志を同じくする外部パートナーとの関係、つまり第4章で説明したエコシステムやバリューネットワークを活用するために、顧客起点のアジャイルチームも非常に効力がある。

第2章で取り上げたロールスロイスのR^2データラボでは、さまざまな分野のエキスパートが参加する少人数チームが社内の他のチームと協力して、顧客が価値を感じそうな新しいデータに基づくサービスを開発している。アジャイル手法（たとえば、90日未満の短いスプリントで業務が組み立てられる）に加えて、R^2でチームが頼りにするのが大規模なパートナー・エコシステムだ。同社のウェブサイトにあるように、「ＯＥＭパートナー、テクノロジー・プロバイダー、最先端のデータ・イノベーションのスタートアップ、学術研究者」が集まっている。[注45] 本書の執筆時点で、このエコシステムには世界中から５００人以上が参加し、マイクロソフトやタタ・コンサルタンシー・サービスと共同開発したテクノロジー・プラットフォームが装備されている。[注46]

企業が顧客への対応を高めようとする中で、エコシステムは劇的な変化をもたらす。また、基礎的なテクノロジー・プラットフォームは距離や境界線を越えて多様なエコシステム・プレイヤーを結びつけている。

イネーブルメント・プラットフォームは、グローバル組織が従来展開してきたセンター・オブ・エクセレンス（CoE）とどう違うのかと疑問に思った人もいるかもしれない。バリューチェーンの一部を担うビジネスユニットからは独立していたCoEと違って、プラットフォームは前線チームを成功させる責任を共有し、イノベーションや拡大展開によって価値を付加する能力があって初めて成立する。

チームは必ずしもプラットフォームを使う必要はない。価値を生み出せないプラットフォームであれば、企業はお金を出さなくなる。従業員は前線チームとプラットフォームの間を行き来して、どちらのこともしっかりと理解している場合が多い。プラットフォームは革新的で、前線チームと同じように起業家精神にあふれ、動きが速く、組織内の野心的な人材が集まってくる。CoEはプロセスと組織能力を集約し保有する（また多くの場合、個々の事業を点検する役割も果たす）ためのものだが、プラットフォームは、データモデルやオペレーションを標準化して、スピードや自律性を高めるために用いられる。流動的でダイナミックなプラットフォームは、グローバルに分散されていることが多いが、対応力の高い顧客起点の組織を単に機能させるだけでなく、輝かせるのに役立つ柔軟な支柱である。

結局のところ、プラットフォームはグローバル企業が直面してきた長年にわたる問題に対する、新しい21世紀型ソリューション、つまり、グローバルとローカルの**両方**の方向から便益を引き出す方法として考えればよい。グローバル企業には長い間、専門知識と規模を構築するために本部に機能を集中させるか、国や地域レベルで機能面の組織能力を分散させるか、いずれかの傾向が見られた。前者は現地顧客に近づき、顧客ニーズに対応する能力を、後者は規模のメリットと深い専門知識を築く能力を諦めざるをえなかった。イネーブルメント・プラットフォームであれば、分散し断片化された最前線の顧客チームをグローバル規模の機能面の専門知識と結びつけることができる。

このようなプラットフォームは実質的に、現地の顧客チームとグローバル・プラットフォームの間で必要に応じて意思決定の権限を割り振り、最も望ましい組み合わせで現地の対応力とグローバルな規模とを発揮させるのに一役買う。意思決定権は厳密に定めない。システム内に自由裁量できる部分や若干の曖昧さを残しておいたほうが、進化するビジネス上のニーズに対応しやすく、従来の多国籍企業の運営方法よりも非常に大きな強みになる。協働を促進するカルチャーを醸成し、リーダーがそのカルチャーを理解し後押しする組織であれば、そうした曖昧さは生産的に維持され、人々は指揮命令系統に従うだけでなく、横のつながりで仕事ができる。

将来的に、多くのグローバル企業が基本的にイネーブルメント・プラットフォームを中心としたプラットフォーム組織になるだろう。こうした組織には、小規模でおおむね（もしくは全面的に）自律的なアジャイルチームが多数置かれている。チームは組織能力を備え、市場の需要に応じて素早くイノベーションを起こすことができる。大規模なイネーブルメント・プラットフォームはこうしたチームをバックアップし、チームはこのプラットフォームを通じてシェアードサービスセンターの支援を受ける。シェアードサービスセンターは、機能をモジュール化・標準化し、リソースを蓄積し、共有のツールや支援を提供する。また、前線と後方支援の両方の業務プロセスをカバーし、必要に応じて前線チームにリソースを配分するのにも役立つ。前線チームは意思決定権を持ち、それぞれのニーズに合わせてモジュール式の機能要素をカスタマイズする。

ＢＣＧが指摘してきたように、このようなプラットフォームは人間とテクノロジーが組み合わさった「バイオニック」なものになるだろう。[注47] きわめて重要なのが、エコシステムに参画する外部パートナーも支援し、彼らが創出する価値を高める一助となることだ。

カルチャーとリーダーシップの重要な役割

マトリクス構造を超えて、顧客起点のチーム、アジャイルな働き方、イネーブルメント・プラットフォームを導入して流動性を高めていく際に、企業はそれを支える①カルチャー変革と②リーダーシップ開発という2つの重要な領域に注力している。

現在組織内に出現している小規模でアジャイルな顧客起点のチームは非常に強力だ。というのも、チームメンバーとより広範な組織が、イノベーション、オープンさ、大胆さ、徹底的な顧客重視といった考え方、さらには関連する行動も取り入れ、また、リーダーは顧客のために迅速かつ効果的なソリューションを生み出すのに必要なスキルや行動を活用しているからである。

グローバル企業のリーダーは、変化する顧客ニーズを満たそうと焦ってしまい、社内の人々やカルチャーに注意を向けずに、組織構造を刷新したくなるかもしれない。それは大きな間違いだ。外向きの顧客重視の姿勢を醸成したい企業は、全く異なるカルチャーで、人々を活気づけ、巻き込み、方向性を合わせていく必要がある。端的に言うと、デジタルカルチャーなくしてデジタルトランスフォーメーションはありえない。[注48]

BCGの調査で明らかになったのは、カルチャーを重視すると、デジタルトランスフォーメーションがはるかにうまくいくことだ。デジタル変革を進めた企業を追跡したところ、カルチャーを重視してきた企業の大多数（ほぼ80％）が「堅調もしくは飛躍的に高いパフォーマンスを維持」したが、カルチャーを軽視していた企業はいずれもそれに該当しなかった。[注49]

デジタルの世界で勝つために既存企業が持つべきカルチャー面の特性を取り上げた文献はたくさんある。もちろん、企業は自社のパーパス、業界、戦略などに応じて多様なカルチャーを持ち続けるが、既存のカルチャーに次の5つの重要な要素を注入することが必要になるだろう。

- ●社内プロセスを優先するのではなく、顧客への共感と理解を徹底的に重視する。
- ●マイクロマネジメント、指揮統制ではなく、権限委譲する。
- ●ずっと計画ばかりで停滞するのではなく、迅速に行動する。
- ●慎重になりすぎずに、リスクをとって大胆に意思決定する。

●部門内等に閉じた、サイロ化された考え方ではなく、協働する。

いずれも、動きの速いデジタル・スタートアップで就業経験のある人にはお馴染みの要素だが、既存大手グローバル企業の職場環境ではこれまでこのような特徴は見られなかった。そこは変えていく必要がある。こうしたカルチャーの要素は、顧客起点のチームが顧客ニーズの変化を見抜いて、それに対処するために迅速かつ決然と行動するのに役立つ。起業家精神、変革志向、顧客重視の考え方や行動をチームが取り入れなければ、よく練られた組織構造の改変も効果は出ないだろう。

ＩＮＧオランダは新しい働き方へと移行するときに、最初からカルチャーを変えることを優先させた。たとえば、アジャイルで顧客起点の働き方に適したカルチャーにするために、オペレーションに携わる全従業員に3週間のオンボーディング・プログラムを実施し、そのうちの少なくとも1週間は顧客ロイヤルティ・チームのコールセンターで顧客の電話に対応するように義務づけた。同社はオープンオフィスを取り入れ、テクノロジー企業のキャンパスに似た環境をつくり、より流動的なピア・ツー・ピア型採用手順を導入した。組織が対話や非公式のやりとりを奨励し、コミュニケーションはより頻繁かつオープンになった。上級リーダーはカルチャー変革の方向性を定め、組織変革を主導するチームにかなりの時間を投入し、自身も1カ所だけ設けられたオープン・スペースの大型テーブルで仕事をする。これがあるべき姿だ。ＢＣＧの同僚が指摘するように、「アジャイルはトップに始まる（あるいは、トップで止まる）」[注50]。

最先端企業はこのような教訓をしっかりと念頭に置いて、流動的な顧客起点の組織を引っ張るためのスキルや行動をリーダー層にしっかりと習得させている。成功しているグローバル組織のリーダーはますます「固定された組織構造、プロセス、ルールの管理者」ではなく、「ジャズの指揮者のように、従業員の自主性を引き出し、組織目標を達成するために協力できるようにする、柔軟でダイナミックなシステムの基本的要因を設定している」と、ＢＣＧの同僚らは言及してきた[注51]。

本書で取り上げた多くの模範となる組織では、リーダーは指揮統制よりも、従業員のエンパワーメントとコーチングを重視している。上司に解決策を決めてもらうのではなく、企業目標に沿ってチームのベクトルが合っていることを確認しながら、オペレーション上の自律性を与えているのだ。チームや組織の規模の観点で成功を定義するのではなく、チームや組織がもたらす価値という観点で成功を判断する。また、ゆっくりと動いてリスクを回避するのではなく、スピードと継続的な改善を優先させている。

リーダーへの示唆

組織、カルチャー、リーダーシップを刷新するのは難事業であり、ほとんどの既存グローバル企業はこの課題に手をつけてこなかった。しかし、これまで見てきたように、本書で紹介した諸々の戦略で成功するためには避けて通れない。組織内に前線チームを常設し、組織全体にアジャイルな働き方を広げていく必要がある。また、内外の垣根を越えて協働を促すイネーブルメント・プラットフォームを構築しなくてはならない。対応力を高めるためのソフト面のイネーブラー、つまり、カルチャーやリーダーシップも整備する必要がある。

こうした変革の一部を実験してみることは、何もしないよりはましだが、今後の市場を牽引する立場に立てるのは、ほぼすべての変革を直ちに推進しているＩＮＧのような企業だ。ＢＣＧのシニアアドバイザーでキンバリークラークの元経営幹部のボブ・ブラックが指摘するように、企業は組織編成に対して根本的に異なるアプローチをとり、従来のようにトップが最も権力を持ってトップからボトムへという形ではなく、「最前線の現場から始め、最前線からバックへ」という形に組織を設計しなくてはならない。[注52]

現状の組織を批判的に見て、迅速に顧客に対応しようというときに起こるペインポイントについて考えてみよう。そこから、組織の刷新方法について幅広く思い描き、新しい組織構造が解決すべき主要な設計原則を定義していく。成長の促進、サービスレベルの向上、コスト削減といった目標を達成できる組織を選ぶ企業が多い。次に、これまでに説明してきた実験をいくつか試すためにとりうる具体的な組織変革について考えてみる。次の問いについて熟考してみよう。

- 現地の顧客起点のチームを実行に移す際に、どのようにして「柔軟性と現場の自律性」と「コントロールとリスク管理」のバランスをとるか。現地チーム全体で統一しなくてはならないことは何か。どのようなことについて、現地チームが他のチームからアイデアを借りて自分たちのやり方で適合させてもよいか。現地チームが完全に独自に運営すべきことは何か。
- 同一場所に配置すべきなのはどのチームか。どのチームはバーチャルのままでもよいか。
- 組織全体でのナレッジや専門知識の移転・共有をマネジメントするために、どのようなイネーブルメント・プラットフォームを導入するとよいか。組織として必要な場所に適切な専門知識を最も確実に適用するにはどうすればよいか。

●流動的な組織の中でどうしたらリソース（資本、人材、テクノロジーなどを含む）を最適に配分・再配分できるか。
●カルチャーを強化してきた場合、組織の対応力を高めるために必要な具体的な価値観や行動を組み込んできたか。組み込んでいない場合、具体的にどのようなギャップが存在し、どうしたらそれを埋められるか。
●この章で説明した組織変革の大きさを考えると、それを実行するだけのチェンジマネジメントの力量を持っているか。特に、リーダーやマネジャーに顧客起点のチーム、アジャイルな働き方、イネーブルメント・プラットフォームを支援する最善のやり方について情報提供し、準備させてきたか。

より流動的で対応力の高い組織に移行するのが困難に見える場合、すべてを一度に行わなくてもよいことを思い出してほしい。後で見ていくとおり、21世紀の変革は、組織変革であろうとその他の変革であろうと、1回限りの問題ではなく、継続的に進化させていくものだ。

私たちのクライアントのあるテクノロジー企業は、組織再編に取り組むときには、新組織が陳腐化するまでの期間はわずか18カ月だと想定していた。変革の取り組みは、有機的に進化するプロセスとして考えよう。当初は古い組織構造を補完しても、そのうちにおそらく置き換わっていくだろう。

それと関連して、事業におけるより新しくアジャイルな部分が、従来のマトリクスモデルに固定された他の部分と関わり合っている現実を受け止めて、いかにうまく舵取りするかを考えよう。BCGの同僚たちが指摘してきたように、「リーダーはスタートアップが使っているアジャイルな働き方と、従来のより厳格な働き方とを組み合わせる必要がある」。[注53]

INGオランダの経営陣は、行内の一部業務は従来のやり方を続けることを認めながら、アジャイルチームが非アジャイル部門と協力できる仕組みをつくった。会議や非公式のフォーラムを設けて、非アジャイル部門がオペレーションの継続性を確保しながら、アジャイルチームがつくり出したイノベーションを採用しやすくしている。アジャイルチームと協働していた既存チームの主要メンバーが、スクワッドを確実に成功させるために配属され、担当機能に関して自主的に意思決定する権限を与えられた。[注54]

リーダーが組織改革を考えるときに犯しやすいミスの1つは、冷静に分析しすぎることだ。組織というものは合理的な構造とプロセスだけではない。重要なのは**人間**であり、いかにみんなが最善の形で協力や協働を行い、望ましい成果を実現するかである。カルチャーを重視するのは極めて重要になっているが、本書で示す21世紀型の成長戦略とオペレーション戦略を徹底的に実行するためには、企業はもっと直接的に人材に注目し、デジタル経済で勝つための準備ができている新世代の人材を採用し保持する必要がある。

多くの既存企業がいま気づいているように、デジタル企業からの人材をめぐって厳しい獲得競争に直面している企業にとって、デジタル人材を惹きつけ、刺激し、スキルを向上させるのは極めて困難だ。既存企業でもこの分野で成功できるが、そのためには、従来の人材マネジメントのプレイブックを超えて、新しい戦術を採用する必要がある。それは、グローバル企業が**超える**ことができ、超えなくてはならない、もう1つのやり方だ。

主なインサイト

- 既存企業が競争力を維持するためには、公式の組織全体で、もしくは、組織を超えて、新しいレベルの調整や協働を展開しなければならない。組織をよりダイナミックで流動的にする必要があり、さらにはアメーバのような状態さえ求められる。すべては、自社を特徴づけるパーパスや存在理由を実現しやすくするためである。
- 既存企業が今後数年のうちに組織を刷新することなく、①顧客起点のチーム、②アジャイルな働き方、③イネーブルメント・プラットフォームの3つを織り交ぜた実験を行わない場合、本書で挙げた他の戦略を実行できるかどうかが危ぶまれる。
- マトリクス構造を超えて、顧客起点のチーム、アジャイルな働き方、イネーブルメント・プラットフォームを導入して流動性を高めていく際に、企業はそれを支える①カルチャー変革と②リーダーシップ開発という2つの重要な領域に注力している。

（第8章）

人材とともに繁栄する

グローバル企業は長い間、人材の重要性を過小評価してきた。今日、人材の特性そのものが変わり、適切な人材の獲得競争が熾烈になっていることから、新世代の従業員が希求し必要とすることに企業は一層注意を払わなければならない。伝統的な人材マネジメントを超えて、21世紀型人材を探し、動機づけ、育成するやり方を根本的に変える必要がある。

これまでの人材マネジメントは通用しない

世界経済をつくり変えてきた話題のデジタル・スタートアップは単に新しいテクノロジーや先見性のあるアイデアを持っているだけではない。これまでの章で説明してきた変革を実現できる高度なスキルと意欲を持った人材を擁している。既存グローバル企業もこうした人材を必要としている。新しいグローバル消費者を理解し、彼らを惹きつける新しい刺激的なバリュープロポジションを考え出せるだけの創造性を持ち、技術的スキルを発揮して強力なデジタルソリューションを構築する。（自分自身で直接コードを書かなくても）デジタル世界に則した考え方ができ、縦割り組織を超えてうまく協働し、抵抗なくアジャイルな業務プロセスに貢献する。そんな従業員を必要としている。

最も根本的な点として、市場や特定のスキル・行動に対する需要の進化に伴い、継続的に自己改革し、まったく新しい能力を率先して身につけたいと思う従業員を、既存企業は必要としている。さらに、アフターコロナ時代には、それだけでは不十分で、リモート環境で協働しながら成長していける人材も求められている。

残念ながら、既存企業のこれまでの人材マネジメント戦略では、こうした基準を満たす人材を集めて巻き込むのは難しい。それは、人材マネジメントの組織能力を構築して大いに成功してきた企業や業界にも当てはまる。

ロンドンとロッテルダムに本社を置き150年の歴史を持つ世界的な消費財企業のユニリーバは、優れたHR施策を実践してきたことで知られている。世界に誇るトレーニング・プログラムを開発し、地域や機能を超えて従業員をローテーションさせて強力なマネジャー層を育成してきた。[注1] インドのビジネスユニットであるヒンドゥスタン・ユニリーバは他社の「CEO輩出工場」として有名であり、キャリアのある時点で同組織で働いていたという企業リーダーはおよそ500人にのぼる。[注2] 一方、40年の歴史を持つインドのITサービス企業のウィプロは、1990年代から2000年代にかけて大規模な人材獲得・育成システムを自社でつくりあげ、毎年新卒者を数万人採用し戦力化してきた。特に、カスタマイズしたカリキュラムを用いる社内大学を活用し、2019年度には1800万時間のトレーニングを行った。

また、社内雇用市場も運営している。[注3] インドのIT業界の同業他社も似たような戦術を採用し、ユニリーバやウィプロのように、優秀な人材を惹きつけ、配置し、保持する能力も奏功して成長してきた。しかし、この章で説明するように、ユニリーバとウィプロは最近、これまで人材マネジメントに精通していた他社と同じく、人材へのアプローチを大幅に刷新し更新している。

人材をめぐる2つの変化

２つの重要な力がこの変化を促している。第１に、デジタルソリューションの開発・実装に熟練し、アジャイル環境で働ける人材への需要が非常に大きく、世界的に深刻なスキル不足が起こっている。２０１９年にメディアがしきりに報じたように、多くの企業が相当数の要職を埋められず、結果として生産性の損失は数百万ドルにのぼった。[注4] ２０３０年までに、世界中の企業におけるスキルを持つ人材の不足は約８５００万人に達するだろう。これは、経済面で大きな重荷となるギャップだ。[注5] さらに悪いことに、学校教育では、多くの雇用主が求めるスキルや知識を学生に教えていないため、新規採用者を戦力化して生産性に効果を及ぼすためには、企業が追加トレーニングを行わなくてはならない。

この世界的なスキルのミスマッチは、経済協力開発機構（ＯＥＣＤ）加盟諸国の従業員の約40％に影響を及ぼす。[注6] ＢＣＧのマネージングディレクター&シニアパートナーで、人材トレンドの世界的なエキスパートであるライナー・ストラックは、こうした状況を総括して「近い将来、世界は全体的な人材不足とスキルのミスマッチから来る世界的な人材危機に直面するだろう。どの企業も人材戦略が必要であり、直ちに手を打つ必要がある」と指摘する。[注7]

第２に、世界的に従業員のニーズと欲求が大幅に変化しているため、企業は従業員のエンゲージメント、満足度、仕事からの刺激を維持する方法を見直さざるをえなくなっている。これにより従来型の人材戦略は緊張にさらされている。従来の人材マネジメントは、給与や昇進など主に外発的動機づけを導入して、生産性を最大化しようとするものだった。しかし、若い世代はもはや、出世の階段を上るにつれて責任や経済的見返りが次第に増えていく高度に構造化されたキャリアを求めてはいない。日々の仕事を通じて継続的に経験に基づく学習を積みたいと考え、有意義な仕事をして、社会に変化をもたらす機会を望み、さらに仕事以外の充実感も得たいと思っている。

調査によると、Z世代は労働時間の短縮と引き換えに、賃金が10％少なくても構わないと思っている。この年齢層のワーカーの3分の1以上はほぼキャリアアップを優先させたいとは考えていない。[注8] 2018年にBCGが約200カ国の36万6000人を対象に行った調査では、「金銭的報酬」よりも「ワーク・ライフ・バランスがうまくとれること」や「学習とトレーニングの機会」がはるかに重視されていた。この結果は「デジタル・エキスパート」に分類されるサブグループの間で特に顕著だった。[注9] 米国人プロフェッショナル（経営・企画職、専門職等）を対象にした調査でも、回答者のほぼすべて（10人中9人）が、有意義な仕事をするために収入が少し下がっても構わないと述べていた。[注10]

こうした2つの変化を前にして、人材をうまく活用するために、企業は新しい戦術をとるだけでなく、人材マネジメントを全面的に変革しつつある。たとえば、ユニリーバでは主に6つの広範な施策をとってきたと、最高HR責任者のリーナ・ネアは語っていた。

●採用活動に「better me, better business, better world」という人材面のパーパスを埋め込むことで、最有力候補者にとっての自社の魅力を高める（同社は「パーパスを持つ企業が長く存続し、パーパスを持つブランドが成長し、パーパスを持つ人々が繁栄する」ことも伝えている）。

●人材へのアクセス方法を拡大し、4Bと呼ばれる仕組み（後述）を導入した。人材を自社で採用・育成したり人材獲得のために企業を買収したりするだけでなく、短期雇用や従業員への新しい職務への移行支援も行う。

●人材育成に必要な制度、カルチャー、リーダーの能力の構築を目指す。

●従業員をアジャイルチームに再編する。

●従業員の間で継続的学習を促す。

●デジタルスキルについて全従業員のアップスキリング（飛躍的なスキル向上）を図る。[注11]

グローバル企業がこの先も繁栄していくためには、ユニリーバの例に倣って、基本的な考え方を改め、戦略と戦術を徹底的に見直さなくてはならない。人材マネジメントではこれまで従業員をビジネス価値の創造という目的を達成するための手段と見なしてきた。企業は人材を調達し、会社の利益のために配置し管理しようとしてきたのである。

今後、企業は人材と共に繁栄するための手立てを講じ、従業員を利用できるリソースと見なすのではなく、従業員とそのニーズを最優先に考えなければならない。

マイクロソフトの最高人事責任者のキャスリーン・ホーガンは、「人を優先させれば、他のことはすべて丸く収まる」と書いていた。[注12] 彼女によると、リーダーも企業も必要な人材の安定供給を確実に行おうとするだけではなく、「人々がベストを尽くせる環境、つまり、本当の自分であることに誇りを感じ、ニーズが満たされるとわかっている場所」をつくることを目指すべきだという。[注13] 自社がこれをどう実現すればよいかを理解するために、最先端企業が⑴人材を惹きつける、⑵動機づける、⑶アップスキリングを図る、という3つの主要な戦略分野でどのように新しい戦術をとっているかを見ていこう。

人材を惹きつける

企業は長年、トップクラスの学歴と業界関連経験を持つ人材を採用し、自社施設で働くために物理的に転居してもらうことで、人材を調達しようとしてきた。今日、そのアプローチではもはや十分ではない。第1に、今日の人材探しは以前よりも難しくなっている。「〈特定のスキルを持つ人材〉プールが非常に小さい場合、あらゆる場所を探し回らなければならない」と、ある最高技術責任者は語っていた。[注14] さらに前向きに考えると、従来、優秀と考えられてきた経歴とは異なるバックグラウンドを持つ人の中に、まさに企業が破壊的変化に先んじるために必要な知識を身につけている人材が多くいる。幅広い業界で破壊的変化が頻発していることが背景にあるが、21世紀になって新しいスキルの習得方法が多様化していることも一因だ。

意欲的なプロフェッショナルは、正式な学位や認定プログラムを取得するだけでなく、オンラインコースを受講する、オープン・デジタル・プラットフォームで共同プロジェクトを経験するなど、日々の仕事を通じて学んでいる可能性がある。より多くのリーダーがこの現実を認識して、人材獲得についてより広い視野を持つようになっている。ある調査によると、これまで採用基準としてきた学歴を外す動きが見られる。採用担当マネジャーの40％以上が、候補者を評価する際に、プログラミングの「ブートキャンプ」が大学の学位と同等の資格になると考えていた。[注15]

今日、トップ人材の着実なパイプラインをつくることは、従来の戦術（就職説明会、大学訪問プログラム、同業他社からの採用）を超えて、募集をかける対象者や場所、訴求方法において、はるかに創造力を発揮し、オープンな姿勢をとることを意味する。

ユニリーバの4Bのフレームワークを借りて、最先端企業が新世代の従業員を惹きつけるために用いている戦術を探ることができる。ユニリーバなどの最先端企業が人材に関してどのように採用・育成（Building）、企業買収による獲得（Buying）、借用（Borrowing）、橋渡し（Bridging）を行っているかを簡単に見ていこう。

採用・育成

企業は長年、新入社員を採用して育てることで人材パイプラインを構築することに注力してきた。これは依然として人材を惹きつける重要な手段だが、企業は現在、人材の発見と採用に斬新な手法を用いている。インドのあるテクノロジー企業に話を聞いたところ、自社が結んだ新契約を履行するために、迅速に人員を手配しなければならないという課題に直面したという。

そこで、従来のように採用活動で必要な専門スキルをもつ人材を獲得するのではなく、グローバル・コンテストを開き、プログラマーに自社の扱っているビジネス課題を説明し、解決策を提案してもらった。勝者は高額の報酬の代わりに、同社と協働する機会を得られる。リーダーたちはたいして期待していなかったが、この戦術は大いに役立った。後日明らかになったことだが、コンテストの参加者はお金よりも、興味深い問題に取り組む機会にやりがいを感じていたのである。

別のグローバルテクノロジー企業では、マーケティング部門の経営幹部が、競合他社との差別化戦略を根本的に見直す支援をしてくれる新しい人材を探す方法について話し合っていた。あるリーダーが指摘したように、トップクラスのデジタルマーケティング・ストラテジストは、同社が通常採用している最も権威のあるビジネススクールの出身者ではない。むしろ、ゲームの世界の人々である。非常に複雑でダイナミックなゲーム環境で競争して優れた結果を出すのに必要なスキルを考えてみると、トッププレイヤーはほとんどの人が気づかないレベルまで抜け目なく戦略的思考に精通していた。

こうした人材は、同社の通常の採用者とはカルチャー面でだいぶ異なり（たとえば、大学は中退し、働き始めるのは昼過ぎというトップゲーマーもいた）、リーダーたちは当初、どのように活用すればよいかがわからなかった。同社は最終的に、ゲームラボをつくって、ゲームカルチャーを再現しつつも、参加者に実際の問題に取り組んでもらうという実験を行った。あるリーダーの話では、こうしたいわゆるはみ出し者がマーケティングの問題に対して非常に創造的で素晴らしい解決策を即興的につくり出したという。

ほかにも新規採用者を探し人材プールを構築するために、多数の革新的な戦術がとられている。たとえば、ユーザーが特定のソフトウエア関連の用語をグーグルに入力すると、コーディング課題が表示され、正しく解けると、同社の採用面接に招かれる。ミューズ（ミレニアル世代）、エンジェルリスト（スタートアップ人材）、ギットハブ（プログラマー）などのオンライン・コミュニティやプラットフォーム経由で従来の枠にはまらない人材にアクセスしたり、大学と提携して学生と一緒にエンプロイヤー・ブランディング（職場としての評判や従業員への提供価値を具体的に示すブランディング活動）を行ったりする企業もある。

また、デジタル人材プールにアクセスする目的で戦略的にグローバル・テクノロジーセンターを置いている場合も多い。デジタル人材は、従来の人材と同じ地域には集まっていないが、シリコンバレー、イスラエル、エストニアなどの地域だけに集中しているのではないことが明らかになっている。ＢＣＧが世界中の80のデジタル・ホットスポットを調べたところ、モスクワ、上海、メルボルンなど通常はデジタル人材のイメージがない場所にまで広がっていた。最先端企業はどのホットスポットに参入するかを考える際に、自社の既存拠点、その地域での新規事業の始めやすさ、地域経済など諸要因を検討している。[注16]

今後の採用活動について新しいやり方を模索している企業は、スクリーニング・プロセスも刷新している。というのも、既存のプロセスでは往々にして、適応力や顧客中心主義といった強く求められている資質をうまく測れないからだ。最先端企業の中には、オンライン自己学習プラットフォームの評価を参考にしたり、候補者にトライアル・プロジェクトに取り組んでもらったりするところもある。

たとえば、マイクロソフトのＬＥＡＰプログラムでは、従来とは異なるバックグラウンドの参加者を招き、座学と実践的プロジェクトを組み合わせて、同社で1学期間インターンシップを行う。[注17] ウーバー、スタックエクスチェンジ、ギットハブなどのサイトのクライアント・レビューとオンライン評価も、従来のスクリーニングを補完あるいは置換しつつある。長年、標準化されてきた適性検査を受けるよりも現実の問題を解決することに興味がある世代を惹きつけるために、企業は次第にスクリーニングにゲーミフィケーションを取り入れ、前述のようなオンライン・コンテストやハッカソンを通じて候補者を見極めるようになっている。企業が用いている他の非伝統的スクリーニング手段には、エキスパートによる面接、自動アプリケーション・スキャナー、ピープルアナリティクスなどが

ある。[注18]

企業買収による獲得

企業は長年、合併や買収を通じて新しい人材を獲得してきたが、その傾向は近年も続いている。GMは新しいデジタル・モビリティ・サービスを構築する取り組みの中で、優秀な人材を惹きつけ保持することに苦労してきた。あるエンジニアの話では、「GMの目下の問題は（中略）エンジンをつくりたい人が誰も来てくれないこと」だという。それだけでなく、「優秀な候補者はGMに来てオフィスやチーム構造を見ると、テスラ、メルセデス、グーグルに直行してしまう」そうだ。[注19] GMは2016年にライドシェアのサイドカーを買収したときに、サイドカー最大のアセットとされる従業員を手に入れることで、この問題に対処した。この戦術は今ではあまりにも普及したため、買収（acquisition）と雇用（hiring）を組み合わせた「アクハイアリング（acquihiring）」という造語まであり、「人材獲得の新常識」とするジャーナリストもいる。[注20]

インドのITサービス会社のウィプロも、アクハイアリング戦略を積極的に推進してきた。2005年に「真珠の首飾り」と呼ばれる成長戦略を始めて以降、20社以上を買収した。[注21] こうした買収はさまざまな戦略目的に役立ったが、近年では、特定分野の熟練従業員の獲得機会がディール成立の重要な誘因となることを示している。同社は2019年に、デジタルエンジニアリング会社のインターナショナル・テクニグループを買収したが、これは「自社の産業財・製造業向けコアサービスに付加価値をつける」ための動きだ。[注22]また、2016年のIT企業のアピリオの買収は、クラウド・テクノロジーで新しい組織能力を獲得することが目的だった。

この買収によって、数千人の従業員がウィプロに加わったうえ、新しい人材マネジメントの知識、とりわけ従業員と顧客の間の「好循環」(望ましい行動をとると、望ましい結果が得られ、その行動が増加・維持される)の概念がウィプロに持ち込まれた。[注23]その前年、ウィプロはデンマークの戦略デザインファームのデザイニットを買収して300人以上の従業員を獲得し、デザインとユーザーエクスペリエンスの組織能力を手に入れたが、それはウィプロ自身のデジタル戦略やアーキテクチャなどの分野の組織能力を補完するものだった。[注24]

最先端企業は買収に加えて、アーリーステージのスタートアップに投資することで人材を獲得している。ユニリーバは2014年、スタートアップとの協業の基盤となるプラットフォーム「ファウンドリー」を開設することを発表した。[注25]2020年時点で、ユニリーバはこのプラットフォームを通じて、スタートアップに2000万ドルを出資してきた。[注26]ファウンドリーを用いることで、ユニリーバは革新的なビジネスコンセプトにアクセスできることに加えて、正式に企業を買収しなくても外部のデジタル人材を活用できる。

シェル、ナイキ、プロクター＆ギャンブル、ＩＢＭなどの大企業はコーポレート・インキュベーターを設立してきたと一般に言われている。[注27] ２０１６年時点で、世界の大企業の上位30社のうち44％がインキュベーターかアクセラレーターを利用していた。[注28]

借用

企業は人材にアクセスするために、これまでフルタイム正社員を採用や企業買収により確保しようとしてきた。今日では、受託企業に依存する企業が増えて、短期あるいはプロジェクトベースで人材を**借用**している。借用には企業のレジリエンスが高まるというメリットがある。従業員の雇用やトレーニングの費用を負わずに、喫緊の課題に素早く対処できる。受託企業を使う背景として、グローバルなクラウドソーシング・プラットフォームの台頭とギグエコノミー〈インターネットなどを通じて単発の仕事を受注する働き方〉の広がりという重要な要因がある。

２０１８年時点で、先進国ではギグワーカーはかなり少数派だったが、ＢＣＧが世界中の１万１０００人を対象にした従業員調査を実施したところ、中国、インドネシア、インド、ブラジルなどの国では、ギグワーカーがかなりの割合にのぼることが明らかになった（一次収入または二次収入を求めてギグワーカーに転向したと回答した人は、中国では約半数、インドでは約40％だった）。[注29] ２０１８年の経営幹部の調査では、回答者の約５分の

2が、今後数年間で自社はギグワーカーにさらに多く依存するようになると予想していた。[注30]

メディアの世界では、大手映画スタジオなどコンテンツ制作会社はこれまで、有名な作家や監督などの専門人材プールを活用してきたが、実績のない若手はそこに食い込めずにいた。コンテンツ制作会社はより多くの人材にアクセスできるように、デジタル・プラットフォーム上のフリーランサー・コミュニティに注目し、具体的なプロジェクトの人材を得るためにクラウドソーシングを始めた。そうしたプラットフォームの1つ、トンガルには168カ国16万人のフリーランサーが登録し、20世紀フォックス、ナショナルジオグラフィック、ディズニー、マテルなどが顧客に名を連ねる。[注31]そのプロセスは単純明快だ。クリエイティブ人材と法人顧客がサイト上でつながり、法人顧客が今後のプロジェクトの概要を提示し、クリエイターはそれぞれ独自のアイデアを示す。法人顧客はクリエイターにお金を支払い、合意した作業をしてもらう。[注32]企業はフルタイムの従業員をトンガルで集めた人材に置き換えるのではなく、短期間、特定ニーズのために借りてくる。

橋渡し

最先端企業は必要な人材を確保するために、従業員が社内で新しい機会に継続的に移行できるように橋渡しする対策を新たに打っている。ユニリーバは2019年に、AIを使って既存従業員が独自のスキルや目標に合った職務を探せるように内部人材マーケットプレイスのFLEXエクスペリエンシズを開設した。HR担当の経営幹部によると、同社は「社内外の利用可能な最高のスキルとビジネス・アイデアに素早くアクセスするために新しい働き方を推進してきた」という。FLEXエクスペリエンシズによって、企業側のニーズを満たすだけでなく、従業員の成長や学習の機会も増えている。「従業員はそれぞれ役職以上の力を持っていると私たちは信じている。社内の人々が成功すれば、会社も成功する」と、この経営幹部は語った。[注33]

FLEXエクスペリエンシズの例が示すように、人材を惹きつけることは、単に採用したり契約を交わしたりする相手を見つけることではない。その企業で**働きたい**と思う魅力的な機会をつくり出すことだ。従来の人材調達と違って、最先端企業は新世代の人材に訴求するために、はるかに魅力的な従業員向けバリュープロポジションを提供している。

たとえば、多くの若者が雑然としたオフィスで働くことに二の足を踏むのは周知の事実である。グローバル企業は若いデジタルネイティブを惹きつけ、動機づけるために、オープンで会社っぽくない環境をつくっている。グローバルなソフトウエア会社のクロノスは最近、ボストンの新エリアに、エスプレッソバーとフルサイズのバスケットボール・コートを完備したピカピカの本社を開設した。[注34] リンクトインは従業員が一緒に活動できる場所に音楽室をつくっている。[注35] ネスレの英国のオフィスでは、職場に犬を連れて来ても構わ

ない。[注36]

デジタル人材を引き込むために、既存事業所とは別環境をつくるという極端な例もある。自動車会社のルノーは自社の産業財企業というアイデンティティが、人材を惹きつけるデジタルセンターを迅速に立ち上げる取り組みの妨げになりそうだと感じた。そこで、外部の有名企業と提携してセンターをつくり、主要組織とは切り離して、「ビルド・オペレート・トランスファー（B・O・T）」モデルでマネジメントすることにした。B・O・Tモデルとは、実際の仕事を行いながら新たな組織能力を構築し、革新的な商品・サービスを実現しつつ、新しい働き方を定着させていくアプローチである。このセンターはわずか6カ月で、意欲あふれる若手人材を惹きつけ、ルノーは他社がうらやむほどのデジタル・キャパシティを構築することができた。

こうした新規採用者は、しばらく経ってからルノーのグローバルチームに移行することになる。ジョンディアやシーメンスなどの企業も同様に、従来の業務から物理的、組織的に切り離したデジタルセンター・オブ・エクセレンスを設立することを選択している。ジョンディアは本社にインテリジェント・ソリューションズ・グループ（ISG）を設立し、サンフランシスコのデジタルラボと、ベイエリアで買収した精密農業のスタートアップにより増強した。ISGの職場環境は、同社の他部門よりもはるかに堅苦しくない。また、デジタル人材を惹きつけるために、業績管理や報酬体系などの方針も変更した。[注37]ある

従業員によると、ISGには『ソフトウエア会社』の環境」があるという。[注38]

重要なことだが、必要とされるスキルを持つ人材から見れば、物理的な職場環境は、魅力的な仕事や雇用主の構成要素の1つにすぎない。人材をやる気にさせ、巻き込み、キャリアアップできるようにするなど、職場におけるほかの重要な要素にも、企業は注意を向けている。早速、見ていこう。

動機づけエンパワーメントする

企業は長年、昇給やボーナスなどの外発的動機づけを重視して従業員の意欲を高めてきた。新しい人材にとってこうしたインセンティブは依然として重要だが、最先端企業は仕事自体を有意義なものにすることにも懸命に取り組んでいる。

従業員が自分の仕事に意味があると感じれば、長く定着する傾向がある。ある調査によると、こうした従業員は、意義の乏しい仕事で多忙を極めている従業員と比べて、最初の6カ月間で辞める可能性が約70%低く、在職期間が平均して7カ月以上長いことがわかった。[注39] グローバル企業はこのような現実を念頭に置いて、職場でパーパスを重視するようカルチャーを変革し、戦略的な意思決定にパーパスを注入している。新規採用の選考にあたっては、採用した人が企業のパーパスをよく理解し、それぞれの個人的な信条や目標がそれと合致するよう考慮している。また人材ポリシーでも、入社後パーパスの意識が継続的に強まっていき、各従業員が自分の仕事が深い意義を持ち会社の包括的な存在理由と結びついていることを理解できるようにしている。

パーパス重視で従業員を惹きつけるユニリーバ

ユニリーバの場合、従業員を動機づけエンパワーメントする（そして、そもそも従業員を惹きつける）取り組みの極めて重要な要素は、パーパスを大いに尊重し重視することだ。同社の最高人事責任者のリーナ・ネアは従業員のマネジメント方法を含めて「私たちが行うことのすべての中心にパーパスがある」と認めていた。[注40] 採用時には、「better me, better business, better world」という信念に従い、より良い世界をつくることに情熱を注げない人は雇わないようにしている。同社のグローバル・ウェブサイトの採用ページには、パーパスとその役割がはっきりと打ち出されている。「ユニリーバで働くとき、従業員は自分の仕事を通じて自分自身のパーパスを実現できます」と掲げられている。[注41] 従業員は入社後、「ライフ・パーパス・ワークショップ」に参加し、個人的なパーパスを明らか

にする。[注42]

同社は各ブランドのアイデンティティにもパーパスを組み込んでいる。これは、顧客に訴求するだけでなく、従業員を惹きつけ巻き込むための戦術だ。たとえば、同社ブランドのダヴは「すべての女性が普遍的にアクセスできる前向きな美容体験」を実現することに注力している。これは、固定観念を打破して「すべての女性が美容の世界で目にとめられ表現されていると感じられるようにする」ことを意味し、従業員を活気づける目標である。[注43]

ネアが指摘していたとおり、「パーパスを持つ企業が長く存続し、パーパスを持つブランドが成長し、パーパスを持つ人々が繁栄する」。[注44]同社がパーパスを重視していることは確かに人材パイプラインに極めて重大な影響を及ぼしており、採用コストが90％削減され、新規採用活動の平均期間が16日短縮されている。[注45]「人々がユニリーバに入りたいと思う最大の理由は、私たちが世界をより良くするのに貢献していると認識しているからだ」と、ネアは言う。２０１９年時点で、ユニリーバは36を超える採用市場で最も魅力的な就職先として評価されている。[注46]テクノロジーに精通する若手プロフェッショナルの人気の証として、ユニリーバは２０１９年にリンクトインでフォロワー数の多い企業のトップ10に入り、フォロワーは６００万人以上にのぼった。[注47]

ほかにも、従業員を巻き込むためにパーパスを活用してきた企業として、ブラジルのグローバル化粧品会社のナチュラが挙げられる。ナチュラは同業界でBコーポレーション認定（利益に加えて、社会的、環境的な善のために熱心に取り組んでいる企業の認定制度）を取得し、サステナビリティの確保と生物多様性の保全を重視するビジネスモデルを導入してきた。地元生産者からサステナブルな方法で原材料を調達し、製造においてカーボン・ニュートラル認証も取得している。[注48]

ナチュラのサステナビリティ・マネジャーのケイヴァン・マセドによると、従業員のボーナスのかなりの部分に、環境・社会的対策に対する個々のパフォーマンスが反映されているそうだ。ナチュラではパーパスを中心に日常業務が成り立っていることが、人材にとって大きな魅力となっていることは証明済みだ。リーダー層にとっては、「〔このような〕会社で働き、サステナブルなビジネスモデルについて共通理解を分かち合えることが、経営幹部の志望動機になってきた」と、マセドは指摘する。[注49]

同社のパーパスは営業担当者を動機づけ巻き込むうえでも役立ち、中には自社がパーパスを達成できれば自分のことは後回しでもよいと考える人さえいる。「営業活動を行う主な理由は、ただより高いレベルを達成するだけでなく、ブランドとその意味するものが好きだからだというコンサルタントが非常に多い。そうした大義のためにより高い利益率をあきらめる人さえいる」と、マセドは語っていた。[注50]

ダイバーシティを推進し学習体験を充実させる

企業はパーパスに加えて、協働、ダイバーシティ、敏捷性、学習などのカルチャー面の価値を推進することで、従業員の意欲を高めている。このような価値観は、21世紀型ビジネスモデルを支えるのと同時に、若手従業員の感性に訴えかけるものだ。

ダイバーシティを例にとろう。企業が水平型アジャイルチームに移行するにつれて、ダイバーシティを歓迎するカルチャーがますます重要になる。というのも、現地チームの従業員は、世界中の他の場所にいる同僚と緊密に協働するように求められるからだ。また、若手従業員はダイバーシティを重視し、尊敬し歓迎してくれる職場も求めていて、一般的にそうした職場のほうが従業員は熱心に働く。[注51] 最先端企業は積極的に、職場の雰囲気を良くして、従業員や採用候補者にとって温かくインクルーシブなカルチャーを醸成する方向へ変わろうとしている。

たとえば、インテルは女性やマイノリティを雇用するために意欲的な目標を設定した。[注52] SAPは歴史的黒人大学（HBCU）に通う学生に就職準備をさせて採用したり、ニューロダイバーシティ（神経多様性）対応として発達障害等を抱える候補者を社内で訓練し配置したり、女性管理職を毎年1％増やすことを約束したりしている。[注53]

これらのほか、最先端企業が従業員の動機づけとエンパワーメントのためにとっている極めて重要な方法は、キャリア開発の機会を増大し、自主性をより尊重し、仕事で腕を磨くためのツールを提供することだ。デジタルに強い若手従業員は学習とキャリア開発を重視している。約2万7000人のデジタル・エキスパートを対象としたある調査では、仕事で最も重要な要素として挙がったのは「学習とトレーニングの機会」と「キャリア開発の可能性」であり、それより上位に来たのはワークライフバランスだけだった。[注54] この対象層は学習にも多くの時間をかけている。[注55]

ＢＣＧのシニアアドバイザーで元キンバリークラークの経営幹部のボブ・ブラックが指摘するように、ミレニアル世代とZ世代は正式な「キャリア」よりも、日々の職務を通じた充実した学習体験を求める傾向がある。継続的学習と自分の仕事で世の中に良い影響を与える機会を重視しているのだ。「企業が考慮に入れていないのは、この世代がやがて結婚して家庭を持つようになると、確実性も求めることだ。だから企業としては、確実性ニーズと豊かな経験への欲求とのバランスをとるように支援したほうがよい」と、ブラックは述べていた。[注56] この領域にきわめて強い企業は、カスタマージャーニーと同じように、従業員のジャーニー全体を考え、彼らを惹きつけ、獲得し、社内に溶け込ませて、育成し、昇進させるやり方を体系的に分析している。

企業は多くの若手人材が自主学習を好むことを念頭に置いて、オンデマンド学習、バーチャル・トレーニング、フィードバック、コーチング、メンタリング、体験学習など、ますます幅広い学習・育成手法を導入しつつある。一方、最先端企業は若手人材に興味深いプロジェクトを担当する機会を与えて、起業家精神、実験、早めに失敗するカルチャーを促進している。ウォルマートは社内インキュベーターをつくって、大規模なイノベーション・イベントを開催してきた。[注57] グーグルは「gサンクス」ツールを使って、従業員間で優れたアイデアを褒め合い、少額の金銭的報酬を渡せるようにしている。[注58]

新たな働き方を組み込む

第7章で論じたように、最先端企業はアジャイルな働き方を組み込み、デジタルテクノロジーを駆使して職場体験を改善することで、日々の仕事をより刺激的で魅力にあふれた豊かなものにしている。一部にはコロナ禍の前から、メッセージング、コンテンツ共有、グループ・ディスカッションなどのデジタル・コラボレーション・ツールを利用していた企業もある。パンデミックが発生し、大多数の人が在宅勤務に移行するにつれて、こうしたツールは急速に普及した。今後数年間で、活動や「対面時間」ではなく、成果を測定し成果に対して報酬を出すことで、人々をさらにエンパワーメントする必要が出てくるだろう。リモートとオンサイトの両方の業務を併用し、テクノロジーを使ってシームレスな協働やチーム活動を可能にするハイブリッド型の対応は強みとなる。企業がこうした対応を最大限に活かすためには、新しい行動や期待値を設定し、新しい形の認知や報酬でそれらを強化する必要がある。毎日対面でやりとりするよりも、デジタルツールを重視する、新しい関係構築や従業員育成のしかたを考えなくてはならなくなるだろう。

しかし、コラボレーション・ツールはまだ始まったばかりだ。解析ソフトウエアを手掛けるヒューマナイズは、結果データとインサイトをもとに、協働、時間の使い方、その他の生産性に関わる要素を改善するために、従業員にソシオメトリー（計量社会学）バッジを発行している。ＶＭウエアというＩＴ企業は、予測分析を用いて会社を辞めそうな従業員を突き止め、マネジャーに警告して先手を打てるようにしようとしている。ＧＥは標準年次業績評価を補完して、従業員がスマートフォンアプリで自分の成績をリアルタイムでモニターできるようにした。日用品を手掛けるキンバリークラークなど、アナリティクスを活用して従業員のダイバーシティを改善している企業もある。

このようなツールは従業員のエンゲージメントを高めるうえで重要だが、最先端企業は、仕事をより良いものにし、充実感、刺激、豊かさを味わってもらう極めて重要な方法としてこれらのツールを真剣に導入するのでなければ、道を間違えることを理解している。こうした企業のリーダーはテクノロジーとテクノロジー以外の両面の手段を用いて、まさに人材とともに成功をおさめている。彼らは人材を周辺的なテーマからビジネス戦略の中核部分へと引き上げている。

人材プールのアップスキリング

半数以上のビジネスパーソンにアップスキリングが求められる

優秀な若手人材を惹きつけて動機づけるだけでは、ほとんどの企業の人材ニーズは満たしきれない。企業は既存の従業員に新しいスキルと行動を教えるための対策を講じて、いわゆるアップスキリングを図らなければならない。

世界経済フォーラムは「2022年までに全従業員の54％以上はリスキリング（再教育）や大幅なアップスキリングを必要とするだろう」と述べてきた。[注59] 業務に必要なスキルや行動は劇的に変化し、分析的思考、創造性、テクノロジーの設計、感情的知性（EQ）、問題解決などが新たに重視されている。[注60] 残念ながら、企業はまだ従業員のアップスキリングという課題の解決に乗り出していない。アップスキリングを必要としているのに、そのためのトレーニングを受けていない従業員が大多数にのぼる。[注61]

主要なアップスキリングの取り組みに着手していない企業は、現在のビジネス成果を達成できるスキルや行動は手元にあるかもしれないが、今後5～10年後のビジネスはおそらく今日とはだいぶ様変わりしている可能性が高いことに留意したほうがよいだろう。デジタルとアジャイルに精通した人材が大量に必要となる場合、既存の従業員を大幅に入れ替えるよりも、アップスキリングのほうがコスト効率の高い選択肢になりうる。組織のミッション、ビジョン、価値観、パーパスを熟知している点でも、既存の従業員に分がある。

ＢＣＧの調査によれば、大多数の従業員は自分の仕事に関連する新しいスキルの学習を積極的に受け入れている。[注62] この調査を行ったＢＣＧの同僚はそうした状況について、「私たちの研究調査は、世界の従業員が今後の変化を認識し、課題に対処する準備ができている実態を表している」と述べている。[注63]

こうした状況を考慮し、また、多くの既存従業員がテクノロジーによってこれまで行ってきた業務の重要性が薄れると考えるだろうと認識して、[注64] 最先端企業はもとより一部では業界全体で積極的なアップスキリング・プログラムに乗り出そうとしている。インドＩＴ業界では、ＶＲ（仮想現実）、ブロックチェーン、クラウド・テクノロジーなどの分野にテクノロジーが移行し、規制やグローバリゼーションによって業務がより複雑になり、自動化も一層進んでいくため、新しいスキル・トレーニングが必要な従業員は約40％にのぼるだろうと、アナリストは予測してきた。[注65] ２０１９年、同業界のデジタルに熟達したエキスパートは約80万人を数えたが、業界団体の全国ソフトウェア・サービス企業協会（ＮＡＳＳＣＯＭ）の予測では、２０２３年までに２７０万人が必要になるという。[注66] 毎年、工学部卒業生のうち、適切なスキルミックスを持つ人は一部にすぎないことを考えると、同業界はスキル不足になることが予想される。企業はその対策として、幅広い従業員をアップスキリングする以外に選択肢はないだろう。[注67]

ＮＡＳＳＣＯＭは、２０２５年までに多数の主要テクノロジー分野で４００万人のアップスキリングを目指す、フューチャースキルズと呼ばれる大規模なプログラムを立ち上げてきた。[注68] フューチャースキルズは、いろいろな要素がある中でも特に、数十の具体的な業務スキルに関する研修コースのカリキュラムをつくり、オープン・マーケットプレイス・プラットフォームの形で主要なＩＴ企業が利用できるようにした。コースの目標は「10個の新しいテクノロジーについて、必要なスキルの発見、継続的学習、詳細なスキル習得を可能にすること」だ。[注69] ２０１８年、インド首相のナレンドラ・モディは世界中のＩＴ業界のリーダーや代表者が参加するイベントでＮＡＳＳＣＯＭを正式に発足させた。[注70]

ウィプロの最先端プログラム

同業者の中でもウィプロは特にアップスキリングの推進に積極的で、ＮＡＳＳＣＯＭのフューチャースキルズ活動で注目される役割を果たしてきた。[注71] ウィプロは最先端のトレーニング・プログラムを実施していたにもかかわらず、急速に進化するデジタル・ディスラプションの需要に対応できるデジタル人材を十分見つけられずにいた。若手人材は従来型の座学に好反応を示さなかった。もっと柔軟ですぐに結果が出るトレーニング体験を望んでいたのだ。

ウィプロは事業部門全体で従業員のリスキリングに向けて意欲的なプログラムを立ち上げたが、ビジネスチームが求めていたのは、こうした新しいスキルに関連したプロジェクト経験を持つ従業員であった。何千人もの従業員が新しいスキルを学んでいたが、スキルによって受講者数が多すぎたり少なすぎたりと、バラツキが生じていた。ウィプロのビジネスチームは、関連するスキルの再教育を受けた、実際のプロジェクト経験が豊富な、信頼できる人材パイプラインを求めていた。

ウィプロが必要としていたのは、デジタル人材をタイムリーに探してマッチングするための新しいダイナミックなアプローチだった。それにより、短期的なプロジェクトを実行しながら、長期的に人材基盤を築くことができる。豊富な実務経験と複数分野での深いスキルを持つ従業員の育成を目指して、同社はリスキリング・プログラムを見直した。新プログラムでは4段階の手法を導入した。第1に、複数チャネルでトレーニングコースを提供し、第2に実践的な業務を通じて学習できるようにした。第3に、アセスメントとコーディング課題を使って修了認定を行い、第4に実際にプロジェクトを体験できるようにして学習した内容を実務で使えるようにする。

ウィプロはこの新しいプログラムを設計する際に、最初に各職務で必要になりそうなスキルを洗い出し、今後のスキルの一覧表を作成した。次に、価値が高く利用者の多いトレーニングに重点を置いて、アップスキリング・プログラムで優先すべきスキルと行動を定義した。そして、ＡＩのアルゴリズムで従業員と必要なスキルをマッチングした。ウィプロは、従業員にとってアップスキリングを魅力的なものにしなくてはならないことも心得ていたので、ゲーミフィケーションを用いたコンピテンシー・フレームワークと、イマーシブ（没入型）デジタル・プログラムを使って、重要なコンピテンシーを習得できるようにした。新プログラムでは、クラウドソーシング・プラットフォームを活用しながら、実際のプロジェクトで実践経験を積むことができる。また、従業員のやる気を引き出し、さらに成長しようとする姿勢を養い、より幅広い学習エコシステムに従業員を組み込む。

このように考え抜かれた効果的なプログラムをつくろうとする努力は実った。２０２０年3月までに、同社は人材需要の75％を社内候補者で満たせるようになったが、その陰でこのプログラムが重要な役割を果たした。[注72]

最先端企業の戦略

意欲的なアップスキリング・プログラムを発表してきたのはウィプロだけではない。ロレアルは2014年に最高デジタル責任者（CDO）を置いて以来、デジタル・アップスキリング・プロジェクトを立ち上げて、全機能にわたり草の根でデジタル専門知識を構築しようとしてきた。2018年時点で、会社全体で約2000人のエキスパートがデジタル・プログラムを支援し、2万1000人以上の従業員がデジタル・アップスキリング研修を受講した。[注73]

ＡＴ＆Ｔは2020年までに10万人の従業員に必要なスキルを再教育する取り組みに10億ドルを投じてきた。[注74]そのプログラムには、さまざまな職務、各職務の給与レベル、要求されるスキルを従業員が閲覧できるオンライン・プラットフォームと、現状のスキルと目標達成に向けて磨くべきスキルを診断するツールが含まれている。ＡＴ＆Ｔは教育機関と提携して、短期のオンラインコースと認定プログラムを用意した。[注75]その結果、1年後には求人の40％以上を社内の人材で埋めることができた。[注76]このプログラムを通じて、プロジェクト・マネジャーから上級スクラム・マスターになった人や、ネットワーク・オペレーターからデータ・サイエンティストへと転身した人もいる。[注77・78]

グーグル、アクセンチュア、コグニザントなどの企業も最先端のアップスキリング・プログラムを開発してきた。米国の製造業の企業は2020年に、新旧従業員のアップスキリングに260億ドル以上かけることが見込まれている。[注79]

このような事例から、大企業がアップスキリング・プログラムを開発する際の戦略的べストプラクティスが浮かび上がる。しかし、最先端企業は新しい人材のスキルや行動のトレーニングに際して、従業員の感情面にも配慮している。企業がデジタルカルチャーやアジャイルな働き方を取り入れるにつれて、学習ペースは速まる。既存のスキルや行動に習熟する前に、新しいスキルや行動を学ぶことも多い。最先端企業では、こうしたプロセスは従業員を動揺させ、不満のもとにもなりかねないことを認識したうえで、学習するカルチャーを育み、安心して業務を通じて学べる環境を用意し（たとえば、学習時間を十分にとれるようにする）、従業員が最もやりやすい形で知識を提供し、感情をうまくコントロールできるように支援している。また、既存の全従業員が「新しい人材」に転身できるとは限らないことも認識している。

リーダーへの示唆

前章まで、21世紀のグローバルビジネスのテクノロジーに関した側面、つまり、デジタルを活用したバリュープロポジション、デジタルエコシステム、インダストリー4・0仕様の工場、データアーキテクチャ、テクノロジー・プラットフォームを取り上げてきた。しかし、世界経済フォーラムの年次総会で発表された資料の見出しにあるように、「今後のデジタル時代に成功する鍵は、テクノロジーではなく、人材にある」[注80]。同様にBCGの同僚たちも、「マシンはイネーブラーにすぎない」ため、未来のテクノロジーを十分活用する「バイオニック」な企業は「人間の創造力をさらに発揮させる」ことで自社の強みを引き出していくと論じてきた[注81]。まさにそのとおりである。グローバル企業は、関連するスキルと行動を備えた人材がいない限り、本書で取り上げた他の戦略の実行は覚束ない。この章で見てきたように、従来の人材マネジメントを超えて、新しいやり方で人材を惹きつけ、動機づけ、アップスキリングしない限り、人材活用はうまくいかないだろう。

この章で取り上げた戦術は、必要とされるスキルや行動を発揮する人材を安定供給することに加えて、さらなる広範なメリットを企業にもたらす。調査会社のギャラップが明らかにしたように、人材育成に投資する組織は、他の組織よりも収益性が高く、従業員の定着率が高い[注82]。

パーパスを浸透させれば、生産性に影響を与え、人件費を削減できる。というのも、自分の仕事に意義を見出している従業員はより長時間働き、その職により長く留まる傾向があるからだ[注83]。実際に、ビジネスのペースがかつてなく速まっていることを考えると、企業はパーパスと価値観をコミュニケーションし浸透させることで、より迅速に新しい従業員のベクトルを合わせることができる。この章で取り上げた戦術に注意を向ければ、多くの場合、従業員のエンゲージメントも高まり、多くの便益が生じる。企業が人材とともに成長すれば、たいてい自社人材が単に自分の成功だけでなく、組織の成功にも一層コミットするようになる。

従来の人材マネジメントを超えて先を見通すのは気の遠くなるような話だと感じたならば、それは皆さんだけではない。米国の非営利の民間調査機関であるコンファレンスボードの調査によると、2020年に世界的にCEOたちが頭を悩ませている社内の「重要課題」のトップに挙がったのは、人材の確保と保持だった。[注84] 人材戦略を再構想するという課題に取り組む手始めとして、以下の重要な問いについて考えてみるとよいだろう。

●今後3〜5年間で予想される自社事業の変化を考えると、どのようなスキルがどれだけ必要になりそうか。既存の人材マネジメント戦術で間に合うか。

●どのタイプの非伝統的人材が自社に適しているか。そうした人材を集める計画を整えているか。どのような新しい戦術を試すことができるか。一時的人材、長期雇用人材、バーチャル人材をどのように組み合わせれば、自社にとって適切になるか。

●自社のパーパスについて真剣に考えてきたか。パーパスがある場合、表面的なパーパスを超えて、自社の従業員にとって現実味のある存在理由となっているか。パーパスへのコミットメントをどのように深められるか。

●協働、敏捷性、継続的学習、ダイバーシティなどの価値観や行動に注意を払いながら、どのようにカルチャーを改善できるか。
●業界トップ人材の供給状況を踏まえて、自社の人材ニーズを評価しよう。既存の従業員に対する重要なアップスキリング施策の投資対効果を説明できるか。
●必要とされる変化の大きさを鑑みて、リーダーやマネジャーに準備をさせて、人材を惹きつけ、動機づけ、アップスキリングさせるうえでリーダーやマネジャーが果たすべき新しい役割を周知してきたか。

これらの問いについて熟考する際に、私たちが挙げた最先端企業が単にいろいろな革新的戦術を用いているだけではない点を忘れないでほしい。最先端企業のリーダーは、人材に関する基本的な考え方を改め、人材を最優先として、変革に向けた包括的な取り組みに尽力してきた。真剣さの証として、こうした企業は既存の人材マネジメントの慣例をそっくり置き換えようなどと思いこんではいないし、大胆な一手だけで断行しようとはしていない。何年にもわたって新しい戦術を積み重ね、全社で継続的に進めている多数のトランスフォーメーションにそれを組み込んでいるのである。ピーター・ドラッカーはかつて、「21世紀に重要になるであろう唯一のスキルは、新しいスキルを学習するスキルである。そのほかのものはすべて、時とともに陳腐化する」と予言していた。[注85]

ここまでの章から一歩離れて考えると、21世紀に成功する企業が、本書でこれまで紹介してきた8つの戦略を適用するためには、もう1つのメタ戦略を展開する必要がある。次章で見ていくように、継続的なトランスフォーメーションも、最先端企業が先を争うように開発や展開に励んでいる戦略である。

主なインサイト

- 今後数年で企業は、人材を利用できるリソースと見なすのではなく、人材とそのニーズを最優先に考えて、人材と共に繁栄できるようにならなければならない。
- 今日、安定的なトップ人材パイプラインをつくることは、従来の戦術（就職説明会、大学訪問プログラム、同業他社からの採用）を超えて、募集する対象者や場所、訴求方法に関してはるかに創造力を発揮し、柔軟な態度をとることを意味する。最先端企業は人材について4B（採用・育成、企業買収による獲得、借用、橋渡し）を行っている。
- 企業は長年、昇給やボーナスなどの外発的動機づけを重視して従業員の意欲を高めてきた。新しい人材にとってこうしたインセンティブは依然として重要だが、最先端企業では仕事を真に意味のあるものにするように懸命に取り組んでもいる。
- 優秀な若い従業員を惹きつけ、動機づけるだけでは、ほとんどの企業の人材ニーズは満たせない。既存の従業員に新しいスキルや行動を教える措置をとらなくてはならない。これは、アップスキリングやリスキング（再教育）と呼ばれている。

第9章

トランスフォーメーションを常時継続する

従来、リーダーは一時的な単発の課題として組織変革に取り組んできた。関係者を動員して変革に取り組み、達成されれば、みんな通常業務を再開させる。しかし、それではもはや十分ではなくなっている。

変動が激しく急速に進化する事業環境で、グローバル企業が競争に勝つためには、複数のトランスフォーメーション（構造改革）を並行して継続させることに熟達しなければならない。

常時継続のトランスフォーメーションをオペレーション規範にする必要がある。

急速で革命的で終わりのない変化の時代には、1、2回グレートを超えればいいというものではない。本書で紹介してきた3つの破壊的な力は同時に広がり、市場の変化、顧客の期待の進化、競合他社の行動、そして、新型コロナウイルスや津波などのショックによって悪化の一途をたどる変動の激しさを企業に突きつけている。優位性を築き長期にわたって維持するには、これまでに取り上げてきた8つの戦略の全部ないしはその多くを効率的かつ効果的にコツコツと実行しなくてはならない。

各戦略には、断固たるトップダウンでの介入とリソースの動員が求められ、戦略間の相互依存性を考慮しながら慎重に統合しなければならない。さらに、戦略間で優先順位をつけたり、変革プロジェクトの間で素早く方向転換したりし、また、広範な変革プロセスを包括的かつ継続的で、常に進化するものとして捉えて、着実なペースでトランスフォーメーションを続けることも大切だ。言い換えると、トランスフォーメーションは「**常時継続**」の課題であり、事業運営の必須要素としなければならない。「イノベーションと変革を企業のDNAに深く刻み込まなくてはならない」と、タタ会長のチャンドラセカランは語っていた。[注1]

常時継続のトランスフォーメーションというと、いかにも疲弊しそうで、無理があり、得策ではないとさえ思えるかもしれない。従来の変革プロジェクトは組織の歴史における個別の単発イベントで、12〜18カ月にわたって、リーダーが明確な目標を達成するためのプランを立て、組織が規律のとれたやり方で実行し、目標を実現させる。その後、変革チームやインフラは役割を終えて通常業務に戻る。比較的単純なアプローチだが、これだけでも企業は悪戦苦闘している。聞くところによると、企業変革の取り組みのうち最大で70％までもが失敗に終わるそうだ。[注2] では、企業はどのようにして重なり合う変革プロジェクトを継続的に走らせ、成功を目指せばよいのだろうか。

長期的・継続的な構造改革に取り組んだマイクロソフト

少数の最先端企業は、自社のトランスフォーメーションのアプローチを見直し、際立った成果を出している。マイクロソフトでは、２０１４年にサティア・ナデラがＣＥＯに就任したとき、売上は順調に伸び、営業利益率は35％にやや届かないが、キャッシュと短期投資は７６０億ドルにのぼり、会社は堅調な状態だった。[注3] しかし株価は伸び悩み、時価総額は約３１４０億ドル付近で推移し、将来の見通しは不透明だった。[注4] レガシー事業は好調だったものの、携帯電話、検索エンジン、ソーシャル・ネットワーキングなど、過去10年間の重要なテクノロジー・トレンドの多くを見逃してきた。もう１つの大規模トレンドであるクラウド領域では競合他社がはるかに上回り、マイクロソフトはまたしても見逃す寸前にあるかに見えた。

この低迷の根底にあったのは、典型的なイノベーターのジレンマの力学だ。マイクロソフトのリーダーらは、他社と同様に、新しいトレンドの兆しに気づいていたが、視野が狭く尊大で社内競争が激しいカルチャーに、伝統ある「金のなる木」事業のウィンドウズOSへのこだわりも重なり、新市場に積極的に参入できずにいた。会社全体で従業員やリーダーは恐怖心にかられ、自分の縄張りを必死に守り、新しいアイデアやプロジェクトに抵抗した。[注5]「マイクロソフトは病んでいた」と、ナデラは2017年に出版した著書『Hit Refresh（ヒット・リフレッシュ）』（日経BP、2017年）の中で書いている。「従業員は疲弊し欲求不満を抱えていた。壮大な計画や素晴らしいアイデアであるにもかかわらず、負けたり遅れたりすることにうんざりしていた[注6]」

マイクロソフトには変革が必要だった。そして、同社のエンジニアとしてのキャリアを積んできたナデラの下で実際に変革を遂げてきた。その後の数年間で、新しいミッション、ビジョン、戦略を含めて目覚ましいターンアラウンドを果たした。PCにこだわるよりも、2015年にナデラが明確にしたミッション「地球上のあらゆる個人とあらゆる組織がより多くのことを達成できるようにする」と、ビジョン「モバイル・ファースト、クラウド・ファースト」を掲げて、クラウド関連やモバイル関連の商品開発に注力した。[注7]改めた。

実際に、第2章で説明したようなデジタル・バリュープロポジションを支援する戦略に投資対象はウィンドウズからクラウドサービスのAzure（アジュール）、AI、ビジネスアプリに変えた。ウィンドウズは最終的にOffice（オフィス）部門に統合され、マイクロソフトはもはやウィンドウズを守る企業ではなくなった。２０１７年に、同社の戦略とビジョンはさらに少し進化し、モバイルではなくＡＩ（「インテリジェントクラウド、インテリジェントエッジ」と呼ばれている）が新たに強調されるようになる。同社の年次報告書には「当社の戦略は、人工知能（ＡＩ）を搭載したインテリジェントクラウドとインテリジェントエッジ向けのクラス最高のプラットフォームと生産性サービスを構築することだ」と記載された。[注8]

マイクロソフトのクラウドとＡＩへの方向転換は、過去と決別する単発の劇的な取り組みとして起こったものではない。それどころか、何年もかけて継続的に並行して取り組んできた数々の大規模なトランスフォーメーションの賜物だ。マイクロソフトは時間とともに進化するダイナミックな変革プロジェクトのポートフォリオを組み立てており、一部のプロジェクトは完了し、一部は継続され、新たに立ち上がるプロジェクトもある。こうしたプロジェクトは野心的でかつ変化に富んでいた。

従業員をエンパワーメントするために、同社は敵対的で競争の激しいカルチャーから、協働、個人の成長と発展、社会的パーパスの追求を重視するカルチャーへと移行させた（第8章）。ナデラが指摘するように、「すべてを知っている」スタッフのいる企業ではなく、「すべてを学ぶ」タイプの人材で社内を満たそうと努めた。[注9] 同時に、顧客への対応力を高め、よりうまく顧客と協働できるように組織を再編した（第7章）。データを活用し、新しい顧客重視の姿勢を強化するためにさまざまな指標を追加した（第6章）。対外的には、競合他社との熾烈な競争から手を引き、協働的なエコシステムで各社と力を合わせ（第4章）、世界最大のオープンソース・コード提供者が集まる母体となり、アップル、グーグル（アンドロイド）、セールスフォースなどの好敵手を含めて他社とパートナーシップを築いている。[注10]「特に当社のようなプラットフォームベンダーには、顧客の真のペインポイントを解決するために幅広く提携する責務がある」と、ナデラは言う。[注11]

トータルで見ると、このような取り組みが組織のあらゆる部分に及び、ルネッサンスになぞらえて「ナデレッサンス」と呼ぶジャーナリストもいる。[注12]マイクロソフトはクラウド・プラットフォームとサービス事業を大いに成長させながら、数十億ドルのコストを削減し、ゴットハブやリンクトインなどの重要な企業買収を行った。その舞台裏では、よりダイナミックになり起業家精神が発揮されるようになった。製品やリーダーシップにおける抑圧的なサイロ化を打破し、エンジニアリング機能にアジャイルな業務プロセスを実装し、営業・マーケティングの組織能力の質を向上させた。

その財務業績は驚くべきものだ。2014年以降、マイクロソフトのTSRはS&P500指数のTSRを60%上回り、時価総額は約3000億ドルから1・6兆ドル超に増加した（2020年7月時点）。[注13]ナデラは同社史上で初めて時価総額1兆ドル超えを達成したCEOとなった。

変革に向けての3つの課題

マイクロソフトのストーリーが示唆するように、今日の変革の成功事例は、過去のような短距離走ではない。果てしなく続くトライアスロンだ。ある段階を終えると、すぐに別のまったく異なる段階へと進み、絶え間ない変革という強烈な体験になる。2020年時点で、マイクロソフトは変革を始めて6年目だが、その旅は続いている。こうした持久戦で勝つということは、組織内に根本的に新しい種類のトランスフォーメーション能力を築き上げることを意味する。私たちはマイクロソフトのストーリーと、100社以上の変革プログラムの研究からヒントを得て、常時継続のトランスフォーメーションの成功率を高めるために活用できるアプローチを開発してきた。

グレートを超える企業は、変革の「ヘッド（頭）、ハート（心）、ハンド（手）」と私たちが名付けた常時継続のトランスフォーメーションモデルを採用している。[注14] このモデルでは、企業は3つの異なる課題に取り組む必要がある。①自社にとって望ましい未来とそこにたどり着く方法を思い描く（ヘッド）。②継続中の変革の取り組みの背後にいる従業員を動機づけ、力を与える（ハート）。③敏捷性を持って実行しイノベーションを起こす組織能力を構築する（ハンド）。最先端企業は常時継続のトランスフォーメーションに卓越するために、この3要素のすべてに徹底的に対応している（過去にそうしてきた企業はかなり少ない)。しかし、私たちの調査結果から明らかになったのは、最先端企業はさらに先に進み、この3つの課題を効果的に調整しながら、変動の激しい時代の変革を総合的に見直していることだ。

特に最先端企業は、従業員が変革で疲弊しないように、ハートに向ける注意を著しく強め、長期的な変革の道筋を明確にするためにヘッドに関するアプローチを広げ、より速く実行できるハンドにするため新しい筋肉を鍛えている。3要素のすべてに注意を払い、適応させることで、自社のトランスフォーメーションの取り組みを変革し、自社がグレートを超えて進み続けられるよう力を与え勢いをつけることができる。

トランスフォーメーションの「ハート」を中心に置く

トランスフォーメーションの成功は、その実現に向けて従業員のやる気を促し、力を与えるリーダーの手腕で決まる。残念ながら、ほとんどの企業はこの部分を怠ってきた。私たちの研究では、企業がハートに向ける注意はハンドの約半分、ヘッドの約3分の1にすぎなかった。[注15] こと変革となると、ほとんどの企業は従業員を目的達成の手段、悪くすると、巻き添え被害者のように扱う傾向がある。

経営幹部200人を対象にしたある調査では、ほとんどの人が変革プロジェクトを主導中もしくは主導する予定だと答えたが、その半数は自社の従業員が変化についてどう感じているかをじっくり考えたことはなかった。[注16] これは残念なことであり、企業が変革で苦労する最大の要因の1つかもしれない。私たちの研究では、「長期的に高いパフォーマンスを持続してきた企業のうち、ハートのスコアが高い企業の占める割合は、同スコアが低い企業の占める割合の2倍を超えていた」。[注17]

> 常時継続のトランスフォーメーションを成功させたい企業は、従業員を軽んじてはいけない。従業員を中心に考えなくてはならない。

従業員は変革に情熱を感じた場合に初めて、長い時間をかけて変革を持続させ、一連の変革の中で複数のプロジェクトに粘り強く取り組み、進行中の変化をすすんで受け入れるようになるだろう。トランスフォーメーションに対して、「また企業改革をやるのか」と思うのではなく、全身全霊で向き合わなくてはならない。実際には従業員が、鼓動する心臓のように、変革を前進させる原動力となる必要がある。従業員が変革への情熱を長く持ち続けられるように、リーダーは彼らに力を与え意欲を促すための一連の施策を打たなくてはならない。以下の4つのアクティベーション・レバー（誘発するための仕掛け）を引くことが特に重要だ。

アクティベーション・レバー1：パーパス

従業員は、自分たちがなぜそれをするのかという理由を深いレベルで理解すれば、変革に対してより熱心になれる。最先端企業は常時継続のトランスフォーメーションを行う組織能力を構築するために、変革活動を自社のパーパスと明確に結びつけるように配慮している。トランスフォーメーションでは常にパーパスが重要だが、変革が常時継続する場合には絶対不可欠となる。パーパスは「きわめて必要性の高い方向性の合致、明快さ、ガイダンス、エネルギー」をもたらし、「さまざまなトランスフォーメーションの取り組みを論理的で誰もが理解しやすい形で」結びつけるのに役立つ。[注18]

ナデラは2017年に出版した著書の中で、マイクロソフトが進めていた変革においてパーパスがいかに重要な役割を果たしたかを詳しく述べている。CEOに就任したとき、マイクロソフトは「魂」、すなわち、パーパスや中核的な存在理由を再発見する必要があったという。[注19] ナデラは数カ月かけて、自社のパーパスについて従業員に聞いて回った。「私が最初に聞いたのは、なぜマイクロソフトが存在するのかであり、そのメッセージは明瞭だった。私たちは他の人たちに力を与える製品をつくるために存在している。それが、私たち全員がそれぞれの仕事に込めようとしている意味である」[注20]

ナデラは2014年7月の全社員に宛てたメールで、自社について「私たちの魂、つまり、独自の中核を再発見する」よう求め、そのパーパスに付随するミッションを「生産性を改革し、地球上のあらゆる個人とあらゆる組織が、より多くのことを達成できるようにする」ことと定義した。[注21] 従業員からの反響は非常に大きかった。会社中で従業員たちはナデラにメールを送り、「地球上のあらゆる人がより多くのことを達成できるようにする」という言葉に個人的に触発され、コーダー、デザイナー、マーケター、技術サポート担当者など誰もが、それぞれの日常業務にどう当てはまるかを理解した」ことを伝えたのである。[注22]

継続的な変革の取り組みに対して持てるものをすべて与え、困難な瞬間にも粘り強く取り組み、終わりなき変革を進めるために、人々は変革の究極のポイントを理解する必要がある。単に**理解する**だけでなく、それぞれの日々の仕事で骨の髄からそれを感じなければならない（第1章でも説明した必須事項だ）。トランスフォーメーションの取り組みに意味を持たせる必要がある。また、より深いパーパスを発見してコミュニケーションを行い、その意味をつくりあげることは、リーダーの肩にかかっている。

アクティベーション・レバー2：カルチャー

非常に多くの企業が、中途半端もしくは不完全な形でパーパスを追求して満足してしまっている。これは**表層的なパーパス**だ。このような企業は、自社の存在理由を従業員や顧客にとって具体的で説得力のあるものにしきれていない。[注23] 最先端企業も理解しているように、ただパーパスを言葉ではっきり示しておけば、定着するだろうと期待してはいけない。従業員一人ひとりが日常業務の中でそのパーパスを**実践**していく必要がある。つまり、パーパスを呼び起こして支持するようにカルチャーを変えなくてはならないということだ。

さらに、トランスフォーメーションの取り組みを支持して行動を起こすように、人々を自由にし力を与えるカルチャーにしなくてはならない。従業員も自社が目指す方向性に強い興味を抱くかもしれないが、カルチャーが自社の戦略や目標を支持する行動の妨げになれば、変革への情熱を殺いでしまう。私たちの研究では、デジタルトランスフォーメーションの実施期間にカルチャーを重視していた企業は、そうでない企業に比べて良好ないしは卓越したパフォーマンスを達成する可能性が5倍高かった。簡単に言えば、デジタルカルチャー抜きにデジタルトランスフォーメーションはありえないということだ。[注24]

ナデラはマイクロソフトのターンアラウンドを導く際に、カルチャーの重要性と、カルチャーとパーパスとの密接な関係を理解していた。彼はキャロル・ドゥエックの著書“Mindset: The New Psychology of Success”（邦訳：『マインドセット「やればできる！」の研究』草思社、2016年）に影響されて、マイクロソフトのカルチャーを、競争力と対立のカルチャーから個の成長のカルチャーへ、あるいは、成長する考え方に根ざした「ダイナミックラーニング」へと移行させた。「耳を傾け、学び、個人の情熱と才能を自社のミッションに結びつける企業カルチャーであれば、企業にとって何でも可能になる」と、ナデラは書いている。[注25]

ナデラとマイクロソフトにとって、ダイナミックラーニングのカルチャーは、顧客とそのニーズへの飽くなき好奇心、社内のダイバーシティとインクルージョン、ナデラが「ワン・マイクロソフト」と呼ぶ組織全体にわたる協働を含めて、さまざまな言葉で表現できる。「機会あるごとに、こうした考えについて話をしてきた。また、成長する考え方をリアルで生き生きとしたものにするために、業務慣行や行動を変える機会を探した」と、ナデラは当時を振り返っている。[注26]

マイクロソフトのカルチャーとパーパスが活気づくようになった場所の1つは、同社で毎年恒例になっているワンウィーク・イベントの期間中に、近年、開催されるようになった大規模なハッカソンだ。同社は成長志向という理想を反映させるために、業績管理や組織構造も変革した[注27]。また、前向きで居心地の良い職場環境を促進し、優秀で多様な人材を惹きつけ、協働を強化するツールとテクノロジーを提供する人材マネジメント方針を通じて、人々に力を与えて成長を促そうとしてきた。

ナデラ自身も成長の考え方を浸透させるために絶えず努力を重ね、自分が見つけた興味深い本について社内で情報発信したり、カルチャーから逸脱している場合はその旨をリーダーに知らせたり、従業員と双方向の会話を行ったりしてきた[注28]。加えて、リーダーたちがカルチャーを実践し、自分のチームに前向きな成長の考え方を浸透させるように促してきた[注29]。時間とともに、ナデラが思い描いたカルチャーは定着し、継続的なトランスフォーメーションを後押ししてきた。マイクロソフトの最高マーケティング責任者によると、「私たちは、すべてを知っているカルチャーから、すべてを学ぶカルチャーに変わった。私たちが今、やっていることはすべて、成長する考え方に根ざしている[注30]」。

アクティベーション・レバー3：共感

従来型のトランスフォーメーションは通常、従業員にとって手強いものだ。常時継続のトランスフォーメーションとなれば、なおさらである。というのも、今日の組織は従業員に対して、もっと進歩し、さらに先へ到達し、もっと速く走るように常に求めているからだ。たとえ自分が失業しなくても、同僚が去っていくのを見たり、業務のやり方を変えなくてはならなかったりする。社内で新しい職務に配置転換されるかもしれない。そうしたことに、従業員はストレスや緊張感を持つ。最先端企業は従業員に共感を示し、変革がもたらす困難を予測し、従業員がうまく適応できるように支援している。

たとえば、ナデラはよく共感の話をする。著書には「発売する製品から、参入する新市場、従業員、顧客、協働するパートナーに至るまで、私は追求するあらゆるものの中心に共感を置くことに情熱を注いでいる」とある。[注31] 最先端企業はこうした精神で、新しい仕事や社外のキャリアに移っていく従業員に通常の支援をするだけではなく、コーチング、さまざまな種類の職業訓練、経済的なプラン作成などの支援もしている。このような施策は従業員にとって生活を幾分か楽にするものであり、会社側が従業員の心身両面の幸福に配慮し、従業員をただの使い捨ての資源ではなく、それを超える大切なものと見なしていることを示す。

フィンランドのテクノロジー企業のノキアも良い事例といえる。ノキアはスマートフォン革命を見逃し、売上、損失、時価総額の観点で重大な経済的影響を受け、立て直しに向けて一連の大改革に着手した。数年をかけてリストラを行い、中核事業の携帯電話をマイクロソフトに売却し、ネットワーク・インフラを新たな中核事業とした。そして、2013年にシーメンスとの合弁事業の残りの持ち分を買い取り、2016年にアルカテル・ルーセントの買収を完了させた。マッピング・ソフトウエア事業も売却し、「イノベーションと再発明」の対象事業を強化した。こうした変革によって安定を取り戻し、2015年から2019年にかけて「再統合と融合」という新フェーズに移行した。

しかし、多くの従業員にとってこの一連の変革は非常に大きなチャレンジとなった。同社が事業を縮小していく間、同社に留まる期間が限られていることを知りながら業務を続けなければならない従業員もいれば、会社に残って同僚が辞めていくのを見守らなければならない従業員もいた。同社は新事業を統合したので、従業員は各自の最終的な役割がどんな形をとるのか不確かな状況に直面せざるをえなかった。

従業員にとってつらい移行となったため、ノキアは変革を経験している多くの企業とは違うやり方で従業員を守った。リーダーは透明性を目指して努力し、今後見込まれる一時解雇に関する情報をできる限りチームに提供し、準備ができるようにした。新しいキャリアに移行しやすくするため、同社は「ブリッジ」と呼ばれる大規模なプログラムを通じて支援した。[注32] そこで目指したのは、雇用関係を打ち切られた後、次の手立てがわかっている従業員の数を最大にすることだ。ブリッジを通じて、従業員はノキア社内で新しい仕事を探したり、コーチングを受けたり、履歴書の書き方、ネットワーキング、スキル・トレーニング費用などの支援を受けたりすることができた。起業家として独立を考えている人は、スタートアップ資金やインキュベーターの紹介などを申請してもよい。

ブリッジの特色はその柔軟性にあった。従業員の将来プランが進化するのに伴い、さまざまなプログラムの中で各人が適切だと思うものにアクセスすることができた。[注33] ボランティアなど、自分自身の目標を達成するために資金面の援助も受けられた。[注34] ノキアにとって、ブリッジは単に利他的であるだけでなく、優れた事業でもあった。従業員をうまく処遇することで、会社に残る人々の士気を維持し、彼らが引き続き最善の努力を払うようにすることができた。ノキアはブリッジで従業員のニーズを確実に満たすために、同社を辞めて監督役を務めてもよいと思っている主要な現地マネジャーを配置した。[注35]

全体として、ノキアはターンアラウンドのこの段階で1万8000人の従業員を解雇したが、ブリッジのおかげで、そのほぼ3分の2は会社を辞める前に次のキャリアの目処が立っていた。[注36] ブリッジの支援金で1000件の新規事業が立ち上がった。[注37] ノキアは、会社を去って約18カ月後に従業員に連絡をとったところ、その大多数（全体の67%、フィンランド国内では85%）が同プログラムでの自分たちへの対応は良かったと感じていた。[注38] ノキアの経営も順調だった。ブリッジのおかげで、従業員のエンゲージメント、生産性、品質の低下が避けられ、一部では品質も向上した。一方、ノキアのブリッジへの支出は、2011年から2013年までのリストラ費用全体のほんの数パーセント（4%）であった。[注39] 2012年と比較して、2015年までにノキアの売上高成長率は約10%ポイント上昇し、利益率は約12%ポイント改善した。同じ期間に年間TSRは50%ポイント以上増加している。[注40]

2015年から2016年にかけて、ノキアの携帯電話事業の買収交渉中にノキアに入社した従業員を、マイクロソフトが買収後に解雇したとき、同じく親身なやり方をとった。マイクロソフトは「ポルク」と呼ばれるプログラムの下で、新会社設立に興味を持つフィンランド在住の元ノキア社員にスタートアップ資金などのリソースを提供することで、解雇プログラムを補完した。[注41] この取り組みやフィンランド政府による支援策のおかげで、一時解雇対象者のほぼ全員（約90％）が新しい就職先を確保することができた。[注42] ポルクのディレクターが述べたように、「かつての同僚の多くがポルクを通じて新しい仕事を見つけたのを目にして本当に安心した。このプログラムは参加者や外部関係者から高い評価を得た[注43]」。

アクティベーション・レバー4：リーダーシップ

これまで見てきたように、ナデラの個人的な関与は、マイクロソフトが進行中の終わりなき変革を維持していくうえで極めて重要だった。ナデラはパーパスや存在理由を再発見してカルチャーに埋め込むキュレーターの役割を果たした。マイクロソフトは、会社全体のリーダー層が組織の変革力を支えるようにするため、「明瞭にする」「活力を生み出す」「成功を実現させる」という3項目を掲げた変革リーダーシップモデルを導入した。

他の最先端企業でも、従業員を動機づけエンパワーメントすることを企業リーダー自身の個人的なミッションとし、社内の他のリーダーにもそれを徹底させることで、常時継続のトランスフォーメーション力を生み出そうとする様子を私たちは見てきた。私たちが研究した企業は、トレーニング機能や業績評価プロセスの強化など、変革の背後でリーダー層を動員する多数の具体的戦術を展開してきた。

トランスフォーメーションの「ヘッド」をさらに広げる

「狭い業務目標」では不十分

従来型の変革であれば、進む先の道筋はかなり単純明快だ。リーダーは組織が必要とする単発の業務改革を明らかにし、リソースを投入した後、3〜4年かけて変えていく。常時継続のトランスフォーメーションの場合にははるかに複雑で、変革の課題を定義しコミュニケーションを行うのにリーダー側に一層の努力が求められる。「10%のコスト削減」「10%の品質向上」といった狭い業務目標を明確にして、あとは各部門に実行を任せるやり方では、もはや十分ではない。

変革プロジェクトは移行したり、他のプロジェクトと重なったり、互いに影響を及ぼし合ったりするため、企業やリーダーは自分や組織の目標を根本的に再設定しなくてはならない。長期的にどこに向かっているのか、そのようなあるべき姿に到達するためにどう優先順位づけしたりフォーカスしたりするのか、はるかに広く包括的に理解しはっきりと言葉にしなくてはならない。

リーダーはこの最初の課題に対応するために明確で刺激的なあるべき姿の全体像を描き出す。それは、組織が総力を挙げて協調的に取り組むことで可能になる。その全体像は自社の長期的なパーパスに根差していて、本書で取り上げた8つの戦略を含むものであるべきだ。リーダーはこのトランスフォーメーション・ビジョンを社内に浸透させなければならない。従業員に対して変革に向けて奮い立たせるような説明をするとともに、主要リーダーが確実にそれを支えるようにすべきだ。また時間の経過とともに、毎年ビジョンを点検し、外部条件の変化や一部の変革プロジェクトの終了や開始に沿ってビジョンの更新や修正も行う必要がある。

マイクロソフトの場合、ナデラは2014年に長文の電子メールで自社のあるべき姿についてて大筋を説明した。マイクロソフトはそれまで顧客に「デバイスとサービス」を届けることに注力してきたが、「モバイル・ファーストとクラウド・ファーストの世界に向けて生産性とプラットフォームの会社になる。私たちは生産性を改革し、地球上のあらゆる個人とあらゆる組織がもっと多くのことを達成できるようにする」と、ナデラは宣言した。

彼ははっきりと言葉にしていく際に、主に株主だけを重視するのではなく、第1章で説明したマルチステークホルダーの考え方を前進させていた。そのメールには続けて、生産性の改革が何を意味するのかが説明されていた。それは、個人や企業の創作活動を可能にするだけでなく、「予測が可能でパーソナルかつ有益な」インテリジェント・ツールで武装するということだ。同社が提供する体験は「非常にパーソナルで、インテリジェントで、オープンで、力を与える形で、仕事と生活におけるデジタル体験を明るくする」だろう。このビジョンを実現させるために、マイクロソフトはよりダイナミックで顧客重視の効率的なカルチャーへと刷新して、同社で働く個々人が学習し成長できるようにしていく。「私たち1人ひとりが個人として変わる勇気を持たなくてはならない。どのようなアイデアを実現できるかと自問する必要がある」[注44]

包括的な将来ビジョンはすばらしく刺激的なものになるかもしれないが、リーダーがすべてを一度に変えようとすれば、従業員は圧倒されてしまうだろう。常時継続のトランスフォーメーション・プログラムをつくる際には、自社固有のニーズに基づいて、前述の8

つの戦略の優先順位を明確に説明し、現時点で取り組むことと、後回しにできることを決めなくてはならない。

前述したとおり、こうした優先順位は、自社の現在の組織能力を分析してみると明らかになってくる。顧客の期待、市場動向、競合他社の行動が変化する中、自社が永続的な価値を生み出すうえで、具体的にどの変革が最も急を要するだろうか。典型的な喫緊の課題として、自社や自社製品の簡素化、ビジネスモデルのイノベーション、リーダーと人材の育成、デジタル商品・サービスの開発などが挙げられる。

マイクロソフトの場合、当初はクラウド事業の成長と、それを支えるカルチャーの醸成に注力していた。また、自社をよりアジャイルにし、従業員をスリム化することにも取り組んでいた。こうした変革が根付いてきたら、成長分野への投資に移り、新しい会社（リンクトインとギットハブ）を買収し、ＡＩ研究部門を拡大した。直近では、自社のサステナビリティを高めようと強力に後押しし始めている。

トランスフォーメーション・ポートフォリオを進化させたナイキ

優先順位を明らかにしたら、マイクロソフトが行ったように、プロジェクト・ポートフォリオをつくったほうがよいが、このポートフォリオは時間とともに進化することも認識しておくべきだ。アパレルやフットウェアを手掛けるナイキが行ったのと同様に、このポートフォリオのマネジメントは自社のオペレーション・モデルと統合させるべきである。2010年代半ば、ナイキの経営陣は、消費者の間でナイキブランドの優位性が薄れていることを憂慮していた。儲けが大きい米国市場でシェアが縮小し、これまで売上の大部分を占めていた小売企業は、オンライン・アパレル小売を席巻するアマゾンによる破壊的変化にさらされていた。

ナイキはブランドとサプライチェーンの複数の側面を変えようと決意し、2016年に、明らかにデジタルテクノロジーの活用を中心に組み立てられた幅広いトランスフォーメーション・プランを策定した。同社は、組織がこの戦略を実行しやすくなるように、ガバナンスの枠組みをつくった。社内にデジタルトランスフォーメーション（DX）・オフィスを新設して、DXプロジェクトのポートフォリオを作成・運営できるようにした。ナイキは、DX責任者と最高デジタル責任者にポートフォリオのマネジメントを担わせ、上級経営幹部で構成されたステアリング・コミッティ（運営委員会）も設置した。そして、DXが確実に会社のオペレーション・モデルの一部になるように、これらのプロジェクトを企業戦略の年間策定プロセスと結びつけた。

リーダーは毎年、自社が年間の戦略を実現させるために必要なデジタル組織能力を判断し、予算を策定し、経費を監視する。そして、各事業において他の戦略的プロジェクトと並行してトランスフォーメーションの取り組みが育ち、拡大していけるようにする。このプロセスによってリーダーはデジタル・プロジェクトの進捗状況を監視できるうえ、DXプロジェクトと各事業の間で、人材、データ、インフラ、予算のすべてを確実に調整できるようになった。

ナイキは近年、常時、トランスフォーメーション・ポートフォリオ内で、さまざまな成熟段階にある8~10の企業変革プロジェクトを並行して進めてきた。リーダーたちは継続的にプロジェクトを再評価し、自社事業における必要性や外部条件の変化に応じて優先順位を変える。トータルで、こうしたプロジェクトは全社的に大幅な変化をもたらし、ナイキは小売体験をデジタル化し（第2章）、サプライチェーンと生産を革新することによって、消費者体験を劇的に改善することができた。

ナイキの人気アプリを用いて、消費者は現在、会員プログラムにアクセスし、パーソナライズされたトレーニングメニューや限定サービスなど幅広い特典も受けられる。同社のランニングアプリとトレーニングアプリは、消費者のフィットネスのパフォーマンスを追跡し、パーソナライズされたコーチング、無料トレーニングへのアクセスなどを提供している。しかし、このアプリが提供するのはデジタル体験だけではない。ナイキのハウス・オブ・イノベーションというコンセプトストア（2018年にニューヨークと上海でオープンし、本書の執筆時点でパリにも開設が予定されている）[注45]はナイキアプリと統合されている。消費者はバーコードをスキャンして、店舗に希望の色やサイズの商品があるかを見たり、ボタンを押すだけで店員を呼び出して靴を試し履きしたり、レジで速やかに支払いを済ませたりできる。

ナイキが気づいたとおり、このコンセプトストアをきっかけに、より多くの消費者がアプリをダウンロードして使うようになった。同社は大量のユーザーデータを使えるようになるのと同時に、顧客エンゲージメントを高め、競合ブランドとの差別化も果たしている。[注46]

ナイキは収集したユーザーデータを用いて（第6章）、消費者により良いデジタル・ショッピング体験を提供できるようになっている。「機械学習とＡＩで、ナイキにおけるすべてのデジタル体験をユニークでパーソナルなものにできる」と、ある経営幹部は語っていた。[注47] 消費者データは、消費者ニーズに対してより迅速かつ柔軟に対応できるサプライチェーン・プロセスである「エクスプレス・レーン」の促進にも役立つ。リアルタイムのデータを用いて、人気の商品を素早く補充し、消費者フィードバックに基づいて商品をアップデートできる。エクスプレス・レーンにより、迅速なプロトタイピング（試作品生産）と３Ｄプリンターを活用して（第5章）、新製品を開発し店頭に並べるまでの期間が数カ月から10日間に短縮された。[注48] エクスプレス・レーンは、ナイキの２０２０年までに予想される売上成長の80％以上を占める10カ国12都市で対応力を高めるための「コンシューマー・ダイレクト・オフェンス」戦略にも役立っている。[注49] これらの都市の現場チーム（第7

章）は、市場の需要に細心の注意を払いながら、エクスプレス・レーンとナイキアプリで生成されたデータをもとに、消費者が愛好する新製品をつくっている。

ナイキの一連のトランスフォーメーションの取り組みは素晴らしい結果をもたらした。２０１６年から２０１９年にかけて、売上高は３２４億ドルから３９１億ドルへと急増した。２０１９年の成長増分のほぼすべてが、イノベーション・プラットフォームによるものだ。投資家も満足し、ナイキのＴＳＲは２０１６年以降、Ｓ＆Ｐ５００指数のＴＳＲを大幅に上回っている。[注50]

重要課題、景気後退、ブラックスワン・イベント（事前にほとんど予想できず、起きたときの衝撃が大きい事象）などで必要に迫られる前に、先制的に変革の優先順位を決めて調整することにより、ナイキはこのような成果をあげた。ＢＣＧの調査では、先手で変革に臨んだ企業はより良い結果を出し、受け身で変革を行った企業よりも、ＴＳＲが３％上回っていた。[注51]また、先制的なトランスフォーメーションは事後対応の変革と比べて、実行コストが低く、より迅速に行われる。それにもかかわらず、大多数の企業が先制的なトランスフォーメーションを実施しようとしていない。[注52]このため、ナイキがトランスフォーメーションのヘッドの一環として行ったこと、つまり、包括的な長期ビジョンの策定とそのコミュニケーション、トランスフォーメーションとオペレーション・モデルの融合、明確な優先順位づけを行えば、グローバル企業は優位に立つことができる。リーダーは早期の警告サインに常に警戒し、トランスフォーメーション・プログラムを定期的に評価して必要に応じて優先順位を変える仕組みをつくる必要がある。また、トランスフォーメーション・ポートフォリオの変更が必要になったら、投資家と従業員向けのストーリーの打ち出し方にも十分配慮したほうがよい。

より アジャイルな「ハンド」を構築する

リーダーが明確な変革アジェンダを設計すると、常時継続のトランスフォーメーションが成功する可能性は大幅に高まる。しかし、私たちが「トランスフォーメーションのハンド」と呼ぶ変革の実行をつい軽視してしまう企業もある。従来型の変革であれば、実行は比較的単純だった。実行に求められる組織能力は最初からかなり明確で、具体的なプロジェクトに向けて筋力を鍛え、また次の変革の実行まで一息入れることができた。今日の不安定な経営環境では、リーダーやチームは最終的な実行要件のすべてを最初から予測することはできない。走りながら状況に応じて刷新や適応ができ、いくつもある変革の種類や領域の間で方向転換ができなければならない。

企業が自己改革を絶えず続けていくためには、積極的に戦略を実行できなければならない。つまり、自社システムの中に創造性とイノベーションを組み込む必要がある。私たちが研究した企業のリーダーたちは、特に①アジャイルな働き方、②新しい組織能力、③強力なガバナンスモデルの3領域に注意を向けて、常時継続のトランスフォーメーションのために組織を整備していた。

第7章で見たように、アジャイルな働き方への移行は、それ自体が21世紀においてグレートを超えるために企業が行うべき主なトランスフォーメーションの1つだ。変動の激しさが増す中で、アジャイルは元々、従来型変革を極力シームレスで効果的なものへ変える手段として、BCGの「ヘッド・ハート・ハンド・モデル」の中心となっていた。しかし、常時継続のトランスフォーメーションに取り組む企業にとって、アジャイルの採用はさらに一層重要になってきている。

企業が機敏になれば、チームはより幅広い変革プロセスの中でリソースのギャップなどの問題を素早く突き止め、適切なソリューションを考え出せるようになるだろう。同じ場所に配置された機能横断型チーム、スプリント、MVP、意思決定の権限付与、高速サイクルでの学習といったアジャイル手法の重要な要素は、チームが素早く革新しながら変革の取り組みを前進させるのに役立つ。アジャイルな顧客起点のチームが用いるデジタルツールもまた、協働をさらに促進しアイデアを素早く広めることで、トランスフォーメーションの強化につながる。一般的に、アジャイルは実行に強度とスピードをもたらし、複数の変化する変革プロジェクトの実行に弾みをつける。

マイクロソフトのトランスフォーメーションでもやはりアジャイルが大きな力となった。「マイクロソフト全体のすべてのチームが、簡素化し、より速く効率的に動く方法を見つけなくてはならない」と、ナデラは2014年7月の社内報で宣言した。「組織をフラットにし、もっとリーンな業務プロセスにするための施策を打ち、情報やアイデアの流動性を高めるつもりだ」[注53]。同社の一部の部門、特にナデラがかつて率いていた開発部門では、もう何年もアジャイルを活用してきた[注54]。2015年に開発部門を訪れた人は「開発者との予定外の会話も含めて、私たちが話を聞いた人はみんな、アジャイルの価値観とともに生活し、考え、話し、行動している。アジャイルを**行っている**だけではない。アジャイルな**あり方**になっているのだ。顧客ニーズに応えて仕事をしている人々を尊重し、評価し、巻き込むことを中核とする、アジャイルの**考え方**が浸透している」と述べていた[注55]。今ではアジャイルの良さが組織全体に広まり、同社の変革への取り組みを著しく促進している。ナデラは上級経営幹部に「それぞれのイノベーション・プロセスを前進させ、オペレーションや働き方を簡素化する機会を評価する」ように求めた[注56]。

アジャイルの導入に加えて、最先端企業はもともとのヘッド・ハート・ハンド・モデルを超えて、自社のオペレーション・モデルやリーダーシップの中にトランスフォーメーションを組み込むべきである。特に、リーダーや取締役が進捗状況を評価し、変革を推し進め続けることができるガバナンスモデルをつくるとよい。こうしたモデルには、変革の推進、監視、支援、コミュニケーションを担う専任のトランスフォーメーション・オフィスと、主要リーダーの継続的な関与が含まれる。先述のとおり、ナイキは年次戦略計画プロセスの中にトランスフォーメーションをがっちりと組み込み、変革プログラムを主導し監視するデジタルトランスフォーメーション・オフィスを設置した。また、CEO直属の経営幹部が含まれるデジタル・ステアリング・コミッティーも設立した。マイクロソフトも同様に、変革型リーダーシップに重点を置き、変革の背後にいる従業員の活性化に役立つ5つの主要な要素の1つとみなしていた。

最先端企業はツール、専門知識、プロセス、スキル、行動など、新しいやり方で業務を行うために必要な組織能力を確立することで、常時継続のトランスフォーメーションの取り組みの実行面を一層強化している（第7章を参照）。トランスフォーメーションを計画する際に、最先端企業のリーダーは今後のことを考えて、既存の変革が完了する前でも、次の変革に必要な組織能力を構築し始める。アドビは変革に向けて、主に新しい人材の採用に頼るのではなく、内部人材のアップスキリングを徹底的に行うことにした。アドビは過去5年間で、通常の採用活動と企業買収を通じて劇的に成長を遂げてきた。強力な人材パイプラインを確保するために、引き続き従業員の社内育成と異動に注力している。同社は社内でつくったリーダー育成プログラムに加えて、カリフォルニア大学バークレー校ハース・スクール・オブ・ビジネスと共同で、変革推進に必要な新しいスキルの開発支援を担うリーダー向けのトレーニング・プログラムを新たに開発した。

リーダーへの示唆

21世紀の変革は、たまに事後対応としてバラバラなやり方で実施すればよいものではない。組織は、変革を常に最大の関心事とし（執着し）、オペレーション・モデルに欠かせない要素にすることに注力すべきだ。そうすれば今後数年間で、自社が競争し、成長し、勝つための能力を劇的に加速できる。市場に影響を及ぼす3つの力に取り囲まれていると感じるよりも、むしろそうした力を使いこなし、それらがもたらす機会の波に乗っていけるようになるだろう。新型コロナウイルスのようなショックで不安定な状態になる場合もあるが、最終的にうまく生き残り、同業他社よりも素早く立ち直れる。外部の世界は自社のことを、過去の成功体験によって停滞した巨大企業としてではなく、レジリエンスが高い、イノベーション・リーダーとして見てくれるだろう。マイクロソフトはトランスフォーメーションが大成功したので、今日ではクラウドやＡＩなどのテクノロジー・リーダーに加えて、変革リーダーとも目されている。他の企業がターンアラウンドや、デジタル時代に成功するために自社をどう進化させればいいかについて教えを請いたいと考えてマイクロソフトの門を叩く。

多くのリーダーと同じように、一番手っ取り早いのは私たちのモデルの1要素、特にヘッドに注力し、未来のビジョンを描き、自社の変革の優先順位を決めることだと思われる方もいるかもしれない。しかし、それでは危険を知りつつ他の2つの要素を無視していることになる。私たちの研究によれば、従来型の変革を進める企業のうち、3要素すべてを変革に全面的に組み込むように断固たる態度で動いた場合に、長期的に変革プログラムが成功する確率が非常に高く、そのほとんど（96％）が持続的なパフォーマンス改善を実現していた。これは、3要素すべてには力を入れなかった企業でパフォーマンス改善が見られた割合のほぼ3倍にのぼる。[注57] 同様のことが、常時継続のトランスフォーメーションを進行中の企業にも当てはまるはずだ。

常時継続のトランスフォーメーションへの移行を始めるために、ここ数年で試みてきた変革のうち、成功したもの、失敗したものについて考えてみるとよい。次の問いについて振り返ってみよう。[注58]

●社内の人々は変革の旅に出るという考えを怖がっているか、それとも、刺激的で力を与えるものと認識しているか。みんなが怖がっているとすれば、ほぼ間違いなく、あなた自身が常時継続のトランスフォーメーションの考え方を受け入れていない。

●極めて重要なハートに最大の注意を払い、パーパス、カルチャー、共感、リーダーシップという4つの領域のすべてに対応しているか。それができていると思う場合、自分の行動について、従業員の共感を得られているという確信があるか。

●ヘッドに関して、未来の自社のあり方についてビジョンを打ち出し、ダイナミックな変革プロジェクトのポートフォリオを構築し、変革に向けた強力なストーリーをコミュニケーションし、リーダーシップチームのベクトルを合わせているか。

●ハンドに関して、アジャイルを十分に取り入れてきたか。社内に適切な組織能力を積極的に構築しているか。適切なガバナンス・システムとコントロールの仕組みを整備しているか。

●あなた自身がヘッド、ハート、ハンドでリーダーシップを発揮しているか。どれが最も自然で、どれが最も難しいと思うか。より良いバランスを確保するために、今後2つ3つの打ち手をとるとすれば、何を行うか。

従来の1回限りの変革プロジェクトに対して、従業員やリーダーは困惑、恐怖心、苦痛を感じるものだ。変革プロジェクトが終わるまで待てずに、結局いつもの仕事に戻ってしまうこともある。変革が永続的になり、日々の会社生活に浸透し、トランスフォーメーションのヘッド、ハート、ハンドを完全に身につけたとすれば、話は変わってくる。

リーダーが、全員でともに達成する魅力的なビジョンで従業員をしっかりとつなぎ止め、変革プロセスをマネジメント可能なパートに分解し、それを自社のオペレーション・モデルに結びつけるとすれば、どうなるか考えてみてほしい。リーダーが変革を自社の存在理由と結びつけて、従業員にやる気を促し、もっと力を与えるカルチャーを醸成して従業員にさらに活力を吹き込み、従業員が行き場を失ったときに手を差し伸べ、組織全体のリーダーたちにも従業員にさらに力を与えるよう促したならば、どうなるだろうか。さらに、リーダーが官僚主義的な制度や慣行を取り除き、アジャイルチーム、組織能力の強化、チェンジマネジメント、ガバナンスを通じて、仕事をはるかに生産的かつ協調的なものにすれば、どうなるか考えてみてほしい。総合すると、このような施策が従業員の変革体験に革命をもたらし、ワクワク感や充実感を与え、非常に意味のあるものにする。活気のない既存企業を、最終的に**すべての**ステークホルダーに価値を届ける革新的なマーケットリーダーに転換させるために貢献したいと思わない人などいるだろうか。誰もがその実現に向けて、自分の知識や創造力を総動員したくなるはずだ。

リーダーには、部下や自分自身にとって変革を組織におけるただの習慣ではなく、元気の出る働き方や生き方にしていく義務がある。ヘッド、ハート、ハンドに注意を払うことで、従業員が自社を絶えず未来へ向けて動かし、彼らがただ生き残るだけでなく成功へと導くことができる。結局、グレートを超えることは、特定の目的地に到達するのではなく、永続的な考え方やあり方として、超越、再発明、進化を尊重し推進していくことを意味する。

20世紀のグレートカンパニーは必要に迫られて変革した。生きるために変わったのだ。敢えてグレートを超えようとする組織は存続し変革を遂げていく。株主価値を超えたパーパスを追求して、リーダーと従業員が自己成長とともに、自社とステークホルダーのために生み出す価値の絶え間ない増大を推し進めていくとき、仕事がより充実することに気づく。グレートを超える組織は、不安定で予測しにくい今世紀の事業環境の可能性を最大限に引き出す。それを脅威とみなし、怖がって萎縮するのではなく、かつての企業を超えた、生産的で、思いやりがあり、人類にとって役立つ企業になる機会として果敢に受け入れている。

あなたは何を待っているのだろうか。自分の優先事項を選び、21世紀に向けて自社の改革を始めよう。あなたや部下にとって、これまでで一番大きな旅が始まろうとしている。グレートを超える旅である。

主なインサイト

トランスフォーメーションは常時継続の課題であり、自社の事業運営の必須要素としなければならない。タタ会長のチャンドラセカランが述べたように、「イノベーションと変革を企業のＤＮＡに深く刻み込まなくてはならない」。

このような持久戦で勝つということは、組織内に根本的に新しい種類のトランスフォーメーション能力を築き上げることを意味する。私たちはマイクロソフトのストーリーと、１００社以上の変革プログラムの研究に触発されて、常時継続のトランスフォーメーションの成功率を高めるために活用できるアプローチ——ＢＣＧ「ヘッド・ハート・ハンド」トランスフォーメーション・モデル——を開発した。

企業は常時継続のトランスフォーメーションを成功させるためには、ただ狭義の人材に注意を向ければ済む話ではない。パーパス、カルチャー、共感、リーダーシップにも注力することで、ハートをトランスフォーメーションの重心に据えなければならない。

変革プロジェクトは移行したり、他のプロジェクトと重なったり、相互に影響を及ぼし合ったりするため、企業やリーダーは自身や組織の目標を根本的に再設定しなくてはならない。長期的にどこに向かっているのか、そのあるべき姿に到達するためにどう優先順位づけしたりフォーカスしたりするのかを、はるかに広く包括的に理解し、はっきりと言葉にしなくてはならない（ヘッド）。

従来型変革のベストプラクティスでも、企業がアジャイルな働き方を積極的に進めていくことが重要なポイントだった。常時継続のトランスフォーメーションを実行し続けるには、アジャイルを大幅に強化するとともに、新しい組織能力を育成し強力なガバナンスモデルを適用することで、さらに機敏なハンドを築き上げなくてはならない。

〔終章〕

グレートを超えるリーダーシップ

ここまで紹介してきたのは、グローバル企業の新しいビジネス・オペレーション・モデルの構築に必要な9つの戦略だ。社会的緊張、経済ナショナリズム、テクノロジー革命の時代に、単に生き残るのではなく成功を可能にするモデルだ。9つの戦略は既存大企業のハンディをなくし、ジョンディア、ワールプール、マイクロソフト、TCS、INGをはじめ、多様な企業に繁栄と成長に欠かせないツールを与える。この9つの戦略をとる企業は、予測不能で急速に変わる市場環境に直面してもレジリエンスを維持できる新しい能力を獲得し、持続的な成功に向けて優位な立場に立てる。しかし、まだ重要な疑問が残っている。リーダーシップにとって新しい時代は何を意味するのだろうか。グローバル企業で新たにCEOに就任した人、指名委員会からCEOに指名されたばかりの人、あるいは、いつか指名されたいと思っている人が成功するために必要なリーダーシップの特徴や考え方とは、具体的に何か。成長、経済的成功、意味のある社会的インパクトという強力なレガシーを残すための、最善のリーダーシップのアプローチとはどのようなものだろうか。

できることなら、やるべきことを全部詰め込んだシンプルなフレームワークがあればよいが、それでは目前の課題を矮小化させてしまう。また、ここまで**グレートを超えよう**と尽力してきたリーダーから学んできたことを前にすれば、そんなものは軽く吹き飛ぶだろう。そこで、多くの経営リーダーとのインタビューを通じての考察を紹介して本書の締め括りとしたい。多数のリーダーと語り合う中でわかってきたのは、グレートを超えるためのリーダーシップの要諦は、突き詰めると6つの基本原則に集約されるようだということだ。

原則1：「社会にプラスの影響を及ぼす」という信念を持つ

第1に、リーダーは社会にプラスの影響を及ぼすという強い信念を持って引っ張っていかなければならない。第1章で見たように、ステークホルダーはより多くのことを企業に求めている。自社の繁栄を願うならば、株主利益の最大化のみに偏った従来の戦略を手放し、より高い基準、つまり、すべてのステークホルダーにプラスの影響を与える能力で自社を評価しなければならない。パンデミックや大混乱と闘う中で、従業員や顧客はますます意味を求めるようになっており、パーパス（存在意義）に根差して事業を営んでいる組織と関わりたいと強く願っている。また、これまでもパーパスを掲げてきたものの、ポスターやスローガン以上の何物でもない表面的なパーパスに終始してきた組織に対して、彼らは懐疑的に見ている。彼らが期待し希求しているのは、意味を求める人間的欲求を理解し、社会に深く恩恵をもたらすために必要な行動を起こすリーダーである。

社会問題や環境問題に対処するために、自分自身や自社がどう関わっていくか真剣に考えよう。TSI（社会的価値の向上）を実現するためには、リーダーは自分事として受け止める必要がある。TSIの考え方をただ信じるだけでは不十分であり、自ら自社の最高パーパス責任者にならないといけない。シーメンスCEOのローランド・ブッシュは、「リーダーは、最新の素晴らしいテクノロジーをはるかに超えて、何のために自社が存在するのかを定義しなければならない。そして、何らかの意味あるものを自社にもたらさなくてはならない」と語っていた。特に、CEOはオペレーションを担うリーダーやマネジャーを活気づけなくてはならない。そうでなければ、断絶が生じ、各部門は通常通りの業務を続行させるだろう。[注1] マイクロソフトのナデラもまったく同じようなことを述べていた。「私が行ってきた最も有益なことは、パーパスとミッションとアイデンティティの意識を社内に根付かせたことだ。我々が存在するのには理由がある[注2]」。

原則2：統制型から協働型のアプローチへと方向転換する

第2に、指揮統制型の考え方から、より協働型のアジャイルに適したアプローチへと方向転換しなくてはならない。何世紀もの間、リーダーシップには通常、何らかの形の指揮統制が伴っていた。リーダーが方向性を決めて、従業員に従うように命じ、それが確実に守られるように管理の仕組みを導入してきた。このような志向性は今日のほとんどのリーダーの精神、経験、習慣に深く埋め込まれている。変化の激しい世界でグレートを超えるにはスピードが求められるため、リーダーは過去と決別し、はるかにオープンで協働型のアプローチを取らなくてはならない。逐一管理しようとするのではなく、方向性を合わせたうえで自主性に任せることも重要だ。エンパワーメントとコーチングを行い、完璧さよりもスピードを追い求めなくてはならない。グレートを超えるためのリーダーシップには、アジャイルな働き方を組織内の人々に率先垂範することも求められる。

ナチュラの会長兼CEOのロベルト・マルケスは、現在のように急速に変化している世界では、どのリーダーもすべての答えを持つことは望むべくもないと指摘する。それよりも、ソリューションを開発する力量を持った人を採用し、そうした人材に指示するのではなく彼らの取り組みを増幅し拡大する必要がある。「チームに権限を与えなくてはならない」と、マルケスは言う。「現場や機能分野にいる人々は適切な答えを持ち、自分よりもよく知っていることを理解すべきだ」[注3]。さらに、今日のリーダーシップでは、自分が知らないことさえ自覚していないという自己認識と、他の人の話に耳を傾ける謙虚さを持つ必要があるとも指摘する。リーダーは十分にコミュニケーションをとって、「適切な意思決定を行い、必要に応じて軌道修正するのに役立つ情報がフィードバックされるように、組織に働きかける」必要がある。[注4]

原則3：外部に対してオープンマインドになるよう導く

第3に、業界の内外、規模の大小を問わず、他社に対して今までよりもはるかにオープンマインドになるように自社を導かなくてはならない。企業は長年、ほぼ例外なく自社単独で閉じた戦略を展開して顧客に価値を届けようとしてきた。企業間の公式な関係は存在していたが、顧客や競合他社とのパートナーシップは稀だった。自社は閉じたシステムの中で経営し、競合他社は完全に外部のものとして捉えていた。生産施設に横断幕を掲げて、敵（主要な競争相手）を打ち負かせと従業員に呼びかける光景も珍しくなかった。

本書、特に第4章で取り上げたように、今日の企業は次第に、競合も含めて業界、規模、地域を超えた企業のオープンな集まり（エコシステム）に参加することによって価値を提供するようになっている。タタ・グループの会長のチャンドラセカランが指摘するように、市場の力は「企業からエコシステムに移っている」[注5]。自社が貢献する価値と獲得する価値との間で望ましいバランスをとるために、企業はそれぞれエコシステムでどんな役割を果たすかを決めなくてはならない。今日のリーダーはこの根本的に新しい考え方を受け入れるだけでなく、より大きな価値を提供するために、企業の枠を超えてアイデアや人材を調達し、常にパートナーシップを模索していく必要がある。しかも、従業員がそうするのを助けなくてはならない。ナチュラのマルケスは、より広範なエコシステム（ナチュラの場合、数万人の従業員と対面販売をする数百万人のコンサルタントが含まれる）全体にわたりオープンな双方向のコミュニケーションを継続することは「組織が進化し続けるための酸素」だと語っていた。[注6]

原則4：継続的学習の考え方を根付かせる

第4に、継続的学習の考え方をより重視して根付かせなくてはならない。成功と繁栄に必要なことに関して多くの暗黙的あるいは明示的な前提があるが、グレートを超えていくには、そうした前提を疑い新たな視点で考えることが求められる。リーダーは古い見方、考え方、行動のしかたを捨て去り、新しいものを支持し、それを継続していかなければならない。BCGが指摘してきたように、継続的学習を持続する力量が企業（および個人）の競争力を補強するだろう。[注7] リーダーたるもの、これまでよりもはるかに多くの時間やエネルギーを学習に使う心づもりが求められる。テクノロジー、顧客、外部条件が極めて急速に進化していくことを考えれば、自社事業に関する既存の前提はもはや当たり前だとは思っていられない。「どの企業も、商品・サービスの観点から、自社の新しいバリューチェーンはどのようなものか、どのエコシステムが自社に合っているかを考えなくてはならない。これを明確にしない限り、優れた戦略は立てられない」と、タタ・グループのチャンドラセカランは言う。[注8] リーダーは従業員のお手本となって知的柔軟性やダイナミズムを示さなくてはならないし、従業員もそれぞれのキャリアの中でアップスキリングやリスキリングに参加しつつ、知的柔軟性やダイナミズムを発揮していく必要があるだろう。

シーメンスのブッシュは、テクノロジーに乗り遅れない唯一の方法は、常にアンテナを立てて学習していくことだと説明している。そのために彼は年に1、2回ドイツから米国西海岸に出かけて、大手IT企業やスタートアップの人々と会うようにしている。これは純粋に、同地域のこうした企業の活動を理解するためだ。シーメンスの中間管理職にも同じことを奨励している。「これは私が本当に気にかけていることだ。私より下の〈管理職〉層が『そうか。この人がやるなら、自分もやらなくては』と言って私をまねるようにと願っている」と語る。あるとき、ブッシュは配下のコアリーダーたちをサンフランシスコで開催される2日間のワークショップに連れていき、テクノロジー企業の人々と交流させた。「テクノロジーの進展や、テクノロジー企業の人々がシーメンスやそのエコシステムをどう見ているか、何が不足しているか、どうすれば改善できるかを話し合った。まさに、いわゆる360度ミーティングで、素晴らしかった」。ブッシュの見解では、学習には、テクノロジーだけでなく、個人的な成長も含まれる。リーダーたちは「好奇心を持ち続け、生涯にわたり学習を〈続ける〉必要がある。これを放棄すれば、すでに負けている」。

原則5：変革型リーダーシップを身につける

第5に、変革型リーダーシップを取り入れなくてはならない。これまで見てきたように、ディスラプションや変化の時代には常時継続のトランスフォーメーションを当たり前の日常にしなくてはならない。もちろん、このように終わりのない進化を続けようとする組織では、従業員が圧倒され疲弊してしまうリスクがある。そうした不安を回避し、絶えず変革しながら繁栄する組織力を強化するには、すべてのリーダーが変革型リーダーになり、ヘッド・ハート・ハンドに同時に取り組む包括的で人間中心のアプローチをとらなくてはならない。リーダーは明確な方向性を示し、自社が直面している破壊的変化を評価し、９つの戦略全体にわたり未来を構想し、組織の方向性を合わせて旅に出るという反復プロセスを進めなくてはならない（ヘッド）。チームが自信を持って行動し最善を尽くせるよう、やる気を促し触発し、思いやりや共感を示し、積極的に耳を傾け、一人ひとりに対してコーチングを行いエンパワーメントする（ハート）。さらに、前述のように機敏に実行しイノベーションを起こすために、よりオープンで協働型のアプローチで組織を動員し、創造性と敏捷性を促す慣行（同一場所への配置、日次のスタンドアップ〈チームの状況を共有する短時間のミーティング〉、スプリントでの作業、短サイクルの学習など）を奨励し、人材とデジタルの両面で特に必要とされる組織能力に投資し育成することの必要性を強調しなくてはならない（ハンド）。マイクロソフトのナデラはヘッド・ハート・ハンド型リーダーシップモデルを具体化し、ヘッド・ハート・ハンドのそれぞれについて、リーダーたちにとって「明瞭にする」「活力を生み出す」「成功を実現させる」ことがいかに重要かを説明してきた。

原則6：曖昧さ、緊張、パラドックスを切り抜ける

第6に、21世紀のリーダーは曖昧さ、緊張、パラドックスを切り抜ける新しい能力を開発しなくてはならない。3つの破壊的な力と9つの戦略、また、本書に挙げた企業がこうした戦略に向き合い実行してきた具体的手法を振り返ると、リーダーは数々の重大なパラドックスに直面していることがわかる。一方では学習し、再考し、実験する組織の舵取りを**しながら**、また一方で自社事業のうち安定的で不変の要素で自社の基礎を固めなくてはならない。同業他社と激しく競争**しながら**、かつてないほど協働していかなければならない。自社をグローバルに**かつ**ローカルにも推進しなくてはならない。社内を流動的に**しながら**安定性も育まなくてはならない。20世紀における**グレート**は、2つの要素の1つを強く押し出して卓越することを意味していた。**グレートを超える**ためには、違和感なく2つの要素を同時に扱い、部下も抵抗感を持たないように支援する必要がある。

リーダーがグレートを超えて進むとき、自社が運命を自ら探求し、変化の激しいグローバルビジネス環境に翻弄され続けるのではなく、克服するよう組織を勇気づける。既存事業をただ成長させるのではなく、領域を広げて、まったく新しい競争の場へと大胆に乗り出していく。

この章で引用したリーダー（チャンドラセカラン、マルケス、ブッシュ、ナデラ）はグレートを超えるリーダーシップの例だ。それぞれが9つの戦略の多くを実行するよう自社をリードし、業界内でトップクラスの株主利益を生み出し、レジリエンスが高く、社会的責任を果たし、若い人材を惹きつける組織をつくってきた。彼らは、それぞれ自社を根本的に変革してきた。チャンドラセカランはTCSをよりアジャイルで革新的で、起業家精神にあふれる企業に変えた。マルケスは協働ネットワークの概念に基づく独自のリレーションシップ志向のオペレーション・モデルを構築すべくナチュラを引っ張ってきた。ブッシュは、自社組織の強力で内向きでテクノロジー志向のカルチャーを変え、グローバルの課題とローカル市場の状況によりオープンかつ敏感になるよう支援している。ナデラは大胆な新しいパーパスを軸にマイクロソフトを再構築した。

あなたはどんなレガシーを残すつもりだろうか。新しい形態の競争優位性の構築に向けて9つの戦略をとる際には、株主利益だけでなく、もっと幅広い社会的インパクトを追求するように、従業員を奮い立たせなくてはならない。指示命令型から協働型へ移行する。自社と同じ領域で事業を営む企業を競争相手であると同時に協働相手として扱う。成長の考え方の手本を示す。変革型リーダーになる。そして、曖昧さ、緊張、パラドックスを受け入れる。グレートを超える旅は、関与するあらゆる人にとって中身が濃いもので、驚くほどの充実感が味わえる。それはすべて、あなたから始まる。

謝辞

本書の執筆・刊行にあたっては多くの方々にご支援いただいた。

特に感謝したいのが、構想、執筆、編集を助けてくださったセス・シュルマン氏である。彼のプロフェッショナルなサポート抜きには本書は出来上がらなかっただろう。

ご多忙な中お時間をいただき、示唆に富むお話をお聞かせくださった優れた経営リーダーの方々にも深く感謝している。共有していただいた視点を本書にうまく盛り込めていることを願ってやまない。また、そうしたリーダーの方々と私たちをつないでくれたＢＣＧの世界各地のマネージング・ディレクターにも謝意を伝えたい。

このプロジェクトに強力かつ貴重な支援をしてくださったエージェントのトッド・シュスター氏と編集者のコリーン・ローリー氏にも心よりお礼を申し上げたい。

本書の準備・作成の過程全般にわたり、私たちはＢＣＧの多数のシニアな同僚に思考を助けるパートナーになってもらった。何よりもまず、原稿を注意深く読んで洞察に満ちたアドバイスをし、序文を執筆してくれたＣＥＯのリッチ・レッサーに謝意を表したい。グローバルチェアマンのハンス・ポール・バークナー、インド・チェアマンのジャンメジャヤ・シンハ、グローバル・ピープルチェアのディネシュ・カンナからは、グローバリゼーションの変化に関する考え方をまとめるうえで多くの洞察や刺激をもらった。また、BCGの多くのプラクティスエリアのリーダーやトピック・エキスパート、シニア・アドバイザーは、さまざまな戦略に関する知見を共有したり、調査対象となる優れた企業を紹介したりしてくれた。

支えてくださったすべてのみなさまにあらためて心よりお礼を申し上げたい。

原　注

序　章

1　マーク・ビッツァー氏（ワールプール元COO、現CEO）へのBCGリサーチチームのインタビュー（2017年6月15日）に基づく。

2　TSR（株主総利回り）は、主に利益成長、バリュエーションマルチプルの変化、キャッシュの株主への還元という3要素で構成されていると考えてよい。詳細は以下を参照。Gerry Hansell et al., "The Dynamics of TSR Turnarounds," BCG, July 15, 2014（2020年4月6日 に ダ ウ ン ロ ー ド ）, https://www.bcg.com/publications/2014/value-creation-strategy-dyamics-tsr-turnarounds.aspx.

3　Scott D. Anthony et al., "2018 Corporate Longevity Forecast: Creative Destruction Is Accelerating," Innosight, accessed December 10, 2019, https://www.innosight.com/insight/creative-destruction/.

4　Martin Reeves and Lisanne Püschel, "Die Another Day: What Leaders Can Do About the Shrinking Life Expectancy of Corporations," BCG, December 2, 2015, https://www.bcg.com/publications/2015/strategy-die-another-day-what-leaders-can-do-about-the-shrinking-life-expectancy-of-corporations.aspx.

5　John D. Stoll, "CEO Tenure Is Getting Shorter. Maybe That's a Good Thing," *Wall Street Journal*, October 4, 2018, https://www.wsj.com/articles/ceo-tenure-is-getting-shorter-maybe-thats-a-good-thing-1538664764; Lauren Silva Laughlin, "Many C.E.O. Tenures Are Getting Shorter," *New York Times*, October 23, 2018, https://www.nytimes.com/2018/10/23/business/dealbook/ceo-tenure-kimberly-clark.html.

6　Hans-Paul Bürkner, Martin Reeves, Hen Lotan, and Kevin Whitaker, "A Bad Time to Be Average," BCG, July 22, 2019, https://www.bcg.com/publications/2019/bad-time-to-be-average.aspx.

7　TCSの 新規公開株式目論見書より（2004年6月, 67ページ）, http://www.cmlinks.com/pub/dp/dp5400.pdf.

8　Jochelle Mendonca, "TCS Restructures Its Business Units to Focus on Long-Term Strategy," *Economic Times*, last updated October 22, 2018, https://economictimes.indiatimes.com/tech/ites/tcs-restructures-its-business-units-to-focus-on-long-term-strategy/articleshow/66309922.cms.

9　"Blazing a Trail," Tata, accessed April 2, 2020, https://www.tata.com/newsroom/

titan-diversity-blazing-a-trail.
10 2019年12月30日時点の時価総額は1,150億ドル。数値データはBCGバリュー・サイエンス・データベースから取得（2019年12月30日に調査）。
11 N. Shivapriya, "How N. Chandrasekaran's Second Term at TCS Will Be Different from His First," *Economic Times*, September 4, 2014, https://economictimes.indiatimes.com/tech/ites/how-n-chandrasekarans-second-term-at-tcs-will-be-different-from-his-first/articleshow/41650912.cms.
12 Paul Laudicina, "Globalization Is Dead: What Now?" *World Economic Forum*, January 20, 2016, https://www.weforum.org/agenda/2016/01/globalization-is-dead-what-now/.
13 "2019 Edelman Trust Barometer Reveals 'My Employer' Is the Most Trusted Institution," Edelman, January 20, 2019, https://www.edelman.com/news-awards/2019-edelman-trust-barometer-reveals-my-employer-most-trusted-institution.
14 例えば以下を参照。Richard Baldwin, *The Great Convergence: Information Technology and the New Globalization*（Cambridge: Belknap, 2016）.
15 「大半の国が逆風にさらされている。しかし最貧国は、脆弱性に加え地理的に孤立しており貧困も根深いことから、最も深刻な問題を抱えていると言える。」と世界銀行のジェイラ・パザルバシオル公正な成長・金融・組織（EFI）副総裁は述べる。（世界銀行の2019年6月4日のプレスリリース「2019年の世界経済成長率は2.6%へ減速、大きなリスクが存在」より）
https://www.worldbank.org/en/news/press-release/2019/06/04/global-growth-to-weaken-to-26-in-2019-substantial-risks-seen.
https://www.worldbank.org/ja/news/press-release/2019/06/04/global-growth-to-weaken-to-26-in-2019-substantial-risks-seen.
16 Erdal Yalcin, Gabriel Felbermayr, and Marina Steininger, "Global Impact of a Protectionist U.S. Trade Policy," ifo Institute, October 2017, 29–30, https://www.ifo.de/DocDL/ifo_Forschungsberichte_89_2017_Yalcin_etal_US_TradePolicy.pdf.
17 Vanessa Gunnella and Lucia Quaglietti, "The Economic Implications of Rising Protectionism: A Euro Area and Global Perspective," *ECB Economic Bulletin* 3（2019）, https://www.ecb.europa.eu/pub/economic-bulletin/articles/2019/html/ecb.ebart201903 _01~e589a502e5.en.html#toc3.
18 Emma Cosgrove, "'Economic Nationalism' Is a Growing Challenge for Manufacturers, Survey Says," Supply Chain Dive, November 13, 2018, https://www.

supplychaindive.com/news/economic-nationalism-risk-for-manufacturers/542137/.
19 TeleGeographyデータベースの2019年11月の数値を編集（12月12日に調査）。
20 BCGヘンダーソン・インスティテュート　マクロ経済センター、2019年の独自分析より。
21 Luke Kawa, "Traders Are Wagering the VIX Hits Triple Digits on Tuesday," Bloomberg, March 9, 2020, https://www.bloomberg.com/news/articles/2020-03-09/traders-are-wagering-the-vix-hits-triple-digits-on-tuesday.
22 ""Vix-Index," CBOE, accessed June 5, 2020, http://www.cboe.com/products/vix-index-volatility/vix-options-and-futures/vix-index/vix-historical-data#.
23 "Business Roundtable Redefines the Purpose of a Corporation to Promote 'An Economy That Serves All Americans,'" Business Roundtable, August 19, 2019, https://www.businessroundtable.org/business-roundtable-redefines-the-purpose-of-a-corporation-to-promote-an-economy-that-serves-all-americans.

第1章

1 Douglas Beal et al., "Total Societal Impact: A New Lens for Strategy," BCG, October 25, 2017, https://www.bcg.com/publications/2017/total-societal-impact-new-lens-strategy.aspx; Douglas Beal et al., "Insights on Total Societal Impact from Five Industries," BCG, October 25, 2017, https://www.bcg.com/publications/2017/corporate-development-finance-strategy-insights-total-societal-impact-five-industries.aspx.（いずれも邦訳「トータル・ソサイエタル・インパクト——株主価値向上から社会的価値向上へ」https://www.bcg.com/ja-jp/total-societal-impact-new-lens-strategy）
2 アンドレア・アルバレス氏（ナチュラのブランド、イノベーション、国際、サステナビリティ最高責任者）へのBCGリサーチチームのインタビュー（2020年3月18日）に基づく。
3 "About Us," Natura, accessed March 29, 2020, https://www.naturabrasil.com/pages/about-us; "Cosmetics & Relationships," Natura, accessed March 29, 2020, https://www.naturabrasil.fr/en-us/our-values/our-essence.
4 「16歳のときにプラトンの『1つは全体の中にある。全体は1つの中にある』という言葉を知った。これは私にとって啓示となった。全体の一部であるという概念はそれからも頭を離れなかった」とセアブラは語っていた。Michael Silverstein and Rune Jacobsen, "Take Giant Leaps (Because You're Not Going to Win with Timid Steps)," BCG, October 7, 2015, https://www.bcg.com/publications/2015/

marketing-sales-consumer-products-take-giant-leaps-not-going-win-timid-steps.aspx.
5 “Natura &Co,” Natura Co., 2018, https://naturaeco.com/report_2018_en.pdf.
6 “Natura: Multi-Level Sales for Multi-Level Impact,” Business Call to Action, accessed March 29, 2020.
7 “Natura &Co,” 37.
8 “Natura: Multi-Level Sales for Multi-Level Impact”; “Natura &Co,” 57.
9 Geoffrey Jones, “The Growth Opportunity That Lies Next Door,” *Harvard Business Review*, July–August 2012, https://hbr.org/2012/07/the-growth-opportunity-that-lies-next-door.
10 ケイヴァン・マセド氏（ナチュラ・コスメティコスのサステナビリティ担当マネジャー）へのBCGによるインタビュー（2019年3月20日）に基づく。
11 Luciana Hashiba, “Innovation in Well-Being,” Management Exchange, May 18, 2012, https://www.managementexchange.com/story/innovation-in-well-being.
12 “Our Engagements,” Natura, accessed April 1, 2020, https://www.naturabrasil.fr/en-us/our-values/sustainable-development.
13 “Natura Presents Campaign with New Positioning of the Brand: The World Is More Beautiful with You,” Cosmeticos BR, February 12, 2019, https://www.cosmeticosbr.com.br/conteudo/en/natura-presents-today-a-campaign-with-new-positioning-of-the-brand-the-world-is-more-beautiful-with-you/.
14 BCG調査、および、Andres Schipani, “Beauty Company Natura Balances Profitability and Sustainability,” *Financial Times*, December 4, 2019, https://www.ft.com/content/4795bbe2-e469-11e9-b8e0-026e07cbe5b4.
15 “Impact Case Study: Natura's Commitment to Ethical BioTrade,” Union for Ethical BioTrade, accessed April 1, 2020, https://static1.squarespace.com/static/58bfcaf22994ca36885f063e/t/5d1a1b3ecff76800013e65d2/1561992003982/Natura-impact+study-july+2019.pdf; Guilherme Leal, “Exploiting Rainforest Riches While Conserving Them,” Telegraph, June 10, 2019, https://www.telegraph.co.uk/business/how-to-be-green/exploiting-and-conserving-rainforest-riches/.
16 ケイヴァン・マセド氏へのBCGチームのインタビュー（2019年3月20日）。
17 “Natura's Carbon Neutral Programme | Global,” United Nations, accessed March 31, 2020, https://unfccc.int/climate-action/momentum-for-change/climate-neutral-now/natura.
18 アンドレア・アルバレス氏へのBCGリサーチチームのインタビュー（2020年3月

18日）に基づく。

19 Hashiba, “Innovation in Well-Being,” https://www.managementexchange.com/story/innovation-in-well-being.

20 アンドレア・アルバレス氏へのBCGリサーチチームのインタビュー（2020年3月18日）に基づく。

21 “About Us,” Natura, accessed March 29, 2020, https://www.naturabrasil.com/pages/about-us.

22 “Care About the Planet,” Natura, accessed April 19, 2020, https://www.naturabrasil.com/pages/care-about-the-planet-a-sustainable-timeline.

23 ケイヴァン・マセド氏へのBCGリサーチチームのインタビュー（2019年3月20日）に基づく。

24 investing.com.のデータ（2020年1月15日に調査）。

25 Katharine Earley, “More Than Half of All Businesses Ignore UN's Sustainable Development Goals,” *Guardian*, September 30, 2016, https://www.theguardian.com/sustainable-business/2016/sep/30/businesses-ignore-un-sustainable-develop ment-goals-survey.

26 Scott Tong, “How Shareholders Jumped to First in Line for Profits,” MarketPlace, June 14, 2016, https://www.marketplace.org/2016/06/14/profit-shareholder-value/.

27 Tony O'Malley, “Business for Good: How Fujitsu Believes CSR Is Essential for Business Success,” Business & Finance, accessed March 29, 2020, https://businessandfinance.com/business-for-good-fujitsu/.

28 ロベルト・マルケス氏（ナチュラ会長兼グループCEO）へのBCGリサーチチームのインタビュー（2020年3月10日）に基づく。

29 Governance & Sustainability Institute, “Flash Report: 86% of S&P 500 Index® Companies Publish Sustainability/ Responsibility Reports in 2018,” press release, May 16, 2019, https://www.ga-institute.com/press-releases/article/flash-report-86-of-sp-500-indexR-companies-publish-sustainability-responsibility-reports-in-20.html.

30 以下の資料を用いてBCGが分析した。MSCI annual report (2018), Crunchbase, S&P investor fact book (2019), Vigeo Eiris estimation (2017).

31 Alana L. Griffin, Michael J. Biles, and Tyler J. Highful, “Institutional Investors Petition the SEC to Require ESG Disclosures,” American Bar Association, January 16, 2019, https://www.americanbar.org/groups/business_law/publications/blt/2019/01/investors/.

32 "China Mandates ESG Disclosures for Listed Companies and Bond Issuers," Latham & Watkins, February 6, 2018, https://www.globalelr.com/2018/02/china-mandates-esg-disclosures-for-listed-companies-and-bond-issuers/.
33 "CGS Survey Reveals 'Sustainability' Is Driving Demand and Customer Loyalty," *CGS*, accessed March 30, 2020, https://www.cgsinc.com/en/infographics/CGS-Survey-Reveals-Sustainability-Is-Driving-Demand-and-Customer-Loyalty; "Study: 81% of Consumers Say They Will Make Personal Sacrifices to Address Social, Environmental Issues," Sustainable Brands, accessed March 31, 2020, https:// sustainablebrands.com/read/stakeholder-trends-and-insights/study-81-of-consumers-say-they-will-make-personal-sacrifices-to-address-social-environmental-issues.
34 "Sustainability Futures," *The Future Laboratory*, 6, 13, https://www.thefuturelaboratory.com/hubfs/Sustainability%20Futures%20Report.pdf.
35 "Americans Willing to Buy or Boycott Companies Based on Corporate Values, According to New Research by Cone Communications," Cone, May 17, 2017, https:// www.conecomm.com/news-blog/2017/5/15/americans-willing-to-buy-or-boy cott-companies-based-on-corporate-values-according-to-new-research-by-cone-com munications.
36 "Performance with Purpose: Sustainability Report 2017," PepsiCo, 2, https://www.pepsico.com/docs/album/sustainability-report/2017-csr/pepsico_2017_csr.pdf.
37 "Performance with Purpose," PepsiCo, 1.
38 "Performance with Purpose," PepsiCo, 3; "Indra K. Nooyi on Performance with Purpose," BCG, January 14, 2010, https://www.bcg.com/en-in/publications/2010/indra-nooyi-performance-purpose.aspx.
39 "Performance with Purpose," PepsiCo, 3.
40 "Performance with Purpose," PepsiCo, 3–4; "Helping to Build a More Sustainable Food System: PepsiCo Sustainability Report 2018," PepsiCo, 8, https://www.pepsico.com/docs/album/sustainability-report/2018-csr/pepsico_2018_csr.pdf.
41 "Helping to Build a More Sustainable Food System," PepsiCo, 3.
42 "Performance with Purpose," PepsiCo, 3.
43 "Helping to Build a More Sustainable Food System," PepsiCo, 3.
44 "World of Business Must Play Part in Achieving SDGs, Ban Says," United Nations, January 20, 2016, https://www.un.org/sustainabledevelopment/

blog/2016/01/world-of-business-must-play-part-in-achieving-sdgs-ban-says/.
45 インド企業は純資産、売上高、利益が一定額を超えた場合、利益の2%を社会に役立つ開発活動資金に充てなければならないことが法律で定められている。以下を参照。Stephen Kurczy, "Forcing Firms to Do Good Could Have a Negative Impact," Columbia Business School, November 13, 2018, https://www.8.gsb.columbia.edu/articles/ideas-work/forcing-firms-do-good-could-have-negative-impact.
46 Lee Ann Head, "Getting and Keeping A-List Employees: A Bonus Benefit of Sustainability Efforts," Shelton Group, September 6, 2013, https://sheltongrp.com/posts/getting-and-keeping-a-list-employees-a-bonus-benefit-of-sustainability-efforts/.
47 Susan Warfel, "ESG Investing Survey Reveals 3 Social Goals Investors Value over Profits," *Investor's Business Daily*, November 20, 2019, https://www.investors.com/research/esg-investing-survey-reveals-social-goals-investors-value-over-profits/.
48 "Sustainable Investing's Competitive Advantages," Morgan Stanley, August 6, 2019, https://www.morganstanley.com/ideas/sustainable-investing-competitive-ad vantages.
49 Nicolas Rabener, "ESG Investing: Too Good to Be True?" Enterprising Investor, January 14, 2019, https://blogs.cfainstitute.org/investor/2019/01/14/esg-factor-invest ing-too-good-to-be-true/.
50 Gordon L. Clark, Andreas Feiner, and Michael Viehs, "From the Stockholder to the Stakeholder," Smith School of Enterprise and the Environment, September 2014, https://www.smithschool.ox.ac.uk/publications/reports/SSEE_Arabesque_Paper _16Sept14.pdf.
51 "A Fundamental Reshaping of Finance," BlackRock, accessed March 31, 2020, https://www.blackrock.com/corporate/investor-relations/larry-fink-ceo-letter.
52 BCG analysis, led by Vinay Shandal (managing director and partner, global leader in sustainable investing).
53 TSIについて詳細は以下を参照。Beal et al., "Total Societal Impact." 本章では主にこのレポートのコンセプトや用語を使用した。(邦訳「トータル・ソサイエタル・インパクト――株主価値向上から社会的価値向上へ」https://www.bcg.com/ja-jp/total-societal-impact-new-lens-strategy)
54 Beal et al., "Total Societal Impact." (邦訳「トータル・ソサイエタル・インパクト――株主価値向上から社会的価値向上へ」

https://www.bcg.com/ja-jp/total-societal-impact-new-lens-strategy）
55 Ajay Banga, “Contributing to a Sustainable and Inclusive Future,” Mastercard, August 20, 2019, https://www.mastercardcenter.org/insights/doing-well-by-doing-good-with-Ajay-Banga.
56 タラ・ネイサン氏へのBCGチームのインタビュー（2019年12月13日）に基づく。
57 Mohammed Badi et al., “Global Payments 2018: Reimagining the Customer Experience,” BCG, 6, 9, https://image-src.bcg.com/Images/BCG-Global-Payments-2018-Oct-2018_tcm9-205095.pdf.
58 “The Private Sector Is Becoming a Major Catalyst for Sustainability,” Mastercard Center for Inclusive Growth, August 22, 2018, https://www.mastercardcenter.org/insights/private-sector-becoming-major-catalyst-sustainability.
59 タラ・ネイサン氏へのBCGチームのインタビュー（2019年12月13日）に基づく。
60 Ryan Erenhouse, “Financial Inclusion Commitment: Reach 500 Million People by 2020,” Mastercard, https://newsroom.mastercard.com/news-briefs/financial-inclusion-commitment-reach-500-million-people-by-2020/; “Doing Well by Doing Good: Corporate Report 2018,” Mastercard, 3, https://www.mastercard.us/content/dam/mccom/global/aboutus/Sustainability/mastercard-sustainability-report-2018.pdf.
61 “How Mobile Payments Can Help Keep Children in School,” Mastercard Center for Inclusive Growth, June 10, 2019, https://www.mastercardcenter.org/insights/how-mobile-payments-can-help-keep-children-in-school.
62 Jake Bright, “Mastercard Launches 2KUZE Agtech Platform in East Africa,” TechCrunch, January 18, 2017, https://techcrunch.com/2017/01/18/mastercard-launches-2kuze-agtech-platform-in-east-africa/.
63 “SASSA MasterCard Debit Card Grows Financial Inclusion in South Africa,” Mastercard, press release, November 13, 2013, https://newsroom.mastercard.com/press-releases/sassa-mastercard-debit-card-grows-financial-inclusion-in-south-africa/; Cath Everett, “Technology for Social Good—Mastercard,” Diginomica, August 10, 2017, https://diginomica.com/technology-social-good-mastercard.
64 BCG調査。
65 タラ・ネイサン氏へのBCGチームのインタビュー（2019年12月13日）に基づく。
66 “Mastercard Incorporating,” Great Places to Work, accessed March 31, 2020, https://www.greatplacetowork.com/certified-company/1001388.
67 Capital IQ データベースを使ってBCGが分析した。

68 “Businessperson of the Year,” *Fortune*, 2019, https://fortune.com/businessperson-of-the-year/2019/ajay-banga/.
69 タラ・ネイサン氏へのBCGチームのインタビュー（2019年12月13日）に基づく。
70 “The OMRON Principles,” Omron, 2019, accessed April 1, 2020, https://www.omron.com/global/en/assets/file/ir/irlib/ar19e/OMRON_Integrated_Report_2019 _en_Vision.pdf.
71 オムロン　グローバル戦略本部 経営戦略部長　竹田誠治氏へのBCGチームのインタビュー（2019年11月8日）に基づく。“Working for the Benefit of Society: The Corporate Philosophy Driving Omron's Value Creation,” Omron, accessed April 1, 2020, https://www.omron.com/global/en/assets/file/ir/irlib/ar14e/ar14_02.pdf; “The OMRON Principles,” 5.
72 “Automated Railway Ticket Gate System Named IEEE Milestone,” Omron, November 27, 2007, https://www.omron.com/global/en/media/press/2007/11/c1127.html.
73 “Automated Railway Ticket Gate System.”
74 “Enhancing Lifestyles in Japan,” Omron, accessed April 1, 2020, https://www.omron.com/global/en/about/corporate/history/ayumi/innovation/#history1964; “History of Omron's Blood Pressure Monitor,” Omron, accessed April 2, 2020, https://www.omronhealthcare.com.hk/en/article/ins.php?index_am1_id=7&index_id=25.
75 “Communities,” Anglo American, accessed April 1, 2020, https://www.angloamerican.com/sustainability/communities.
76 フロイディス・キャメロン＝ヨハンソン氏へのBCGリサーチチームのインタビュー（2019年11月14日）に基づく。
77 Daniel Gleeson, “Anglo American's FutureSmart Mining on Its Way to Tangible Technology Results,” International Mining (blog), June 7, 2019, https://im-mining. com/2019/06/07/anglo-americans-futuresmart-mining-way-tangible-technology-results/.
78 フロイディス・キャメロン＝ヨハンソン氏へのBCGリサーチチームのインタビュー（2019年11月14日）に基づく。
79 ポール・ポールマン氏への米CNNレポーターのクリスチャンヌ・アマポール氏のインタビュー（2020年3月3日）, http://www.pbs.org/wnet/amanpour-and-company/video/bill-mckibben-impact-fossil-fuel-divestment-efforts-r1eszd-2/.
80 Mary Sigmond, “93% Of CEOs Believe Business Should Create Positive Impact Beyond Profit,” YPO, accessed April 1, 2020, https://www.ypo.org/2019/01/93-

of-ceos-believe-business-should-create-positive-impact-beyond-profit/; "2019 YPO Global Leadership Survey," YPO, 2019, https://www.ypo.org/global-leadership-survey/.

81 "The US Walking the Walk of a Circular Economy," ING, February 5, 2019, https:// www.ing.com/Newsroom/News/The-US-walking-the-walk-of-a-circular-eco nomy. htm.

82 "United Nations Global Compact Progress Report," United Nations Global Compact, 2017, https://d306pr3pise04h.cloudfront.net/docs/publications%2FUN+ Impact +Brochure_Concept-FINAL.pdf.

83 Franklin Foer, "It's Time to Regulate the Internet," *Atlantic*, March 21, 2018, https://www.theatlantic.com/technology/archive/2018/03/its-time-to-regulate-the-internet/556097/.

84 以下を参照。"What Empowerment Means to Us," Microsoft, accessed April 1, 2020, https://news.microsoft.com/empowerment/.

85 Brad Smith, "Microsoft Will Be Carbon Negative by 2030," Microsoft, January 16, 2020, https://blogs.microsoft.com/blog/2020/01/16/microsoft-will-be-carbon-negative-by-2030/.

86 詳細は以下を参照。Beal et al., "Insights on Total Societal Impact." （邦訳「トータル：ソサイエタル・インパクト――株主価値向上から社会的価値向上へ」https://www.bcg.com/ja-jp/total-societal-impact-new-lens-strategy）

87 Elisha Goldstein, "What Is the Investment That Never Fails?" Mindfulness & Psychotherapy with Elisha Goldstein, PhD（blog）, updated April 26, 2011, https:// blogs.psychcentral.com/mindfulness/2011/04/what-is-the-investment-that-never-fails/.

第2章

1 Nick Ismail, "Servitisation: How Technology Is Making Service the New Product," Information Age, March 28, 2018, https://www.information-age.com/servitisation-technology-service-new-product-123471260/.

2 ラッセル・ストークス氏への著者らによるインタビュー（2017年10月5日、2018年2月19日、2019年6月12日）に基づく。

3 マーク・ビッツァー氏への著者らによるインタビュー（2017年6月15日）に基づく。

4 国連貿易開発会議（UNCTAD）のデータを用いてBCGが分析した。

5 Amy Watson, "Netflix—Statistics & Facts," Statista, February 6, 2020, https://

www.statista.com/topics/842/netflix/.

6 "Netflix Is Now Available Around the World," Netflix, January 6, 2016, https://media.netflix.com/en/press-releases/netflix-is-now-available-around-the-world; Watson, "Netflix."

7 "Shared Micromobility in the U.S.: 2018," National Association of City Transportation Officials, accessed December 13, 2019, https://nacto.org/shared-micromobility-2018/.

8 "The Sharing Economy," PricewaterhouseCoopers, 2015, https://www.pwc.fr/fr/assets/files/pdf/2015/05/pwc_etude_sharing_economy.pdf.

9 Thales S. Teixeira, *Unlocking the Customer Value Chain* (New York: Currency, 2019), 251.

10 Keith Naughton and David Welch, "Why Carmakers Want You to Stop Buying Cars, Someday," Bloomberg, July 11, 2019, https://www.bloomberg.com/news/articles/2019-07-12/why-carmakers-want-you-to-stop-buying-cars-someday-quicktake.

11 Jack Ewing, Liz Alderman, and Ben Dooley, "Renault and Nissan Need Each Other to Thrive in Future, 2 Leaders Say," *New York Times*, July 21, 2019, https://www.nytimes.com/2019/07/21/business/renault-nissan-alliance.html.

12 BCG Henderson Institute: Center for Macroeconomics, internal proprietary analysis, accessed July 2019; "The Great Mobility Tech Race: Winning the Battle for Future Profits," Boston Consulting Group, January 11, 2018.この分析はコロナ危機が発生する前に実施された。本書の執筆時点で、危機は継続している。デジタル配信を用いた自動車サービスへの移行は、自動車業界が安定化した後に初めて加速すると思われる。

13 Mike Colias and Nick Kostov, "After Defeat in Europe, GM Is Picking Its Battles," *Wall Street Journal*, April 1, 2017, https://www.wsj.com/articles/gm-signs-off-on-its-retreat-from-europe-1501573108?mod=e2tw.

14 General Motors, "General Motors Accelerates Transformation," news release, November 26, 2018, https://investor.gm.com/news-releases/news-release-details/general-motors-accelerates-transformation; David Goldman, "GM Is Reinventing Itself. It's Cutting 15% of Its Salaried Workers and Shutting 5 Plants in North America," CNN, November 26, 2018, https://edition.cnn.com/2018/11/26/business/gm-oshawa-plant/index.html.

15 "GM and Lyft to Shape the Future of Mobility," General Motors, January 4, 2016, https://media.gm.com/media/us/en/gm/news.detail.html/content/Pages/

news/us/en/2016/Jan/0104-lyft.html; "GM to Acquire Cruise Automation to Accelerate Autonomous Vehicle Development," General Motors, March 11, 2016, https://media.gm.com/media/us/en/gm/home.detail.html/content/Pages/news/us/en/2016/mar/0311-cruise.html.

16 "GM Advances Self-Driving Vehicle Deployment with Acquisition of LIDAR Developer," General Motors, October 9, 2017, https://media.gm.com/media/us/en/gm/news.detail.html/content/Pages/news/us/en/2017/oct/1009-lidar1.html.

17 Andrew J. Hawkins, "GM's Cruise Will Get $2.75 Billion from Honda to Build a New Self-Driving Car," Verge, October 3, 2018, https://www.theverge.com/2018/10/3/17931786/gm-cruise-honda-investment-self-driving-car.

18 GMは自動運転車で20〜30%程度のマージンを期待してきた。Mike Colias and Heather Somerville, "Cruise, GM's Driverless-Car Unit, Delays Robot-Taxi Service," *Wall Street Journal*, July 24, 2019, https://www.wsj.com/articles/gm-s-driverless-car-unit-cruise-delays-robot-taxi-service-11563971401.

19 Andrew J. Hawkins, "Waymo Strikes a Deal with Nissan-Renault to Bring Driverless Cars to Japan and France," Verge, June 20, 2019, https://www.theverge.com/2019/6/20/18692764/waymo-nissan-renault-self-driving-car-japan-france.

20 Philips, "New Study Demonstrates Significant Clinical Workflow and Staff Experience Benefits of Philips' Azurion Image-Guided Therapy Platform," news release, November 14, 2017, https://www.philips.com/a-w/about/news/archive/standard/news/press/2017/20171114-new-study-demonstrates-significant-benefits-of-philips-azurion.html.

21 "Reducing Procedure Time in Image-Guided Therapy with Philips Azurion," Philips, accessed December 27, 2019, https://www.philips.com/a-w/about/news/archive/case-studies/20180824-reducing-procedure-time-in-image-guided-therapy-with-philips-azurion.html.

22 "Reduction of Procedure Time by 17% with Philips Azurion in an Independently Verified Study," Philips, November 2017, 7, https://www.usa.philips.com/c-dam/b2bhc/master/landing-pages/azurion/philips-nieuwegein-case-study.pdf.

23 "Reduction of Procedure Time," 7.

24 "Reducing Procedure Time in Image-Guided Therapy."

25 "With Azurion, Performance and Superior Care Become One," Philips, accessed December 27, 2019, https://www.usa.philips.com/healthcare/resources/landing/azurion.

26 "Reduction of Procedure Time," 8.

27 "Aiming for Zero," Philips, accessed January 13, 2020, https://www.usa.philips.com/c-dam/b2bhc/master/landing-pages/aiming-for-zero/Info graphic remote _services final.pdf.

28 "Five Ways in Which Healthcare Innovation Has Changed over the Past 15 Years," Philips, April 2, 2019, https://www.philips.com/a-w/about/news/archive/blogs/innovation-matters/20190402-five-ways-in-which-healthcare-innovation-has-changed-over-the-past-15-years.html.

29 Elizabeth Cairns, "Philips Uses Its Intelligence for Outcomes-Based Incomes," Evaluate, April 25, 2018, https://www.evaluate.com/vantage/articles/interviews/philips-uses-its-intelligence-outcomes-based-incomes.

30 "Value-Based Care: Turning Healthcare Theory into a Dynamic and Patient-Focused Reality," Philips, position paper, April 2019, 8, https://www.philips.com/c-dam/corporate/newscenter/global/whitepaper/20200128_Value-based_care_position_paper _FINAL.pdf; "Transforming Healthcare to a Value-Based Payment system," *Washington Post*, https://www.washingtonpost.com/sf/brand-connect/philips/transforming-healthcare/.

31 Frans van Houten and Abhijit Bhattacharya, "Company Update and Performance Roadmap," (investor presentation, Philips internal documents), slide 21, https:// www.philips.com/corporate/resources/quarterlyresults/2016/Capital_Markets_Day/01 _VanHouten_Bhattacharya_Company_update_and_performance_roadmap.pdf; "Royal Philips Third Quarter 2019 Results," Philips, October 28, 2019, 8, https://www.results.philips.com/publications/q319/downloads/files/en/philips-third-quarter-results-2019-presentation.pdf.

32 Van Houten and Bhattacharya, "Company Update," slide 16.

33 "Jeroen Tas on the Importance of Long-Term Relationships," Philips, April 1, 2019, https://www.philips.com/a-w/about/news/archive/standard/news/articles/2019/20190401-jeroen-tas-on-the-importance-of-long-term-relationships.html.

34 "Jeroen Tas."

35 Andrew Ross, "Digital Transformation in Manufacturing Is Driven by Customers," Information Age, May 4, 2018, https://www.information-age.com/digital-transformation-manufacturing-customers-123471810/.

36 "Power by the Hour," Rolls-Royce, accessed December 28, 2019, https://www.rolls-royce.com/media/our-stories/discover/2017/totalcare.aspx.

37 "Power by the Hour."
38 "Power by the Hour."
39 "Rolls-Royce Opens New Airline Aircraft Availability Centre—Supporting Its 'On Time, Every Time' Vision," Rolls-Royce, press release, June 6, 2017, https://www.rolls-royce.com/media/press-releases/2017/06-06-2017-rr-opens-new-airline-aircraft-availability-centre.aspx.
40 企業サイトとプレスリリースより。http://www.mro-network.com/engines-engine-systems/rolls-royce-opens-new-service-center-airline-support, https://www.rolls-royce.com/sustainability/performance/sustainability-stories/totalcare.aspx. "Rolls-Royce and Microsoft Collaborate to Create New Digital Capabilities," Microsoft, accessed January 13, 2020; Anna-Maria Ihle, "Encouraging Rolls-Royce Power Systems to Create an Innovation Culture," SAP, August 24, 2018, https://news.sap.com/2018/08/rolls-royce-power-systems-innovation-culture/.
41 Ian Sheppard, "Rolls-Royce Launches 'IntelligentEngine' Concept," AIN Online, February 5, 2018, https://www.ainonline.com/aviation-news/air-transport/2018-02-05/rolls-royce-launches-intelligentengine-concept.
42 "R2 Data Labs Ecosystem," Rolls-Royce, accessed January 9, 2019, https://www.rolls-royce.com/products-and-services/ecosystem.aspx.
43 Sheppard, "Rolls-Royce Launches."
44 "Digital Innovations for a Sustainable World," Schneider Electric, 2019, https://www.se.com/ww/en/assets/564/document/124836/annual-report-2019-en.pdf.
45 Marco Annunziata, "Digital-Industrial Revolution: Ready to Run After Very Slow Start, New Survey Shows," *Forbes*, February 28, 2019, https://www.forbes.com/sites/marcoannunziata/2019/02/28/digital-industrial-revolution-ready-to-run-after-very-slow-start-new-survey-shows/#770250d777dd.
46 Madeleine Johnson, "Starbucks' Digital Flywheel Program Will Use Artificial Intelligence," Zacks, July 31, 2017, https://www.zacks.com/stock/news/270022/starbucks-digital-flywheel-program-will-use-artificial-intelligence?cid=CS-NASDAQ-FT-270022.
47 Kevin R. Johnson, Starbucks Corporations Q2 2017 earnings call, April 27, 2017.
48 Kevin R. Johnson, Starbucks Corporations Q2 2017 earnings call, April 27, 2017.
49 Howard Schultz, Starbucks Corporation Q3 2016 earnings call, July 21, 2016.
50 Tim Hardwick, "Apple Pay Overtakes Starbucks as Most Popular Mobile Payment Platform in the US," Mac Rumors, October 23, 2019, https://www.

macrumors.com/2019/10/23/apple-pay-overtakes-starbucks-in-us/.
51 Amanda Mull, "The Future of Marketing Is Bespoke Everything," *Atlantic*, June 11, 2019, https://www.theatlantic.com/health/archive/2019/06/special-orders-dont-upset-us/591367/.
52 Mull, "The Future of Marketing."
53 Katrina Lake, "Stitch Fix's CEO on Selling Personal Style to the Mass Market," *Harvard Business Review*, May–June 2018, https://hbr.org/2018/05/stitch-fixs-ceo-on-selling-personal-style-to-the-mass-market.
54 "Stitch Fix Annual Report, 2019," Stitch Fix, October 2, 2019, https://investors.stitchfix.com/static-files/96389147-1dbe-444a-b2cf-880a1bf7f99f.
55 主に以下を参考にした。"L'Oréal Unveils Perso, an AI-Powered At-Home System For Skincare and Cosmetics," L'Oréal, press release, January 5, 2020, https:// www.lorealusa.com/media/press-releases/2020/ces2020.
56 "L'Oréal Unveils Perso," L'Oréal.
57 Mull, "The Future of Marketing."
58 Ellen Byron, "We Now Live in a World with Customized Shampoo," *Wall Street Journal,* April 17, 2019, https://www.wsj.com/articles/we-now-live-in-a-world-with-customized-shampoo-11555506316; "Introducing Gx," Gatorade, accessed January 13, 2020, https://www.gatorade.com/gx/.
59 Chantal Tode, "Burger King Builds Mobile Platform to Quickly Scale Up in Payments," Retail Dive, accessed December 29, 2019, https://www.retaildive.com/ex/mobilecommercedaily/burger-king-builds-mobile-platform-to-quickly-scale-up-in-payments.
60 Nick Babich, "The Next Level User Experience of Tesla's Car Dashboard," Adobe Blog, October 24, 2017, https://theblog.adobe.com/the-next-level-user-experience-of-teslas-car-dashboard/.
61 Babich, "The Next Level User Experience."
62 Jason Udy, "Tesla Model S Software Update Increases Personalization," *Motor Trend*, September 22, 2014, https://www.motortrend.com/news/tesla-model-s-software-update-increases-personalization/.
63 Udy, "Tesla Model S Software."
64 Udy, "Tesla Model S Software."
65 Fred Lambert, "Tesla Reveals How It Will Use Camera Inside Model 3 to Personalize In-Car Experience," Electrek, July 24, 2019, https://electrek.co/2019/07/24/tesla-use-camera-inside-cars-personalize-in-car-experience/.

66 Fred Lambert, "Tesla Vehicles Can Now Diagnose Themselves and Even Pre-order Parts for Service," Electrek, May 6, 2019, https://electrek.co/2019/05/06/tesla-diagnose-pre-order-parts-service/.
67 "Advancing Automotive Service," Tesla, accessed December 29, 2019, https://www.tesla.com/service.
68 Jacob Kastrenakes, "Spotify Is Personalizing More Playlists to Individual Users," Verge, March 26, 2019, https://www.theverge.com/2019/3/26/18282549/spotify-personalized-playlists-curation-more-songs.
69 Sarah Perez, "Spotify Expands Personalization to Its Programmed Playlists," Techcrunch, March 26, 2019, https://techcrunch.com/2019/03/26/spotify-expands-personalization-to-its-programmed-playlists/; Monica Mercuri, "Spotify Reports First Quarterly Operating Profit, Reaches 96 Million Paid Subscribers," *Forbes*, February 6, 2019, https://www.forbes.com/sites/monicamercuri/2019/02/06/spotify-reports-first-quarterly-operating-profit-reaches-96-million-paid-subscribers/#61bde1ed5dc9.
70 Matt Burgess, "This Is How Netflix's Secret Recommendation System Works," *Wired*, August 18, 2018, https://www.wired.co.uk/article/netflix-data-personalisation-watching; Sameer Chhabra, "Netflix Says 80 Percent of Watched Content Is Based on Algorithmic Recommendations," Mobile Syrup, August 22, 2017, https://mobilesyrup.com/2017/08/22/80-percent-netflix-shows-discovered-recommendation/.
71 Chhabra, "Netflix Says 80 percent of Watched Content."
72 Nicole Nguyen, "Netflix Wants to Change the Way You Chill," Buzzfeed, December 13, 2018, https://www.buzzfeednews.com/article/nicolenguyen/netflix-recommendation-algorithm-explained-binge-watching.
73 Tom Gerken, "Fortnite: 'Millions Attend' Virtual Marshmello Concert," BBC, February 4, 2019, https://www.bbc.com/news/blogs-trending-47116429.
74 Tec 2 News Staff, "Pokemon Go Earns $950 Million in 2016, Breaks Records: Report," Tech 2, January 17, 2017, https://www.firstpost.com/tech/gaming/pokemon-go-earns-950-million-in-2016-breaks-records-report-3724949.html.
75 "NBA," *Fast Company*, accessed December 29, 2019, https://www.fastcompany.com/company/nba.

第3章

1 Eva Dou, "Xiaomi Overtakes Samsung in China Smartphone Market," *Wall Street*

Journal, August 4, 2014, https://blogs.wsj.com/digits/2014/08/04/xiaomi-overtakes-samsung-in-china-smartphone-market/?mod=article_inline.

2 広範な二次資料やアニュアルレポートを基にBCGが分析した。

3 Kenny Chee, "China Phone Maker Xiaomi Setting Up International Headquarters in Singapore," *Straight Times*, February 19, 2014, https://www.straitstimes.com/business/china-phone-maker-xiaomi-setting-up-international-headquarters-in-singapore; Savannah Dowling, "The Rise and Global Expansion of Xiaomi," Crunchbase, February 12, 2018, https://news.crunchbase.com/news/rise-global-expansion-xiaomi/.

4 Daniel Tay, "Launch of Xiaomi's Redmi Note in Singapore Sees 5,000 Phones Sold Within 42 Seconds, Breaking Last Record," TechinAsia, July 7, 2014, https://www.techinasia.com/launch-xiaomi-redmi-note-singapore-42-seconds-record.

5 Dowling, "The Rise and Global Expansion of Xiaomi."

6 Anand Daniel, "[Podcast] Manu Kumar Jain on Scaling Xiaomi and Disrupting the Indian Electronics Space," *Your Story*, September 20, 2019, https://yourstory.com/2019/09/accel-podcast-manu-kumar-jain-jabong-xiaomi-anand-daniel.

7 Team Counterpoint, "India Smartphone Market Share: By Quarter," *Counterpoint*, November 27, 2019, https://www.counterpointresearch.com/india-smartphone-share/.

8 Uptin Saiidi, "The 'Apple of China' Expanded into 80 New Markets in Four Years. Here's How Xiaomi Grew So Rapidly," CNBC, updated September 10, 2019, https:// www.cnbc.com/2019/09/09/xiaomi-how-the-apple-of-china-grew-rapidly-into-80-new-markets.html.

9 Komal Sri-Kumar, "Hot Emerging Markets May Be in for a Shock," Bloomberg, March 27, 2019, https://www.bloomberg.com/opinion/articles/2019-03-27/emerging-markets-are-hot-but-face-a-shock.

10 Martin Fackler, "Putting the We Back in Wii," *New York Times*, June 8, 2007; "Europe Gets Wii Last," Nintendo World Report, September 15, 2006, http://www.nintendoworldreport.com/pr/12069/europe-gets-wii-last.

11 Sameer Desai, "Nintendo Wii and DS to Launch in India on September 30," Rediff, September 16, 2008, https://www.rediff.com/getahead/2008/sep/16wii.htm; Siliconera staff, "Wii Launches in South Korea on April 26 with Even Cheaper Virtual Console Games," *Siliconera*, April 14, 2008, https://www.

siliconera.com/wii-launches-in-south-korea-on-april-26-with-even-cheaper-virtual-console-games/; Matt Martin, "Wii to Release in Taiwan July 12," Games Industry, June 26, 2008, https://www.gamesindustry.biz/articles/wii-to-release-in-taiwan-july-12; "Wii," Wayback Machine, December 12, 2009, https://web.archive.org/web/20100306012826/http://www.nintendo.com.hk/wii_console.htm.

12 Tech2 News staff, "Pokemon Go Earns $950 Million in 2016, Breaks Records: Report," Tech2, January 17, 2017, https://www.firstpost.com/tech/gaming/pokemon-go-earns-950-million-in-2016-breaks-records-report-3724949.html; Alina Bradford, "Here Are All the Countries Where Pokemon Go Is Available," Cnet, January 24, 2017, https://www.cnet.com/how-to/pokemon-go-where-its-available-now-and-coming-soon/.

13 Louis Brennan, "How Netflix Expanded to 190 Countries in 7 Years," *Harvard Business Review*, updated October 12, 2018, https://hbr.org/2018/10/how-netflix-expanded-to-190-countries-in-7-years.

14 "Emerging Markets Powering Airbnb's Global Growth," Airbnb, accessed January 3, 2020, https://press.airbnb.com/wp-content/uploads/sites/4/2019/02/Final _-Emerging-Markets-Powering-Airbnbs-Global-Growth-.pdf; Shawn Tully, "Why Hotel Giant Marriott Is on an Expansion Binge as It Fends Off Airbnb," *Fortune*, June 14, 2017, https://fortune.com/2017/06/14/marriott-arne-sorenson-starwood-acquisition-airbnb/; "Number of Marriott International Hotel Rooms Worldwide from 2009 to 2018," Statista, March 20, 2019, https://www.statista.com/statistics/247304/number-of-marriott-international-hotel-rooms-worldwide/.

15 James Brumley, "If Fitbit Finds a Willing Suitor, It Should Take the Offer," Motley Fool, September 28, 2019, https://www.fool.com/investing/2019/09/28/if-fitbit-finds-a-willing-suitor-it-should-take-th.aspx; Robert Hof, "How Fitbit Survived as a Hardware Startup," *Forbes*, February 4, 2014, https://www.forbes.com/sites/roberthof/2014/02/04/how-fitbit-survived-as-a-hardware-startup/#204121341934.

16 "FY 2017 Earnings Deck," Fitbit, February 2018, https://s2.q4cdn.com/857130097/files/doc_financials/2017/Q4/Q4'17-Earnings-Presentation.pdf.

17 フィットビットとそのパートナーシップの詳細は以下を参照。Simon Mainwaring, "Purpose at Work: How Fitbit's Giveback Is Strengthening Its Business," *Forbes*, February 12, 2019, https://www.forbes.com/sites/

simonmainwaring/2019/02/12/purpose-at-work-how-fitbits-giveback-is-strengthening-its-business/#11fac05058d2.

18 "Fitbit Authorized Retailers," Fitbit, accessed January 3, 2020, https://www.fitbit.com/content/assets/legal-pages/FITBIT%20AUTHORIZED%20RETAILERS%20Q2%202016.pdf.

19 Matt Swider, "Fitbit OS 3.0 Is Giving the Ionic and Versa Smartwatches New Powers," Tech Radar, December 17, 2018, https://www.techradar.com/in/news/fitbit-os-3-0-new-versa-ionic-features.

20 Chaim Gartenberg, "Google Buys Fitbit for $2.1 Billion," Verge, November 1, 2019, https://www.theverge.com/2019/11/1/20943318/google-fitbit-acquisition-fitness-tracker-announcement.

21 同社は1970年代から機を見ては輸出してきた。

22 "The World's Favourite Indian," *Bajaj Auto Limited*（12th Annual Report）2018–2019, 9.

23 "The World's Favourite Indian," *Bajaj Auto Limited*（12th Annual Report）2018–2019, 18.

24 "The World's Favourite Indian," *Bajaj Auto Limited*（12th Annual Report）2018–2019, 10, 18–19.

25 BCG 調査。Tom Brennan, "Alibaba.com Opens Platform to US Sellers," Alizila.com, July 23, 2019, https://www.alizila.com/alibaba-com-opens-platform-to-us-sellers/.

26 Gene Marks, "Is Now the Time to Start Selling on Alibaba?" *Inc.*, July 25, 2019, https://www.inc.com/gene-marks/is-now-time-to-start-selling-on-alibaba.html.

27 Tモールのサイトを参照。https://merchant.tmall.hk/.

28 François Candelon, Fangqi Yang, and Daniel Wu, "Are China's Digital Companies Ready to Go Global?" BCG Henderson Institute, May 22, 2019, https://www.bcg.com/publications/2019/china-digital-companies-ready-go-global.aspx.

29 John Detrixhe, "Americans Are Splurging on Personal Loans Thanks to Fintech Startups," Quartz, July 24, 2018, https://qz.com/1334899/personal-loans-are-surging-in-the-us-fueled-by-fintech-startups/; Wendy Weng, "Despite Rapid Digitisation of Payments in China, Credit Card Usage Will Reach New Heights by 2020," Asian Banker, February 28, 2019, www.theasianbanker.com/updates-and-articles/despite-rapid-digitisation-of-payments-in-china,-credit-card-usage-will-reach-new-heights-by-2020; "Allied Wallet Adds WeChat Pay with

900 Million Active Users," Mobile Payments Today, October 12, 2018, https://www.mobilepaymentstoday.com/news/allied-wallet-adds-wechat-pay-with-900-million-active-users/; Kate Rooney, "Fintechs Help Boost US Personal Loan Surge to a Record $138 Billion," CNBC, February 21, 2019, https://www.cnbc.com/2019/02/21/personal-loans-surge-to-a-record-138-billion-in-us-as-fintechs-lead-new-lending-charge.html.

30 Jonathan Kandell, "Can Citi Return to Its Pre-crisis Glory?" Institutional Investor, January 8, 2018, https://www.institutionalinvestor.com/article/b15ywlgddl683f/can-citi-return-to-its-pre-crisis-glory.

31 2009年に同社が公表した従業員数は約30万人だったが、2016年末にはパートタイムとフルタイムの従業員を含めて24万1,000人だった。
"Strong, Steadfast, Sustainable," HSBC Holdings plc, Annual Reports and Accounts 2009, 10, 12, https://www.hsbc.com/-/files/hsbc/investors/investing-in-hsbc/all-reporting/group/2009/hsbc2009ara0.pdf; "Annual Report and Accounts 2016," HSBC Holdings plc, 8, 150, https://www.hsbc.com/-/files/hsbc/investors/investing-in-hsbc/all-reporting/group/2016/annual-results/hsbc-holdings-plc/170221-annual-report-and-accounts-2016.pdf.

32 Bruce Sterling, "Banks Thrilled to Be Free of Customers," *Wired*, July 27, 2016, https://www.wired.com/beyond-the-beyond/2016/07/banks-thrilled-free-customers/.

33 Martin Arnold and Camilla Hall, "Big Banks Giving Up on Their Global Ambitions," *Financial Times*, October 19, 2014, https://www.ft.com/content/95bed102-5641-11e4-bbd6-00144feab7de.

34 シティバンクの日本からの撤退については、以下を参照。Stephen Harner, "Citibank to Quit Japan's Retail Market: Another QE Casualty," *Forbes*, August 19, 2014, https:// www.forbes.com/sites/stephenharner/2014/08/19/another-qe-casualty-citibank-to-quit-japans-retail-market/#f8dd5bf67bb1; informal interview with former senior global business head at Citibank.

35 Kevin Lim, "Singapore's UOB to Launch Digital Bank in Thailand," *Nikkei Asian Review*, February 14, 2019, https://asia.nikkei.com/Business/Companies/Singapore-s-UOB-to-launch-digital-bank-in-Thailand.

36 Jessica Lin, "UOB Is Going After Asean's Millennials with a Digital Bank Called TMRW—and Its Biggest Draw Could Be a Game That Levels-Up with Savings," Business Insider Singapore, February 14, 2019, https://www.businessinsider.sg/uob-is-going-after-aseans-millennials-with-a-digital-bank-called-tmrw-and-

its-biggest-draw-could-be-a-game-that-levels-up-with-savings/.
37 Lin, "UOB Is Going After Asean's Millennials."
38 Lin, "UOB Is Going After Asean's Millennials."
39 Jonathan Wheatley, "Does Investing in Emerging Markets Still Make Sense?" *Financial Times*, July 15, 2019, https://www.ft.com/content/0bd159f2-937b-11e9-aea1-2b1d33ac3271.
40 Economist Intelligence Unit (EIU) のデータベースを用いてBCGが分析。
41 Economist Intelligence Unit (EIU) のデータベースを用いてBCGが分析。
42 Economist Intelligence Unit (EIU) のデータベースを用いてBCGが分析。
43 Bernard Marr, "The Amazing Ways Chinese Face Recognition Company Megvii (Face++) Uses AI and Machine Vision," *Forbes*, May 24, 2019, https://www.forbes.com/sites/bernardmarr/2019/05/24/the-amazing-ways-chinese-face-recognition-company-megvii-face-uses-ai-and-machine-vision/#58e4b7fd12c3.
44 "Ever Better and Cheaper, Face-Recognition Technology Is Spreading," *Economist*, September 9, 2017, https://www.economist.com/business/2017/09/09/ever-better-and-cheaper-face-recognition-technology-is-spreading.
45 Donald R. Lessard and Cate Reavis, "CEMEX: Globalization 'The CEMEX Way,'" MIT Management Sloan School, revised November 16, 2016, https://mitsloan.mit.edu/LearningEdge/CaseDocs/09%20039%20cemex%20%20lessard.pdf.
46 "CEMEX Makes Significant Progress in Asset Disposal Program," Associated Press, March 21, 2019, https://apnews.com/1a037a1fe938441fa389bd5fe6b0cae7.
47 Reeba Zachariah, "Tata Steel to Divest Southeast Operations," *Times of India*, July 21, 2018, https://timesofindia.indiatimes.com/business/india-business/tata-steel-to-divest-southeast-operations/articleshow/65075987.cms; Tata Steel, "Tata Steel Acquires Two Steel Rolling Mills in Vietnam," press release, March 8, 2007, https:// www.tatasteel.com/media/newsroom/press-releases/india/2007/tata-steel-acquires-two-steel-rolling-mills-in-vietnam/.
48 Penny Macrae, "At 100, Tata Steel Aims to Double Output," Live Mint, updated August 26, 2007, https://www.livemint.com/Home-Page/eCfuLf 5DC4hP0uoHOHvrsM/At-100-Tata-Steel-aims-to-double-output.html.
49 Rosemary Marandi, "China's HBIS Buys Control of Tata Steel's Southeast Asia Business," *Nikkei Asian Review*, January 29, 2019, https://asia.nikkei.com/Business/Business-deals/China-s-HBIS-buys-control-of-Tata-Steel-s-Southeast-Asia-business.

50 Silvia Antonioli, "Steel Firm SSI Hopes New Plant Will Help Bring UK Profit," Reuters, June 13, 2013, https://www.reuters.com/article/ssi-uk-steel/steel-firm-ssi-hopes-new-plant-will-help-bring-uk-profit-idUSL5N0EP20T20130613.
51 Kritika Saxena, "After ThyssenKrupp Fall Out, Tata Steel in Talks with Three Companies to Sell European Operations," CNBC, updated May 28, 2019, https:// www.cnbctv18.com/infrastructure/after-thyssenkrupp-fall-out-tata-steel-in-talks-with-three-companies-to-sell-european-operations-3492291.htm; "Tata Steel Cancels Pacts to Sell Southeast Asian Businesses to Hesteel Group," *Economic Times*, August 7, 2019, https://economictimes.indiatimes.com/industry/indl-goods/svs/steel/tata-steel-arm-snaps-pact-with-hbis-group-to-divest-majority-stake-in-se-asia-biz/articleshow/70561112.cms.
52 Rakhi Mazumdar, "Tata Steel Rejigs India, Europe Operations," *Economic Times*, updated August 12, 2019, https://economictimes.indiatimes.com/industry/indl-goods/svs/steel/tata-steel-rejigs-india-europe-operations/articleshow/70636697.cms?from =mdr.
53 マイク・ウィットマン氏（マーズ・チョコレート・ノースアメリカの元サプライチェーン担当バイスプレジデント）へのBCGリサーチチームのインタビュー（2019年7月18日）に基づく。Douglas Yu, "Mars to Bring Maltesers to the US & Canada," Confectioner News, March 13, 2017, https:// www.confectionerynews.com/Article/2017/03/13/Mars-to-launch-Maltesers-in-the-US-Canada.
54 マイク・ウィットマン氏へのBCGリサーチチームのインタビュー（2019年7月18日）に基づく。
55 津谷正明氏へのBCGリサーチチームのインタビュー（2019年11月2日）に基づく。
56 ホルスト・カイザー氏へのBCGチームのインタビュー（2019年）に基づく。
57 ホルスト・カイザー氏へのBCGチームのインタビュー（2019年）に基づく。
58 "Siemens Inks Deal with Alibaba to Launch Digital Products in China," Reuters, July 9, 2018, https://www.reuters.com/article/us-siemens-alibaba/siemens-inks-deal-with-alibaba-to-launch-digital-products-in-china-idUSKBN1JZ22U; "Siemens China : and Wuhan Sign Strategic Cooperation Agreement," Market Screener, November 11, 2019, https://www.marketscreener.com/news/Siemens-China-and-Wuhan-sign-strategic-cooperation-agreement--29563000/.
59 "Siemens in China," Siemens, accessed January 6, 2020, https://new.siemens.com/cn/en/company/about/siemens-in-china.html.
60 ホルスト・カイザー氏へのBCGチームのインタビュー（2019年）に基づく。

61 シーメンスの2012〜2019年のアニュアルレポートのデータに基づく分析。
62 この段落の情報は、オウヤン・チェン氏へのBCGリサーチチームのインタビュー（2019年8月22日）に基づく。
63 このテーマの詳細は以下を参照。Peter H. Diamandis, "Introducing the Augmented World of 2030," September 6, 2019, https://singularityhub.com/2019/09/06/introducing-the-augmented-world-of-2030/.

第4章

1 数字はBCGによる40を超えるエコシステムのベンチマーク調査に基づく。エコシステムの規模と範囲の詳細は以下を参照。Nikolaus Lang, Konrad von Szczepanski, and Charline Wurzer, "The Emerging Art of Ecosystem Management," BCG Henderson Institute, January 16, 2019, https://www.bcg.com/publications/2019/emerging-art-ecosystem-management.aspx.
2 Nicole Jao, "China's Mobile Payment Market Fourth Quarter Growth Dwindled," Technode, March 28, 2019, https://technode.com/2019/03/28/chinas-mobile-payment-market-fourth-quarter-growth-dwindled/.
3 Evelyn Cheng, "How Ant Financial Grew Larger Than Goldman Sachs," CNBC, June 8, 2018, https://www.cnbc.com/2018/06/08/how-ant-financial-grew-larger-than-goldman-sachs.html.
4 BCGが、独自データベースと企業のウェブサイトを用いて調査・分析を行った。
5 "Ant Financial: How a Bug Took on the World," Asia Money, September 26, 2019, https://www.euromoney.com/article/b1h7mtyfd5d8lg/ant-financial-how-a-bug-took-on-the-world.
6 "Ant Financial: How a Bug Took on the World."
7 BCGが、独自データベースと企業ウェブサイトを用いて調査・分析を行った。
8 BCG調査。Rita Liao, "Alibaba's Alternative to the App Store Reaches 230M Daily Users," Techcrunch, January 29, 2019, https://techcrunch.com/2019/01/29/alibaba-alipay-mini-programs-230m-users/.
9 BCG調査。"Ant Financial: How a Bug Took on the World"; "Ant Financial," *Fast Company*, January 2020, https://www.fastcompany.com/company/ant-financial.
10 John Detrixhe, "China's Ant Financial, Thwarted in the US, Is Expanding Rapidly in Europe," Quartz, March 15, 2019; "Ant Is Worth 50% More Than Goldman with $150 Billion Valuation," Bloomberg, April 10, 2018, http://www.bloomberg.com/news/articles/2018-04-11/ant-is-worth-50-more-than-goldman-with-150-billion-valuation.

11 Harvey Morris, "China's March to Be the World's First Cashless Society: China Daily Contributor," *Straittimes*, April 8, 2019, https://www.straitstimes.com/asia/east-asia/chinas-march-to-be-the-worlds-first-cashless-society-china-daily-contributor.

12 Morris, "China's March to Be the World's First Cashless Society."

13 Donna Lu, "China Is Showing the Rest of the World How to Build a Cashless Society," New Scientist, January 9, 2019, https://www.newscientist.com/article/mg24132120-100-china-is-showing-the-rest-of-the-world-how-to-build-a-cashless-society/#ixzz60rB4qQ63. 2019年時点で、世界中の多くの国で昔ながらの紙幣はあまり使われなくなり、キャッシュレス決済がますます多く利用されるようになっている。マレーシアでの調査では、消費者のかなり多く（70%）が、紙幣ではなくデジタルで支払いができる店舗から購入することを選択していた（Harizah Kamel, "Malaysia Is Fast Becoming a Cashless Society," Malaysian Reserve, September 20, 2019, https://themalaysianreserve.com/2019/09/20/malaysia-is-fast-becoming-a-cashless-society/）。スウェーデンでは、現金を引き出すためにATMを使用している人はわずか5分の1であるのに対し、何千人もの人々がコンピューター・チップを手に埋め込み、まったく新しい種類の利便性を享受している。ほんの少し手を振るだけで、食料品の支払いや公共交通機関の切符購入ができる（Liz Alderman, "Sweden's Push to Get Rid of Cash Has Some Saying, 'Not So Fast,'" *New York Times*, November 21, 2018, https://www.nytimes.com/2018/11/21/business/sweden-cashless-society.html; Maddy Savage, "Thousands of Swedes Are Inserting Microchips Under Their Skin," National Public Radio（All Things Considered）, October 22, 2018, https://www.npr.org/2018/10/22/658808705/thousands-of-swedes-are-inserting-microchips-under-their-skin?t=1541532530852）.

14 Michael Lyman, Ron Ref, and Oliver Wright, "Cornerstone of Future Growth: Ecosystems," Accenture, 2018, https://www.accenture.com/_acnmedia/PDF-77/Accenture-Strategy-Ecosystems-Exec-Summary-May2018-POV.pdf#zoom=50.

15 Nikolaus Lang, Konrad von Szczepanski, and Charline Wurzer, "The Emerging Art of Ecosystem Management," BCG Henderson Institute, January 16, 2019, https:// www.bcg.com/publications/2019/emerging-art-ecosystem-management.aspx. この後に続く内容は主にこの記事の内容を参考にしている。

16 "Together 2025+," Volkswagen AG, accessed January 14, 2020, https://www.volkswagenag.com/en/group/strategy.html.

17 Andrew Krok, "VW Car-Net's Massive Updates Include 5 Free Years of Remote

Access," CNET, September 17, 2019, https://www.cnet.com/roadshow/news/vw-car-net-overhaul-update-connectivity-remote-access/.

18 フォルクスワーゲンのエコシステムについて、同社や参加パートナーのウェブサイト、各種報道を基にBCGが分析した。

19 Lang, von Szczepanski, and Wurzer, "The Emerging Art of Ecosystem Management."

20 "[Infographic] Get Smart: The Latest in What SmartThings Can Do for You," Samsung Newsroom, October 30, 2019, https://news.samsung.com/global/infographic-get-smart-the-latest-in-what-smartthings-can-do-for-you.

21 Amazon, "Amazon Introduces an Array of New Devices and Features to Help Make Your Home Simpler, Safer, and Smarter," press release, September 25, 2019, https://press.aboutamazon.com/news-releases/news-release-details/amazon-introduces-array-new-devices-and-features-help-make-your.

22 "AKQA & Dyson Launch a Connected Way to Clean with Dyson Link App," Little Black Boom, September 18, 2014, https://lbbonline.com/news/akqa-dyson-launch-a-connected-way-to-clean-with-dyson-link-app/; Tanya Powley, "Dyson Helps Launch Design Engineering School at Imperial College," *Financial Times*, March 22, 2015, https://www.ft.com/content/73b0b9ac-cf15-11e4-893d-00144feab7de.

23 John Markoff and Laura M. Holson, "Apple's Latest Opens a Developers' Playground," *New York Times*, July 10, 2008, https://www.nytimes.com/2008/07/10/technology/personaltech/10apps.html. The five-million figure is a projection: Sarah Perez, "App Store to Reach 5 Million Apps by 2020, with Games Leading the Way," Techcrunch, August 10, 2016, https://techcrunch.com/2016/08/10/app-store-to-reach-5-million-apps-by-2020-with-games-leading-the-way/.

24 Kevin Kelleher, "Developer's $34 Billion Earnings from Apple's App Store Rose 28% in 2018," *Fortune*, January 28, 2019, https://fortune.com/2019/01/28/apple-app-store-developer-earnings-2018/; Lauren Goode, "App Store 2.0," Verge, accessed February 9, 2020, https://www.theverge.com/2016/6/8/11880730/apple-app-store-subscription-update-phil-schiller-interview; "Apple Rings in New Era of Services Following Landmark Year," Apple, updated January 8, 2020, https://www.apple.com/newsroom/2020/01/apple-rings-in-new-era-of-services-following-landmark-year/.

25 BCG調査。

26 Harriet Agnew, "Digital Health Start-Up Doctolib Raises €150m at a €1bn+ Valuation," *Financial Times*, March 19, 2019, https://www.ft.com/content/58ba164e-4a62-11e9-bbc9-6917dce3dc62; Romain Dillet, "Doctolib Grabs $20 Million for Its Booking Platform for Doctors," Techcrunch, October 12, 2015, https://techcrunch.com/2015/10/12/doctolib-grabs-20-million-for-its-booking-platform-for-doctors/.

27 アレクサの戦略パートナーは、アレクサを搭載したデバイスのメーカーか、各社プラットフォームにアクセスするルートとしてアレクサを用いている企業である。

28 Erika Malzberg, "Caterpillar and the Age of Smart Iron," Zuora, May 22, 2017, https://www.zuora.com/2017/05/22/caterpillar-and-the-age-of-smart-iron/; Bob Woods, "Caterpillar's Autonomous Vehicles May Be Used by NASA to Mine the Moon and Build a Lunar Base," CNBC, October 23, 2019, https://www.cnbc.com/2019/10/23/caterpillar-and-nasa-developing-autonomous-vehicles-to-mine-the-moon.html.

29 この部分は以下を参考にしている。Michael G. Jacobides, Nikolaus Lang, Nanne Louw, and Konrad von Szczepanski, "What Does a Successful Ecosystem Look Like?" BCG, June 26, 2019, https://www.bcg.com/publications/2019/what-does-successful-digital-ecosystem-look-like.aspx.

30 統計データによると、世界第2位の検索エンジンである。"Everything You Need to Know About Baidu: The Largest Search Engine in China," Search Decoder, accessed February 4, 2020, https://www.searchdecoder.com/largest-search-engine-in-china-baidu; "Baidu Announces Project Apollo, Opening Up Its Autonomous Driving Platform," GlobalNewswire, April 18, 2017, https://www.globenewswire.com/news-release/2017/04/19/1018939/0/en/Baidu-Announces-Project-Apollo-Opening-Up-its-Autonomous-Driving-Platform.html.

31 Meng Jing, "Baidu Leads Tesla, Uber and Apple in Developing Self-Driving Cars," *South China Morning Post*, January 18, 2018, https://www.scmp.com/tech/enter prises/article/2129559/baidu-leads-tesla-uber-and-apple-developing-self-driving-cars.

32 Kyle Wiggers, "Baidu's DuerOS Voice Platform Is Now on 400 Million Devices," Venture Beat, July 2, 2019, https://venturebeat.com/2019/07/02/baidus-dueros-voice-platform-is-now-on-400-million-devices/.

33 BCGの調査・分析より。

34 Kyle Wiggers, "Baidu's Autonomous Cars Have Driven More Than 1 Million

Miles Across 13 Cities in China," Venture Beat, July 2, 2019, https://venturebeat.com/2019/07/02/baidus-autonomous-cars-have-driven-more-than-1-million-miles-across-13-cities-in-china/.

35 Ryan Daws, "Shanghai Becomes the First Chinese City to License Self-Driving Cars to Carry Passengers," bT News, September 19, 2019, https://www.iottechnews.com/news/2019/sep/19/shanghai-first-chinese-city-license-self-driving-cars-passengers/.

36 "Amazon Introduces the Alexa Fund: $100 Million in Investments to Fuel Voice Technology Innovation," Business Wire, June 25, 2015, https://www.businesswire.com/news/home/20150625005704/en/Amazon-Introduces-Alexa-Fund-100-Million-Investments.

37 Chris Ziegler, "Nokia CEO Stephen Elop Rallies Troops in Brutally Honest 'Burning Platform' Memo? (Update: It's Real!)," Engadget, February 8, 2011, https:// www.engadget.com/2011/02/08/nokia-ceo-stephen-elop-rallies-troops-in-brutally-honest-burnin/.

38 これらの問いは主に以下文献に基づく。
Lang, von Szczepanski, and Wurzer, "The Emerging Art of Ecosystem Management." https://www.bcg.com/publications/2019/emerging-art-ecosystem-management

第5章

1 Oxford Economics and OECD.orgのデータを用いてBCGが分析した。

2 N・チャンドラセカラン氏（タタ・グループ会長）への著者らのインタビュー（2020年1月14日）に基づく。

3 "TCS Hungary Townhall 2019," Tata Consultancy Services, accessed January 20, 2020, https://www.mytcscareer.com/; "TCS Opens Fifth Delivery Centre in China," *Business Standard*, January 20, 2013, https://www.business-standard.com/article/technology/tcs-opens-fifth-delivery-centre-in-china-110082200076_1.html; Tata Consultancy Services, "TCS Opens New Global Delivery Center in Argentina," press release, accessed January 1, 2020, https://www.tcs.com/tcs-new-delivery-center-argentina; "Annual Report 2018–2019: Growth and Transformation with Business 4.0," Tata Consultancy Services, https://www.tcs.com/content/dam/tcs/investor-relations/financial-statements/2018-19/ar/annual-report-2018-2019.pdf.

4 "Tata Consultancy Services," Tata Consultancy Services, accessed January 20,

2020, https://www.ibef.org/download/Tata_Consultancy_Services.pdf.

5 BCG ValueScience Center、NASDAQ、NSEのデータを用いてBCGが調査・分析を行った。

6 BCG ValueScience Centerのデータとアニュアルレポートを用いたBCGの調査・分析、およびN・チャンドラセカラン氏への著者らのインタビュー（2020年1月14日）に基づく。

7 "Asia with Little Variation in the Share of World Footwear Exports," World Footwear, September 14, 2016, https://www.worldfootwear.com/news/asia-with-little-variation-in-the-share-of-world-footwear-exports/1882.html.

8 Mark Abraham et al., "The Next Level of Personalization in Retail," BCG, June 4, 2019, https://www.bcg.com/publications/2019/next-level-personalization-retail.aspx.

9 Catrin Morgan et al., "Use of Three-Dimensional Printing in Preoperative Planning in Orthopaedic Trauma Surgery: A Systematic Review and Meta-analysis," *World Journal of Orthopedics* 11, no. 1 (January 18, 2020), http://dx.doi.org/10.5312/wjo.v11. i1.57.

10 "'ECU' Is a Three Letter Answer for All the Innovative Features in Your Car: Know How the Story Unfolded," Embitel, accessed March 8, 2020, https://www.embitel.com/blog/embedded-blog/automotive-control-units-development-innovations-mechanical-to-electronics; Jeff Desjardins, "How Many Millions of Lines of Code Does It Take?" Visual Capitalist, February 8, 2017, https://www.visualcapitalist.com/millions-lines-of-code/.

11 エマニュエル・ラガリーグ氏へのBCGチームのインタビュー（2019年10月30日）に基づく。

12 Zach Stolzenberg, "Adidas: Racing to Supply Chain 4.0," Harvard Business School Digital Initiative, November 12, 2017, https://digital.hbs.edu/platform-rctom/submission/adidas-racing-to-supply-chain-4-0/; Tansy Hoskins, "Robot Factories Could Threaten Jobs of Millions of Garment Workers," *Guardian*, July 16, 2016, https:// www.theguardian.com/sustainable-business/2016/jul/16/robot-factories-threaten-jobs-millions-garment-workers-south-east-asia-women; "Adidas's High-Tech Factory Brings Production Back to Germany," *Economist*, January 14, 2017, https://www.economist.com/business/2017/01/14/adidass-high-tech-factory-brings-production-back-to-germany.

13 "Adidas' First Speedfactory Lands in Germany," Adidas, accessed February 12, 2020, https://www.adidas-group.com/en/media/news-archive/press-

releases/2015/adidas- first-speedfactory-lands-germany/.

14 Sara Germano, "Adidas to Close Sneaker Factory in the U.S., Move Production to Asia," *Wall Street Journal*, November 11, 2019, https://www.wsj.com/articles/adidas-to-close-sneaker-factory-in-the-u-s-move-production-to-asia-11573485445?mod=hp _lista_pos2.

15 ピーター・ローゼンフェルド氏へのBCGチームのインタビュー（2019年7月19日）に基づく。

16 ピーター・ローゼンフェルド氏へのBCGチームのインタビュー（2019年7月19日）に基づく。

17 Beau Jackson, "3D Bioprinting Center of Excellence Launched by Amber and Johnson & Johnson," 3D Printing Industry, February 22, 2018, https://3dprintingindustry.com/news/3d-bioprinting-center-excellence-launched-amber-johnson-johnson-129373/.

18 Corey Clarke, "Johnson & Johnson Partners with Bioprinters to Create 3D Printed Knee," 3D Printing Industry, January 6, 2017, https://3dprintingindustry.com/news/johnson-johnson-partner-bioprinters-create-3d-printed-knee-102336/.

19 "Partner Up—Building a Global Manufacturing Network," Medical Device, May 8, 2017, https://www.medicaldevice-developments.com/features/featurepartner-up-building-a-global-manufacturing-network-5846594/.

20 Peter Pham, "Vietnam's Trade War Balancing Act," *Forbes*, November 29, 2018, https://www.forbes.com/sites/peterpham/2018/11/29/vietnams-trade-war-balancing-act/#63db28677b36.シューズメーカーは米中貿易戦争の影響を回避し、ベトナムでの安い人件費の恩恵を受けようとしてきたため、中国での生産は減少しベトナムでの生産が増加している。ナイキ、プーマ、アディダスの調達戦略によりこのトレンドが促進されている。

21 BCGに提供された企業データより。

22 Hemani Sheth, "Samsung Invests $500 Million for New Smartphone Display Manufacturing Plant in India," *Hindu Business Line*, updated January 20, 2020, https:// www.thehindubusinessline.com/info-tech/samsung-invests-500-million-for-new-smartphone-display-manufacturing-plant-in-india/article30605865.ece.

23 "Samsung to Expand U.S. Operations, Open $380 Million Home Appliance Manufacturing Plant in South Carolina," Samsung Newsroom, June 28, 2017, https:// news.samsung.com/us/samsung-south-carolina-home-appliance-

manufacturing-plant-investment-newberry/.
24 アニル・チャウダリー氏（シュナイダー・エレクトリックのインドのゾーン・プレジデント兼MD）へのBCGチームのインタビュー（2019年7月12日）に基づく。
25 "MindSphere Application Centers," Siemens, accessed February 19, 2020, https://new.siemens.com/global/en/products/software/mindsphere/application-centers.html; Brian Buntz, "Siemens Exec Dishes on MindSphere Industrial IoT Platform," IOT Today, June 7, 2019, https://www.iotworldtoday.com/2019/06/07/siemens-exec-dishes-on-mindsphere-industrial-iot-platform/.
26 Tomas Kellner, "Wind in the Cloud? How the Digital Wind Farm Will Make Wind Power 20 Percent More Efficient," GE Reports, September 27, 2015, https:// www.ge.com/reports/post/119300678660/wind-in-the-cloud-how-the-digital-wind-farm-will-2/.
27 Markets and Markets, "Digital Twin Market Worth $35.8 Billion by 2025," press release, accessed February 19, 2020, https://www.marketsandmarkets.com/PressReleases/digital-twin.asp.
28 "Industrial Digital Twins: Real Products Driving $1B in Loss Avoidance," GE Digital (blog), accessed February 19, 2020, https://www.ge.com/digital/blog/industrial-digital-twins-real-products-driving-1b-loss-avoidance.

第6章

1 Rich Miller, "Facebook Accelerates Its Data Center Expansion," Data Center Frontier, March 19, 2018, https://datacenterfrontier.com/facebooks-accelerates-data-center-expansion/.
2 Arindam Bhattacharya, "Digital Globalisation vs Geopolitical Globalisation: A Tale of Two Worlds," *Economic Times*, June 18, 2017, https://economictimes.indiatimes.com/tech/internet/digital-globalisation-vs-geopolitical-globalisation-a-tale-of-two-worlds/articleshow/59173111.cms?from=mdr; Analysis based on data from TeleGeography, April 2019.
3 Gartnerのデータを用いてBCGが分析。
4 J. Clement, "Global Digital Population as of April 2020," Statista, June 4, 2020, https://www.statista.com/statistics/617136/digital-population-worldwide/.
5 ITUのデータを用いてBCGが分析。固定ブロードバンド・バスケットの詳細は以下を参照。"ICT Price Basket Methodology," ITU, accessed March 12, 2020, https://www.itu.int/en/ITU-D/Statistics/Pages/definitions/pricemethodology.aspx.

6 "Internet of Things Forecast," Ericsson, accessed March 9, 2020, https://www.ericsson.com/en/mobility-report/internet-of-things-forecast.

7 Caroline Donnelly, "Public Cloud Competition Prompts 66% Drop in Prices Since 2013, Research Reveals," Computer Weekly, January 12, 2016, https://www.computerweekly.com/news/4500270463/Public-cloud-competition-results-in-66-drop-in-prices-since-2013-research-reveals.

8 "Volume of Data/Information Created Worldwide from 2010 to 2025," Statista, February 28, 2020, https://www.statista.com/statistics/871513/worldwide-data-created/.

9 "The 2017 Global CVC Report," CB Insights, 2017, https://relayto.com/cdn/media/files/ZaqycE4xRtyhl7er5GgE_CB-Insights_CVC-Report-2017.pdf; Kathleen Walch, "Is Venture Capital Investment in AI Excessive?" *Forbes*, January 5, 2020, https://www.forbes.com/sites/cognitiveworld/2020/01/05/is-venture-capital-investment-for-ai-companies-getting-out-of-control/#7c37438c7e05.

10 Ian Sherr, "Fortnite Reportedly Will Pull in an Epic $3 Billion Profit This Year," CNET, December 27, 2018, https://www.cnet.com/news/fortnite-reportedly-will-pull-in-an-epic-3-billion-profit-this-year/. フォートナイトに関する情報は以下を参照。Akhilesh Ganti, "How Fortnite Makes Money," Investopedia, August 20, 2019, http://www.investopedia.com/tech/how-does-fortnite-make-money/; Felix Richter, "The Biggest Free-to-Play Cash Cows of 2019," Statista, January 3, 2020, https://www.statista.com/chart/16687/top-10-free-to-play-games/; Rupert Neate, "Fortnite Company Epic Games Valued at Nearly $15bn After Cash Boost," *Guardian*, October 28, 2018, https://www.theguardian.com/games/2018/oct/28/fortnite-company-epic-games-valued-15bn.

11 Kayla Matthews, "Precision Farming: AI and Automation Are Transforming Agriculture," Data Center Frontier, October 31, 2019, https://datacenterfrontier.com/precision-farming-ai-and-automation-are-transforming-agriculture/.

12 Ofir Schlam, "4 Ways Big Data Analytics Are Transforming Agriculture," Future Farming, July 15, 2019, https://www.futurefarming.com/Tools-data/Articles/2019/7/4-ways-big-data-analytics-are-transforming-agriculture-450440E/.

13 Bhaskar Chakravorti, "A Game Plan for Technology Companies to Actually Help Save the World," Conversation, November 6, 2018, https://theconversation.

com/a-game-plan-for-technology-companies-to-actually-help-save-the-world-105007.
14 Cassie Perlman, "From Product to Platform: John Deere Revolutionizes Farming," *Harvard Business Review*, August 25, 2017, https://digital.hbs.edu/data-and-analysis/product-platform-john-deere-revolutionizes-farming/.
15 Perlman, "From Product to Platform."
16 アレハンドロ・サヤゴ氏へのBCGチームのインタビュー（2019年10月23日）に基づく。
17 "S-Series Combines," John Deere, accessed March 9, 2020, https://www.deere.com/en/harvesting/s-series-combines/?panel=harvest.
18 詳細はジョンディアの企業サイトを参照。 http://www.deere.com.
19 "John Deere Operations Center," John Deere, accessed March 9, 2020, https://www.deere.com/en/technology-products/precision-ag-technology/data-management/operations-center/. 同社技術であるExactEmergeにより、プランターを超高速で水平方向に移動させながら、高精度の播種が可能になる。https://www.deere.com/assets/publications/index.html?id=6f7a8a69.
20 詳細情報は同社サイトの「Sシリーズ・コンバイン」を参照。
21 Adele Peters, "How John Deere's New AI Lab Is Designing Farm Equipment for a More Sustainable Future," *Fast Company*, September 11, 2017, https://www.fastcompany.com/40464024/how-john-deeres-new-ai-lab-is-designing-farm-equipment-for-more-sustainable-future.
22 Bernard Marr, "The Amazing Ways John Deere Uses AI and Machine Vision to Help Feed 10 Billion People," *Forbes*, March 15, 2019, https://www.forbes.com/sites/bernardmarr/2019/03/15/the-amazing-ways-john-deere-uses-ai-and-machine-vision-to-help-feed-10-billion-people/#2fa699232ae9.
23 Peters, "How John Deere's New AI Lab Is Designing Farm Equipment."
24 C. Williams, "Farm to Data Table: John Deere and Data in Precision Agriculture," Harvard Business School Digital Initiative, November 12, 2019, https://digital.hbs.edu/plat form-digit/submission/farm-to-data-table-john-deere-and-data-in-precision-agricul ture/.
25 Scott Ferguson, "John Deere Bets the Farm on AI, bT," Light Reading, March 12, 2018, https://www.lightreading.com/enterprise-cloud/machine-learning-and-ai/john-deere-bets-the-farm-on-ai-iot/a/d-id/741284.
26 詳細はジョンディアの企業サイトを参照。 http://www.deere.com.
27 Sharon O'Keeffe, "FarmConnect Initiated by John Deere, Claas and CNH Indus-

tral," *Farm Weekly*, November 19, 2019, https://www.farmweekly.com.au/story/6497351/machinery-companies-collaborate-on-data/.
28 O'Keeffe, "FarmConnect."
29 "Deere & Company Board Elects John May as CEO and Board Member," press release, August 29, 2019, https://www.prnewswire.com/news-releases/deere--company-board-elects-john-may-as-ceo-and-board-member-300909127.html.
30 この節の情報は以下を参考にした。"L'Oréal Data-Driven Marketing & Digital Focus Continues to Boost Sales," Digital Media Solutions, December 3, 2019, https:// insights.digitalmediasolutions.com/articles/loreal-sees-record-sales-growth.
31 "L'Oréal Data-Driven Marketing & Digital Focus."
32 Rory Butler, "L'Oréal Powers Its R&D by Processing 50 Million Pieces of Data a Day," *Manufacturer*, November 5, 2019, https://www.themanufacturer.com/articles/loreal-powers-its-rd-by-processing-50-million-pieces-of-data-a-day/.
33 Butler, "L'Oréal Powers Its R&D."
34 "L'Oréal Data-Driven Marketing & Digital Focus."
35 "How Open Science and External Innovation Are Transforming Drug Development," Stat, accessed March 10, 2020, https://www.statnews.com/sponsor/2018/08/30/transforming-drug-development-allergan/.
36 "Biotechs Investments Disrupt Big Pharma Business Model," *BNP Paribas*, December 11, 2019, https://group.bnpparibas/en/news/biotechs-investments-disrupt-big-pharma-business-model.
37 "Annual Report," GlaxoSmithKline, 2018, https://www.gsk.com/media/5347/strategic-report.pdf.
38 "GSK and 23andMe Sign Agreement to Leverage Genetic Insights for the Development of Novel Medicines," press release, July 25, 2018, https://www.gsk.com/en-gb/media/press-releases/gsk-and-23andme-sign-agreement-to-leverage-genetic-insights-for-the-development-of-novel-medicines/.
39 "Open Targets," Hyve, accessed March 10, 2020, https://thehyve.nl/solutions/open-targets/.
40 "About UK Biobank," Biobank, accessed March 10, 2020, https://www.ukbiobank.ac.uk/about-biobank-uk/.
41 "Siemens AG," *Encyclopaedia Britannica*, accessed March 10, 2020, https://www.britannica.com/topic/Siemens-AG. https://www.britannica.com/topic/Siemens-AG.

42 "Siemens Sells Mobile Phone Biz to BenQ," *China Daily*, updated June 8, 2005, http://www.chinadaily.com.cn/english/doc/2005-06/08/content_449618.htm.

43 ホルスト・カイザー氏へのBCGチームのインタビュー（2018年4月17日）に基づく; "History: Wind Power Pioneers," Siemens, accessed March 10, 2020, https://www.siemensgamesa.com/en-int/about-us/company-history.

44 シーメンスのリーダーたちから聞いた情報に基づく。さらなる情報は以下を参照。Eric Johnson, "A Big Brain for Power Plant Diagnostics," *Living Energy* 9 (December 2013): 65, https://assets.new.siemens.com/siemens/assets/api/uuid:dbfd4b 0d225b592bd2e6ded1c4210cfe2e403a8d/version:1533824147/power-plant-diagnostics-rds-living-energy-9.pdf.

45 "Annual Report 2019," Siemens, 2019, https://assets.new.siemens.com/siemens/assets/api/uuid:59a922d1-eca0-4e23-adef-64a05f0a8a61/siemens-ar2019.pdf; Georgina Prodhan, "Siemens Sees Scale, Data Privacy as Winners in Digital Race," Reuters, December 15, 2017, https://www.reuters.com/article/us-siemens-digital/siemens-sees-scale-data-privacy-as-winners-in-digital-race-idUSKBN1E90YY; "Siemens—Business Fact Sheets," Siemens, 2019, https://www.siemens.com/investor/pool/en/investor _relations/equity-story/Siemens-Business-Fact-Sheets.pdf.

46 ホルスト・カイザー氏へのBCGチームのインタビュー（2018年3月17日）に基づく。

47 Schneider Electric, "Schneider Electric Launches Next Generation of EcoStruxure™, the Architecture and Platform for End-to-End ЬT-Enabled Solutions at Scale," PR Newswire, November 29, 2016, https://www.prnewswire.com/news-releases/schneider-electric-launches-next-generation-of-ecostruxure-the-architecture-and-platform-for-end-to-end-iot-enabled-solutions-at-scale-300369412.html.

48 Schneider Electric, "Schneider Electric Launches."

49 "Ambitious Outlook. Positive Action. Full Accountability," Schneider Electric, 2018, https://www.se.com/ww/en/assets/564/document/69032/2018-annual-report.pdf; "Digital Innovations for a Sustainable World," Schneider Electric, 2019, https:// www.se.com/ww/en/assets/564/document/124836/annual-report-2019-en.pdf.

50 Schneider Electric, "Schneider Electric Launches New Digital Ecosystem to Drive Worldwide Economies of Scale for ЬT Solutions," PR Newswire, April 1, 2019, https://www.prnewswire.com/news-releases/schneider-electric-launches-

new-digital-ecosystem-to-drive-worldwide-economies-of-scale-for-iot-solutions-300821811.html.
51 エルヴェ・クーレイユ氏へのBCGチームのインタビュー（2019年10月25日）に基づく。
52 エルヴェ・クーレイユ氏へのBCGチームのインタビュー（2019年10月25日）に基づく。
53 エルヴェ・クーレイユ氏へのBCGチームのインタビュー（2019年10月25日）に基づく。
54 "Where Problems Find Solutions," Schneider Electric Exchange, accessed March 11, 2020, https://exchange.se.com/.
55 エマニュエル・ラガリーグ氏へのBCGチームのインタビュー（2019年10月30日）に基づく。
56 エルヴェ・クーレイユ氏へのBCGチームのインタビュー（2019年10月25日）に基づく。
57 2018年の世界のロジスティクス市場規模は4.7兆ドルとする推定がある。"The Global Logistics Market Reached a Value of US$ 4,730 Billion in 2018 and Will Continue to Rise by 4.9% by 2024," Business Wire, July 3, 2019, https:// www.businesswire.com/news/home/20190703005488/en/Global-Logistics-Market-Reached-4730-Billion-2018.
58 さらなる情報は同社のウェブサイトを参照。http://www.flexport.com.
59 "How Gerber Gains End-to-End Supply Chain Visibility and Savings with Flexport," Flexport, accessed March 11, 2020, https://www.flexport.com/customers/gerber/; "How American Metalcraft Serves Up Digital Transformation with Flexport," Flexport, accessed March 11, 2020, https://www.flexport.com/customers/american-metalcraft/; "Leading Smart Travel Brand, Horizn Studios, Breathes New Life into a Centuries-Old Industry and Transforms Operations," Flexport, accessed April 3, 2020, https://www.flexport.com/customers/horizn-studios/.
60 Alex Konrad, "Freight Startup Flexport Hits $3.2 Billion Valuation After $1 Billion Investment Led by SoftBank," *Forbes*, February 21, 2019, https://www.forbes.com/sites/alexkonrad/2019/02/21/flexport-raises-1-billion-softbank/#430462ac5650.
61 "Digitalisation in the Energy Industry: Adapt, or Be Disrupted," Shell, March 5, 2019, https://www.shell.com/business-customers/lubricants-for-business/news-and-media-releases/2019/digitalisation-in-the-energy-industry.html.

62 “Revolutionary Wireless Telematics,” Machine Max, accessed March 11, 2020, https://machinemax.com/.
63 IDCのGlobal DataSphereの2018年のデータより。
64 ラッセル・ストークス氏（ワールプールの全社戦略担当バイスプレジデント）へのBCGチームのインタビュー（2019年6月12日）に基づく。
65 以下を基にBCGが分析。“Total Worldwide Software Revenue Market Share by Market,” Gartner Report, April 2019.
66 “Mass Data Fragmentation: The Main Cause of ‘Bad Data’ and How to Take Control of It,” Information Age, May 17, 2019, https://www.information-age.com/mass-data-fragmentation-123482521/.
67 “AI and Data Irony—Ferrari Without Fuel?” Data Quest, November 20, 2019, https://www.dqindia.com/ai-data-irony-ferrari-without-fuel/.
68 Alan Cohen, “The Mass Data Fragmentation Cleanup,” *Forbes*, October 24, 2018, https://www.forbes.com/sites/forbestechcouncil/2018/10/24/the-mass-data-frag mentation-cleanup/#55a48cfa67a9.

第7章

1 “ByteDance,” generated by PitchBook for Samridhi Agarwal, Boston Consulting Group Global, updated March 4, 2020; “About Us,” ByteDance, accessed March 14, 2020, https://job.bytedance.com/en/.
2 モージア・リー氏（バイトダンス　マネジメント・ストラテジー・インスティテュートのストラテジー・ディレクター）へのBCGチームのインタビュー（2019年8月22日）に基づく.
3 この部分の情報はBCG内部での調査に基づく。
4 この段落全体は、主にBCGリサーチチームによるモージア・リー氏へのインタビュー（2019年8月22日）を参考にした。
5 この段落の資料は、BCGブルース・ヘンダーソン研究所が実施したリサーチに基づく。
6 Martin Danoesastro, “Nick Jue on Transforming ING Netherlands and Introducing an Agile Way of Working,” BCG, July 17, 2017, https://www.bcg.com/publications/2017/technology-digital-financial-institutions-nick-jue-transforming-ing.aspx.（邦訳「ING オランダの「アジャイル」革命：元CEO Nick Jue氏に聞く」https://www.bcg.com/ja-jp/change-management-with-agile）
7 中央銀行、企業ウェブサイト、エコノミスト・インテリジェンス・ユニットのグローバル・リテールバンキングについての2018年のレポートのデータを使って

BCGが分析。

8 Katrina Cuthell, "Many Consumers Trust Technology Companies More Than Banks," Bain, January 9, 2019, https://www.bain.com/insights/many-consumers-trust-technology-companies-more-than-banks-snap-chart/.

9 Erin Lyons, "RBS Takes Inspiration from Amazon and Uber as It Puts Focus on Customer Experience," Phvntom, October 3, 2018, https://phvntom.com/rbs-takes-inspiration-from-amazon-and-uber-as-it-puts-focus-on-customer-experience/.

10 BCGの銀行業界の情報、Expand Fintechデータベース、Fintech ControlTowerのデータを用いてBCGが分析。

11 ING Investor Day Presentation (2019).

12 "'We Want to Be a Tech Company with a Banking License'—Ralph Hamers," ING, August 8, 2017, https://www.ing.com/Newsroom/News/We-want-to-be-a-tech-company-with-a-banking-license-Ralph-Hamers.htm.

13 Martin Danoesastro, "Nick Jue on Transforming ING Netherlands and Introducing an Agile Way of Working," BCG, July 17, 2017, https://www.bcg.com/publications/2017/technology-digital-financial-institutions-nick-jue-transforming-ing.aspx.（邦訳「ING オランダの「アジャイル」革命：元CEO Nick Jue氏に聞く」https://www.bcg.com/ja-jp/change-management-with-agile）

14 1970年代、1990年代に遡ってのマトリクス組織とその欠点に関する厳密な評価については以下を参照。Stanley M. Davis and Paul R. Lawrence, "Problems of Matrix Organizations," *Harvard Business Review*, May 1978, https://hbr.org/1978/05/problems-of-matrix-organizations; Christopher A. Bartlett and Sumantra Ghoshal, "Matrix Management: Not a Structure, a Frame of Mind," *Harvard Business Review*, July–August 1990, https://hbr.org/1990/07/matrix-management-not-a-structure-a-frame-of-mind.

15 今日のグローバル企業は、官僚主義、もしくはBCGで「繁雑性」と呼んでいるものに悩まされている。これは「外部のビジネス環境における複雑性の高まりをマネジメントするために企業が課している組織構造、プロセス、手順、意思決定権、指標、スコアカード、委員会などの数が増加すること」と定義される（Reinhard Messenböck et al., "Simplify First—Then Digitize," BCG, August 8, 2019, https://www.bcg.com/capabilities/change-management/simplify-first-then-digitize.aspx）。

16 マーティン・ダノエサストロ（BCGアムステルダム・オフィスのマネージング・ディレクター&シニアパートナー）へのBCGチームのインタビュー（2019年6月

12日）に基づく。

17 ING グループの2014年アニュアルレポート（184ページ）を参照。2020年4月19日 に 調 査。https://www.ing.com/web/file?uuid=9e4a52e6-1746-4a83-b31f-1c5978c8361c&owner =b03bc017-e0db-4b5d-abbf-003b12934429&contentid =33430.

18 Saabira Chaudhuri, "Outfoxed by Small-Batch Upstarts, Unilever Decides to Imitate Them," *Wall Street Journal*, January 2, 2018, https://www.wsj.com/articles/outfoxed-by-small-batch-upstarts-unilever-decides-to-imitate-them-1514910342.

19 "Making Sustainable Living Commonplace," Unilever (Annual Report and Accounts), annual report, 2017, 10, https://www.unilever.com/Images/ara-principle-risk-factors_tcm244-525944_en.pdf.

20 サンジブ・メフタ氏へのBCGチームのインタビュー（2019年7月24日）に基づく; Ajita Shashidhar, "How HUL Got Its Mojo Back," *Business Today*, August 12, 2018, https://www.businesstoday.in/magazine/cover-story/how-hul-got-its-mojo-back/story/280535.html.

21 "Making Sustainable Living Commonplace," Unilever, 2017, 10.

22 サンジブ・メフタ氏へのBCGチームのインタビュー（2019年7月24日）に基づく。

23 "Unilever Investor Event," Hindustan Unilever Limited, December 4, 2018, 23, https://www.hul.co.in/Images/hul-presentation-to-investors_tcm1255-529129_en.pdf.

24 "Unilever Investor Event," Hindustan Unilever Limited, 21.

25 ニティン・パランジペ氏へのBCGチームのインタビュー（2019年7月10日）に基づく。

26 ニティン・パランジペ氏へのBCGチームのインタビュー（2019年7月10日）に基づく。

27 "Making Sustainable Living Commonplace," Unilever, 2017.

28 "Making Sustainable Living Commonplace," Unilever (Annual Report and Accounts), 2016: 27, https://www.unilever.com/Images/unilever-annual-report-and-accounts-2016_tcm244-498880_en.pdf; "Purpose-Led, Future-Fit," Unilever (Annual Report and Accounts), 2019, https://www.unilever.com/Images/unilever-annual-report-and-accounts-2019_tcm244-547893_en.pdf.

29 Grant Freeland, "To Understand the Company of the Future, Head to a Jazz Club," *Forbes*, September 23, 2019, https://www.forbes.com/sites/grantfreeland/2019/09/23/to-understand-the-company-of-the-future-head-to-

a-jazz-club/#6e825ab32785.
30 Darrell K. Rigby, Jeff Sutherland, and Hirotaka Takeuchi, “Embracing Agile,” *Harvard Business Review*, May 2016, https://hbr.org/2016/05/embracing-agile.
31 アジャイルについて詳細は以下を参照。Michael Sherman et al., “Taking Agile Way Beyond Software,” BCG, July 19, 2017, https://www.bcg.com/publications/2017/technology-digital-organization-taking-agile-way-beyond-software.aspx.（邦訳「ソフトウエア開発はアジャイル活用の一例に過ぎない」https://www.bcg.com/ja-jp/change-management-with-agile）
32 Marco Nink, “To Be Agile, You Need Fewer Processes and Policies,” Gallup, January 18, 2019, https://www.gallup.com/workplace/246074/agile-need-fewer-processes-policies.aspx.
33 ING アニュアルレポート（2014～2019年）のデータを用いてBCGが分析。
34 “Our Organisation,” Buurtzorg, accessed March 15, 2020, https://www.buurtzorg.com/about-us/our-organisation/; “Buurtzorg: Revolutionising Home Care in the Netherlands,” Center for Public Impact, November 15, 2018, https:// www.centre forpublicimpact.org/case-study/buurtzorg-revolutionising-home-care-nether lands/.
35 “Our Organisation”; Sofia Widén, Malin Lidforss, and William A. Haseltine, “Buurtzorg: A Neighborhood Model of Care: Interviews with Jos de Blok and Gertje van Roessel,” Access Health International, April 2016; Stevan Ćirković, “Buurtzorg: Revolutionising Home Care in the Netherlands.”
36 Jaap van Ede, “The Self-Steering and Care-Driven Teams of Buurtzorg,” Business Improvement, 2014, https://www.business-improvement.eu/lead_change/Buurtzorg _autonomous_teams.php; Jef J.J. van den Hout and Orin C. Davis, *Team Flow: The Psychology of Optimal Collaboration*（Cham, Switzerland: Springer: 2019）, 80–81.
37 Widén, Lidforss, and Haseltine, “Buurtzorg,” 1.
38 “Buurtzorg's Healthcare Revolution: 14,000 Employees, 0 Managers, Sky-High Engagement,” Corporate Rebels, accessed March 15, 2020, https://corporate-rebels.com/buurtzorg/.
39 Blake Morgan, “How Fidelity Creates Its Vision for Customer Experience,” *Forbes*, April 5, 2016, https://www.forbes.com/sites/blakemorgan/2016/04/05/how-fidelity-creates-amazing-customer-experiences/#3446ae7159c7; Robin Wigglesworth, “Fidelity's Search for the Technology of Tomorrow,” *Financial Times*, October 19, 2019, https://www.ft.com/content/b90cbc8a-ef45-11e9-bfa4-

b25f11f42901.
40 "Internal Auditing Around the World, Volume 15: Fidelity Investments," Protiviti, accessed June 11, 2020, https://www.protiviti.com/US-en/insights/iaworld-fidelity-investments.
41 プラットフォームに関する情報は以下を参照。Allison Bailey et al., "Organizing for the Future with Tech, Talent, and Purpose," BCG, September 16, 2019, https://www.bcg.com/publications/2019/organizing-future-tech-talent-purpose.aspx; Rich Hutchinson, Lionel Aré, Justin Rose, and Allison Bailey, "The Bionic Company," BCG, November 7, 2019, https://www.bcg.com/publications/2019/bionic-company.aspx.（邦訳「バイオニック・カンパニー：人間とテクノロジーが融合する新時代の組織」https://www.bcg.com/ja-jp/the-bionic-company）
42 ロバート・マルケス氏へのBCGチームのインタビュー（2020年3月10日）に基づく。
43 この段落はBCG内部での調査・分析に基づく。
44 Mary Jo Kreitzer et al., "Buurtzorg Nederland: A Global Model of Social Innovation, Change, and Whole-Systems Healing," *Global Advances in Health and Medicine* 4, no. 1 (January 2015).
45 "What Is R^2 Data Labs?" Rolls-Royce, accessed March 15, 2020, https://www.rolls-royce.com/products-and-services/r2datalabs.aspx.
46 "R^2 Data Labs Ecosystem," Rolls-Royce, accessed March 20, 2020, https://www.rolls-royce.com/products-and-services/ecosystem.aspx.
47 Rich Hutchinson et al., "The Bionic Company," BCG, November 7, 2019, https://www.bcg.com/publications/2019/bionic-company.aspx.（邦訳「バイオニック・カンパニー：人間とテクノロジーが融合する新時代の組織」
https://www.bcg.com/ja-jp/the-bionic-company）
48 Jim Hemerling et al., "It's Not a Digital Transformation Without a Digital Culture," BCG, April 13, 2018, https://www.bcg.com/publications/2018/not-digital-transformation-without-digital-culture.aspx.
49 Hemerling et al., "It's Not a Digital Transformation."
50 Deborah Lovich et al., "Agile Starts—or Stops—at the Top," BCG, May 17, 2018, https://www.bcg.com/publications/2018/agile-starts-or-stops-at-the-top.aspx.（邦訳「アジャイルの成否のカギは経営トップにある」https://www.bcg.com/ja-jp/change-management-with-agile）
51 Allison Bailey et al., "Organizing for the Future with Tech, Talent, and Purpose," BCG, September 16, 2019, https://www.bcg.com/publications/2019/organizing-

future-tech-talent-purpose.aspx.
52 ボブ・ブラック氏へのBCGチームのインタビュー（2020年1月13日）に基づく。
53 Lars Marquardt et al., "Blending Old and New Ways of Working to Drive Digital Value," BCG, October 21, 2019, https://www.bcg.com/publications/2019/blending-old-new-ways-working-drive-digital-value.aspx.
54 マーティン・ダノエサストロ氏へのBCGチームのインタビュー（2019年6月12日）に基づく。

第8章

1 "Unilever Opens €50m Leadership Development Facility," Unilever, June 28, 2013, https://www.unilever.com.sg/news/press-releases/2013/leadership-development-facility.html.
2 Stephen Remedios, "What Goes into Building a CEO Factory?" Management Innovation Exchange, July 14, 2013, https://www.managementexchange.com/story/what-goes-building-ceo-factory; Sudhir Sitapati, "How Hindustan Unilever Became a CEO Factory and a Company with Good Middle-Class Values," Print, January 5, 2020, https://theprint.in/pageturner/excerpt/how-hindustan-unilever-became-a-ceo-factory-and-company-with-middle-class-values/344917/.
3 BCGの調査・分析より。
4 Angus Loten, "America's Got Talent, Just Not Enough in IT," *Wall Street Journal*, October 15, 2019, https://www.wsj.com/articles/americas-got-talent-just-not-enough-in-it-11571168626.
5 "Future of Work," Korn Ferry, accessed March 17, 2020, https://www.kornferry.com/challenges/future-of-work.
6 J. Puckett et al., "Fixing the Global Skills Mismatch," BCG, January 15, 2020, https://www.bcg.com/publications/2020/fixing-global-skills-mismatch.aspx.
7 "How to Future-Proof Your Workforce," BCG, accessed March 17, 2020, https://www.bcg.com/featured-insights/how-to/workforce-of-the-future.aspx.
8 J. Puckett et al., "Fixing the Global Skills Mismatch," BCG, January 15, 2020, https://www.bcg.com/publications/2020/fixing-global-skills-mismatch.aspx.
9 Rainer Strack et al., "Decoding Digital Talent," BCG, May 15, 2019, https://www.bcg.com/publications/2019/decoding-digital-talent.aspx.
10 Shawn Achor et al., "9 Out of 10 People Are Willing to Earn Less Money to Do More-Meaningful Work," *Harvard Business Review*, November 6, 2018, https://

hbr.org/2018/11/9-out-of-10-people-are-willing-to-earn-less-money-to-do-more-meaningful-work.
11 この段落は、BCGのチームによるレーナ・ナーイル氏へのインタビュー（2019年6月17日）を参考にした。
12 Kathleen Hogan, "When People Are the Priority, Everything Else Falls into Place," LinkedIn, June 4, 2019, https://www.linkedin.com/pulse/when-people-priority-everything-else-falls-place-kathleen-hogan/.
13 Hogan, "When People Are the Priority."
14 Angus Loten, "'Talent War' at Home Prompts U.S. Employers to Take Another Look Abroad," *Wall Street Journal*, May 30, 2019, https://www.wsj.com/articles/talent-war-at-home-prompts-u-s-employers-to-take-another-look-abroad-11559257791.
15 "iCIMS Survey Finds Increased Acceptance of Tech Candidates with Non-Traditional Educations," Globe Newswire, September 17, 2018, https://www.globe news wire.com/news-release/2018/09/17/1571757/0/en/iCIMS-Survey-Finds-Increased-Acceptance-of-Tech-Candidates-with-Non-Traditional-Educations.html.
16 Rainer Strack et al., "How to Gain and Develop Digital Talent and Skills," BCG, July 19, 2017, https://www.bcg.com/publications/2017/people-organization-technology-how-gain-develop-digital-talent-skills.aspx.
17 "Leap: A Modern Apprenticeship," Microsoft, accessed March 17, 2020, https://www.industryexplorers.com/.
18 Sue Shellenbarger, "Make Your Job Application Robot-Proof," *Wall Street Journal*, December 16, 2019, https://www.wsj.com/articles/make-your-job-application-robot-proof-11576492201; "Balancing the Risks, Rewards of People Analytics," *Wall Street Journal*, May 30, 2018, https://deloitte.wsj.com/cio/2018/05/30/balancing-the-risks-rewards-of-people-analytics/.
19 Ingrid Lunden, "GM Confirms Sidecar Acquisition as Auto Makers Take Tech Ambitions up a Gear," TechCrunch, January 19, 2016, https://techcrunch.com/2016/01/19/whos-driving/.
20 Sandeep Soni, "Acqui-Hiring: The New Normal in Talent Acquisition," *Entrepreneur,* March 20, 2015, https://www.entrepreneur.com/article/248598.
21 "Wipro's Mantra: Acquire to Grow," M&A Critique, accessed March 18, 2020, https://mnacritique.mergersindia.com/wipro-technologies-growth-by-acquisition/.

22 "Wipro to Acquire US-Based ITI for USD 45 Million," *Economic Times*, January 5, 2019, https://economictimes.indiatimes.com/tech/ites/wipro-to-acquire-us-based-iti-for-usd-45-million/articleshow/69664283.cms?from=mdr.

23 Andrew Karpie, "Wipro Acquires Appirio for $500M to Reach for the Cloud, Leverage Power of the Crowd," Spend Matters, October 21, 2016, https://spendmatters.com/2016/10/21/wipro-acquires-appirio-500m-reach-cloud-leverage-power-crowd/; Chris Barbin, "One Year Later: Appirio (A Wipro Company)," Appirio, December 12, 2017, https://hub.appirio.com/cloud-powered-blog/one-year-later-appirio-a-wipro-company.

24 Wipro, "Wipro Digital to Enhance Digital Transformation Capability with Designit," press release, July 9, 2015, https://www.wipro.com/en-IN/newsroom/press-releases/2015/wipro-digital-to-enhance-digital-transformation-capability-with-/.

25 Teressa Iezzi, "Unilever Looks to Forge New Partnerships with Startups with the Launch of the Foundry," *Fast Company*, May 21, 2014, https://www.fastcompany.com/3030940/unilever-looks-to-forge-new-partnerships-with-startups-with-the-launch-of-the-foundry.

26 "Unilever's Platform for Partnering with Start-Ups to Accelerate Innovation on a Global Scale," Unilever Foundry, accessed March 18, 2020, https://www.theunileverfoundry.com/.

27 "What Corporate Incubators and Accelerators Can Mean for Your Business," *Entrepreneur*, February 15, 2017, https://www.entrepreneur.com/article/287495.

28 "Here's How Large Firms Can Innovate by Collaborating with Startups," *Forbes*, May 10, 2018, https://www.forbes.com/sites/iese/2018/05/10/heres-how-large-firms-can-innovate-by-collaborating-with-startups/#30a166de2241.

29 Judith Wallenstein et al., "The New Freelancers: Tapping Talent in the Gig Economy," BCG Henderson Institute, January 2019, http://image-src.bcg.com/Images/BCG-The-New-Freelancers-Jan-2019_tcm9-211593.pdf.

30 Judith Wallenstein et al., "The New Freelancers," 5.

31 これらの数値やさらなる情報は以下を参照。http://www.tongal.com.

32 Tongal.com, accessed January 19, 2020.

33 "Unilever Launches New AI-Powered Talent Marketplace," Unilever, June 24, 2019, https://www.unilever.com/news/press-releases/2019/unilever-launches-ai-powered-talent-marketplace.html.

34 Shaun Sutner, "New Kronos Headquarters Design Mirrors Reinvention Play,"

Search HR Software, May 29, 2018, https://searchhrsoftware.techtarget.com/feature/New-Kronos-headquarters-design-mirrors-reinvention-play.
35 たとえば、同社のダブリンオフィスの情報は以下を参照。“First Look: From Gyms and Music Rooms to Baristas and Yoga.. Inside LinkedIn's New €85m EMEA HQ Office in Dublin,” *Independent*, September 18, 2017, https:// www.independent.ie/business/technology/first-look-from-gyms-and-music-rooms-to-baristas-and-yogainside-linkedins-new-85m-emea-hq-office-in-dublin-36142701.html.
36 Katie Jacobs, “Dogs in the Office: How Nestlé Makes It Work,” *HR Magazine*, February 11, 2016, https://www.hrmagazine.co.uk/article-details/dogs-in-the-office-how-nestle-makes-it-work-1; Grace Newton, “Nestle in York Now Lets Staff Take Bring Their Dogs to Work,” *Yorkshire Post*, April 4, 2019, https://www.yorkshirepost.co.uk/news/nestle-in-york-now-lets-staff-take-bring-their-dogs-to-work-1-9691747.
37 アレクサンダー・パーディ（ジョンディアの元従業員）氏へのBCGチームのインタビュー（2019年10月10日）に基づく。
38 “No One Reaches More Machines with Smarter Technology Than John Deere,” John Deere, accessed March 20, 2020, https://www.deere.com/en/our-company/john-deere-careers/work-here/isg/.
39 Shawn Achor et al., “9 Out of 10 People Are Willing to Earn Less Money to Do More-Meaningful Work,” *Harvard Business Review*, November 6, 2018, https://hbr.org/2018/11/9-out-of-10-people-are-willing-to-earn-less-money-to-do-more-meaningful-work.
40 レーナ・ナーイル氏へのBCGチームのインタビュー（2019年6月17日）に基づく。
41 “Why work for Unilever,” Unilever, accessed March 20, 2021, https://www.unilever.com/careers/why-work-for-unilever/
42 レーナ・ナーイル氏へのBCGチームのインタビュー（2019年6月17日）に基づく。
43 “Project #ShowUs: Dove's Disruptive New Partnership to Shatter Stereotypes,” Unilever, May 15, 2019, https://www.unilever.com/news/news-and-features/Feature-article/2019/project-showus-doves-disruptive-new-partnership-to-shatter-stereotypes.html.
44 Leena Nair, “Have You Found Your Purpose?” Medium, November 22, 2018, https://medium.com/@leenanairHR/have-you-found-your-purpose-heres-how-4d93f7bccaa9.
45 レーナ・ナーイル氏へのBCGチームのインタビュー（2019年6月17日）に基づく。

46 Jörgen Sundberg, "How Unilever Developed a New EVP and Employer Brand," Link Humans, accessed March 20, 2020, https://linkhumans.com/unilever/.
47 "LinkedIn," Tulsa Marketing Online, accessed March 19, 2020, https://www.tulsamarketingonline.com/linkedin-lists-its-10-most-followed-pages/. Their rankings oscillate, but as of March 25, 2020, they counted 9.4 million followers on LinkedIn ("Unilever," LinkedIn, accessed March 26, 2020, https://www.linkedin.com/company/unilever/).
48 Meghan French Dunbar, "How Nature Became the World's Largest B Corp—and How Its Helping," Conscious Company Media, January 5, 2016, https://consciouscompanymedia.com/sustainable-business/how-natura-became-the-worlds-largest-b-corp-and-how-its-helping/;ダニエル・アゼヴェド（BCGマネジング・ディレクター&パートナー）へのBCGチームのインタビュー（2019年7月11日）。
49 ケイヴァン・マセド氏へのBCGチームのインタビュー（2019年12月20日）に基づく。
50 ケイヴァン・マセド氏へのBCGチームのインタビュー（2019年12月20日）に基づく。
51 Carol Fulp, *Success Through Diversity: Why the Most Inclusive Companies Will Win* (Boston: Beacon Press, 2018).
調査によると、ダイバーシティとエンゲージメントのレベルの間には明確な関係がある。たとえば、エンゲージメントのスコアが低い企業では性別による格差が大きい("BCG's Gender Diversity Research: By the Numbers," BCG, accessed March 19, 2020, https://www.bcg.com/en-us/capabilities/diversity-inclusion/gender-diversity-research-by-numbers.aspx)。
52 Frances Brooks et al., "Winning the Race for Women in Digital," BCG, November 28, 2018, https://www.bcg.com/en-us/publications/2018/winning-race-women-digital.aspx.
53 Ruth Umoh, "Meet America's Best Employers for Diversity 2020," *Forbes*, January 21, 2020, https://www.forbes.com/sites/ruthumoh/2020/01/21/meet-americas-best-employers-for-diversity-2020/#31144fcd5739.
54 Rainer Strack et al., "Decoding Digital Talent."
55 Orsolya Kovacs-Ondrejkovic et al., "Decoding Global Trends in Upskilling and Reskilling," BCG, November 2019, https://www.bcg.com/publications/2019/decoding-global-trends-upskilling-reskilling.aspx.
56 ボブ・ブラック氏へのBCGチームのインタビュー（2020年1月13日）に基づく。

57 Laura Heller, "Walmart Launches Tech Incubator Dubbed Store No. 8," *Forbes*, March 20, 2017, https://www.forbes.com/sites/lauraheller/2017/03/20/walmart-launches-tech-incubator-store-no-8/#13ee844e2dcb.

58 Adam Kearney, "We Digitized Google's Peer Recognition," Medium, May 2, 2016, https://medium.com/@K3ARN3Y/how-google-does-peer-recognition-188446e329dd; John Quinn, "A Look at Google's Peer-to-Peer Bonus System," Bonusly (blog), accessed March 20, 2020, https://blog.bonus.ly/a-look-at-googles-peer-to-peer-bonus-system/.

59 Børge Brende, "We Need a Reskilling Revolution. Here's How to Make It Happen," World Economic Forum, April 15, 2019, https://www.weforum.org/agenda/2019/04/skills-jobs-investing-in-people-inclusive-growth/; "The Future of Jobs Report," Economic Forum, 2018, ix, http://www.3.weforum.org/docs/WEF_Future_of_Jobs _2018.pdf.

60 "The Future of Jobs Report," 12.

61 "The Future of Jobs Report," 13.

62 Orsolya Kovacs-Ondrejkovic et al., "Decoding Global Trends."

63 Orsolya Kovacs-Ondrejkovic, "What Would You Do to Stay Relevant at Work?" LinkedIn, November 7, 2019, https://www.linkedin.com/pulse/what-would-you-do-stay-relevant-work-orsolya-kovacs-ondrejkovic/.

64 実際に、従業員の約3分の2は「今後5年間で自分の職歴に大きな変化が生じる」と考えている。(Vikram Bhalla et al., "A CEO's Guide to Talent Management Today," BCG, April 10, 2018, https://www.bcg.com/publications/2018/ceo-guide-talent-management-today.aspx)。

65 "What Is FutureSkills?" FutureSkills, accessed March 26, 2020, http://futureskills.nasscom.in/about-futureskill.html#whyFutureSkill. NASSCOM, the industry's trade association, identified ten emerging technologies ("What Is FutureSkills?")。

66 "NASSCOM," NASSCOM, July 17, 2019, accessed March 21, 2020, https://www.nasscom.in/sites/default/files/media_pdf/pr_hr_summit%202019.pdf.

67 "What Is FutureSkills," FutureSkills, accessed March 21, 2020, http://futureskills.nasscom.in/about-futureskill.html#whyFutureSkill.

68 "Nasscom," Nasscom, July 17, 2019, accessed March 21, 2020, https:// www.nasscom.in/sites/default/files/media_pdf/pr_hr_summit%202019.pdf; Venkatesh Ganesh and KV Kurmanath, "Modi Launches Nasscom's 'Future Skills' Platform," *Hindu Business Line*, February 19, 2018, https://www.

thehindubusinessline.com/info-tech/modi-launches-nasscoms-future-skills-platform/article22800117.ece.
69 "How Does It Work," FutureSkills, accessed March 21, 2020, http://futureskills.nasscom.in/how-does-it-work.html.
70 Ganesh and Kurmanath, "Modi Launches Nasscom's 'Future Skills' Platform."
71 "FutureSkills: A NASSCOM Initiative," NASSCOM, accessed March 26, 2020, https://www.nasscom.in/sites/default/files/FutureSkills_An_Industry_Response.pdf; Shilpa Patankar, "Wipro, Nassscom Tie-Up for Future Skills Platform," *Times of India*, December 21, 2019, https://timesofindia.indiatimes.com/business/india-business/wipro-nassscom-tie-up-for-future-skills-platform/articleshow/72914868.cms.
72 この段落の情報はBCGの調査・分析に基づく。
73 Debbie Weinstein, "How L'Oréal Is Preparing for the Next Evolution of Digital Marketing," Think with Google, June 2018, https://www.thinkwithgoogle.com/intl/en-aunz/advertising-channels/video/how-loreal-preparing-next-evolution-digital-marketing/.
74 "AT&T Invests $1 Billion in Employee Reskilling," Aspen Institute, March 12, 2018, https://www.aspeninstitute.org/of-interest/upskilling-news-att-invests-1-billion-employee-reskilling/.
75 Susan Caminiti, "AT&T's $1 Billion Gambit: Retraining Nearly Half Its Workforce for Jobs of the Future," CNBC, March 13, 2018, https://www.cnbc.com/2018/03/13/atts-1-billion-gambit-retraining-nearly-half-its-workforce.html.
76 Aaron Pressman, "Can AT&T Retrain 100,000 People?" *Fortune*, March 13, 2017, https://fortune.com/longform/att-hr-retrain-employees-jobs-best-companies/.
77 Caminiti, "AT&T's $1 Billion Gambit."
78 Caminiti, "AT&T's $1 Billion Gambit."
79 Kate Rogers, "Manufacturers to Spend $26.2 Billion on 'Upskilling' in 2020 to Attract and Keep Workers," CNBC, January 17, 2020, https://www.cnbc.com/2020/01/17/manufacturers-to-spend-26point2-billion-on-upskilling-workers-in-2020.html.
80 Scott Snyder, "Talent, Not Technology, Is the Key to Success in a Digital Future," World Economic Forum, January 11, 2019, https://www.weforum.org/agenda/2019/01/talent-not-technology-is-the-key-to-success-in-a-digital-future/.

81 Rich Hutchinson et al., "The Bionic Company," BCG, November 7, 2019, https://www.bcg.com/publications/2019/bionic-company.aspx.（邦訳「バイオニック・カンパニー：人間とテクノロジーが融合する新時代の組織」
https://www.bcg.com/ja-jp/the-bionic-company）
82 Bob Desimone, "What High-Performance Workplaces Do Differently," Gallup, December 12, 2019, https://www.gallup.com/workplace/269405/high-performance-workplaces-differently.aspx.
83 Shawn Achor et al., "9 Out of 10 People Are Willing to Earn Less Money to Do More-Meaningful Work," *Harvard Business Review*, November 6, 2018, https://hbr.org/2018/11/9-out-of-10-people-are-willing-to-earn-less-money-to-do-more-meaningful-work.
84 Charles Mitchell et al., "The CEO View of Risks and Opportunities in 2020," Conference Board, accessed March 21, 2020, https://files.constantcontact.com/ff18da33701/9f112366-808b-4de4-b342-60b0f843784a.pdf.
85 "Key Skills Needed to Survive the 21st Century," Jobiness (blog), January 14, 2019, http://blog.jobiness.com/key-skills-needed-to-survive-the-21st-century/.

第9章

1 N・チャンドラセカラン氏へのBCGチームのインタビュー（2020年1月14日）に基づく。
2 David Leonard and Claude Coltea, "Most Change Initiatives Fail—but They Don't Have To," Gallup, May 24, 2013, https://news.gallup.com/businessjournal/162707/change-initiatives-fail-don.aspx.
3 S&P Capital IQ データベースで調査したデータを使用。
4 "Microsoft Market Cap 2006–2019," Macrotrends, accessed March 25, 2020, https://www.macrotrends.net/stocks/charts/MSFT/microsoft/market-cap.
5 ロルフ・ハームス氏（マイクロソフトの戦略及び合併担当ジェネラルマネジャー）へのBCGチームのインタビュー（2019年9月）に基づく。
6 Satya Nadella, *Hit Refresh: The Quest to Rediscover Microsoft's Soul and Imagine a Better Future for Everyone* (New York: Harper Business, 2017), 66.
7 Eugene Kim, "Microsoft Has a Strange New Mission Statement," Business Insider, June 25, 2015, https://www.businessinsider.com/microsoft-ceo-satya-nadella-new-company-mission-internal-email-2015-6.
8 "Annual Report 2017," Microsoft, accessed Mach 25, 2020, https://www.microsoft.com/investor/reports/ar17/index.html.

9 Krzysztof Majdan and Michał Wasowski, "We Sat Down with Microsoft's CEO to Discuss the Past, Present and Future of the Company," Business Insider, April 20, 2017, https://www.businessinsider.com/satya-nadella-microsoft-ceo-qa-2017-4?IR=T.

10 Jordan Novet, "How Satya Nadella Tripled Microsoft's Stock Price in Just Over Four Years," CNBC, July 18, 2018, https://www.cnbc.com/2018/07/17/how-microsoft-has-evolved-under-satya-nadella.html; Matt Asay, "Who Really Contributes to Open Source," InfoWorld, February 7, 2018, https://www.infoworld.com/article/3253948/who-really-contributes-to-open-source.html#tk.twt_ifw.

11 Ron Miller, "After 5 Years, Microsoft CEO Satya Nadella Has Transformed More Than the Stock Price," TechCrunch, February 4, 2019, https://techcrunch.com/2019/02/04/after-5-years-microsoft-ceo-satya-nadella-has-transformed-more-than-the-stock-price/.

12 Austin Carr and Dina Bass, "The Most Valuable Company (for Now) Is Having a Nadellaissance," Bloomberg, May 2, 2019, https://www.bloomberg.com/news/features/2019-05-02/satya-nadella-remade-microsoft-as-world-s-most-valuable-company.

13 S&P capital IQデータベースとBCG ValueScience Centerのデータを使用。

14 この章の内容の多くは以下を基にしている。Jim Hemerling, Julie Kilmann, and Dave Matthews, "The Head, Heart, and Hands of Transformation," Boston Consulting Group, November 5, 2018, https://www.bcg.com/publications/2018/head-heart-hands-transformation.aspx. 本章の概念的枠組みはもともと同資料に示されていたものを発展させたものであり、重要なアイデアを表す用語も同資料を踏襲した。また、ヘマーリングが「トランスフォーメーションのヘッド、ハート、ハンド」と題するプレゼンテーションで用いた概念や表現も引いている。

15 Hemerling, Kilmann, and Matthews, "The Head, Heart, and Hands of Transformation."

16 Patti Sanchez, "The Secret to Leading Organizational Change Is Empathy," *Harvard Business Review*, December 20, 2018, https://hbr.org/2018/12/the-secret-to-leading-organizational-change-is-empathy.

17 Hemerling, Kilmann, and Matthews, "The Head, Heart, and Hands of Transformation."

18 Cathy Carlisi et al., "Purpose with the Power to Transform Your Organization," BCG, May 15, 2017, https://www.bcg.com/en-us/publications/2017/

transformation-behavior-culture-purpose-power-transform-organization.aspx.

19 Nadella, *Hit Refresh*, 68.

20 Nadella, *Hit Refresh*, 75.

21 Nadella, *Hit Refresh*, 79.

22 Nadella, *Hit Refresh*, 79–80.

23 Cathy Carlisi et al., "Purpose with the Power to Transform."

24 以下を参照。 Jim Hemerling et al., "It's Not a Digital Transformation Without a Digital Culture," BCG, April 13, 2018, https://www.bcg.com/publications/2018/not-digital-transformation-without-digital-culture.aspx.

25 Nadella, *Hit Refresh*, 100.

26 Nadella, *Hit Refresh*, 102–103.

27 ロルフ・ハームス氏へのBCGチームのインタビュー（2019年9月）に基づく。

28 ロルフ・ハームス氏へのBCGチームのインタビュー（2019年9月）に基づく。

29 Nadella, *Hit Refresh*, 118–120.

30 Simone Stolzoff, "How Do You Turn Around the Culture of a 130,000-Person Company? Ask Satya Nadella," Quartz, accessed March 25, 2020, https://qz.com/work/1539071/how-microsoft-ceo-satya-nadella-rebuilt-the-company-culture/.

31 Nadella, *Hit Refresh*, 9–10.

32 Sandra J. Sucher and Shalene Gupta, "Layoffs That Don't Break Your Company," *Harvard Business Review*, May–June 2018, https://hbr.org/2018/05/layoffs-that-dont-break-your-company.

33 Sandra Sucher, "There's a Better Way to Do Layoffs: What Nokia Learned, the Hard Way," LinkedIn, May 3, 2019, https://www.linkedin.com/pulse/theres-better-way-do-layoffs-what-nokia-learned-hard-sandra-sucher/.

34 Sucher and Gupta, "Layoffs That Don't Break Your Company."

35 Sucher, "There's a Better Way to Do Layoffs."

36 Sucher, "There's a Better Way to Do Layoffs."

37 Sucher, "There's a Better Way to Do Layoffs."

38 Sucher, "There's a Better Way to Do Layoffs."

39 Sucher, "There's a Better Way to Do Layoffs."

40 S&P Capital IQ データベースを使ってBCGが分析した。

41 John Callaham, "Microsoft Is Helping Fund Startups Created by Laid Off Smartphone Workers in Finland," Windows Central, August 2, 2016, https://www.windowscentral.com/microsoft-tries-help-laid-smartphone-workers-

finland-find-new-jobs.
42 Gerard O'Dwyer, "Finland's IT Sector Recovers After Break-Up of Nokia," Computer Weekly, December 12, 2018, https://www.computerweekly.com/news/252454294/Finlands-IT-sector-recovers-after-break-up-of-Nokia.
43 O'Dwyer, "Finland's IT Sector Recovers."
44 Jay Yarrow, "Microsoft's CEO Sent Out a Giant Manifesto to Employees About the Future of the Company," Business Insider, July 10, 2014, https://www.businessinsider.com/microsofts-ceo-email-2014-7.
45 Samantha McDonald, "Nike to Open Paris Flagship in the Most Expensive Building on the Champs-Élysées," *Footwear News*, October 8, 2019, https://footwearnews.com/2019/business/retail/nike-champs-elysees-headquarters-house-of-innovation-paris-1202852317/.
46 Hilary Milnes, "In Effort to Grow Direct Sales, Nike Integrated Its App Strategy into Its Stores," Digiday, March 26, 2019, https://digiday.com/retail/nike-integrated-app-strategy-stores/.
47 Khadeeja Safdar, "Nike's Strategy to Get a Lot More Personal with Its Customers," *Wall Street Journal*, March 13, 2019, https://www.wsj.com/articles/nikes-strategy-to-get-a-lot-more-personal-with-its-customers-11557799501.
48 Morgan Forde, "Company of the Year: Nike," Supply Chain Dive, December 9, 2019, https://www.supplychaindive.com/news/nike-supply-chain-Celect-dive-awards/566234/.
49 Alfonso Segura, "The Fashion Retailer," Fashion Retail Blog, April 16, 2018, https://fashionretail.blog/2018/04/16/5015/.
50 S&P Capital IQ and BCG ValueScience Centerのデータを使ってBCGが分析した。
51 Martin Reeves et al., "Preemptive Transformation: Fix It Before It Breaks," BCG Henderson Institute, August 17, 2018, https://www.bcg.com/publications/2018/preemptive-transformation-fix-it-before-it-breaks.aspx.
52 Reeves et al., "Preemptive Transformation."
53 Polly Mosendz, "Microsoft's CEO Sent a 3,187-Word Memo and We Read It So You Don't Have To," *Atlantic*, July 10, 2014, https://www.theatlantic.com/technology/archive/2014/07/microsofts-ceo-sent-a-3187-word-memo-and-we-read-it-so-you-dont-have-to/374230/.
54 Steve Denning, "How Microsoft Vanquished Bureaucracy with Agile," *Forbes*, August 23, 2019, https://www.forbes.com/sites/stevedenning/2019/08/23/how-

microsoft-vanquished-bureaucracy-with-agile/#5d26bb3c6f58.

55 Steve Denning, "Surprise: Microsoft Is Agile," *Forbes*, October 27, 2015, https://www.forbes.com/sites/stevedenning/2015/10/27/surprise-microsoft-is-agile/#45dd014a2867.

56 Mosendz, "Microsoft's CEO Sent a 3,187-Word Memo."

57 Jim Hemerling, Julie Kilmann, and Dave Matthews, "The Head, Heart, and Hands of Transformation," BCG, November 5, 2018, https://www.bcg.com/publications/2018/head-heart-hands-transformation.aspx.

58 これらの問いは、共著者の1人（ヘマーリング）がプレゼンテーションで用いた資料を編集したものである。

終　章

1 ローランド・ブッシュ氏へのBCGチームのインタビュー（2020年2月17日）に基づく。

2 ワシントン州シアトルでのサティア・ナデラ氏へのBCGチームのインタビュー（2019年6月4日）に基づく。

3 ロベルト・マルケス氏へのBCGチームのインタビュー（2020年3月10日）に基づく。

4 ロベルト・マルケス氏へのBCGチームのインタビュー（2020年3月10日）に基づく。

5 N・チャンドラセカラン氏へのBCGチームのインタビュー（2019年9月17日）に基づく。

6 ロベルト・マルケス氏へのBCGチームのインタビュー（2020年3月10日）に基づく。

7 Lars Fæste et al., "Transformation: The Imperative to Change," BCG, November 3, 2014, https://www.bcg.com/en-us/publications/2014/people-organization-transformation-imperative-change.aspx.

8 N・チャンドラセカラン氏へのBCGチームのインタビュー（2019年9月17日）に基づく。

ボストン コンサルティング グループ（BCG）

ボストン コンサルティング グループ（BCG）は、ビジネスや社会のリーダーとともに戦略課題の解決や成長機会の実現に取り組んでいる。1963年に戦略コンサルティングのパイオニアとして創設され、今日では、クライアントとの緊密な協働を通じてすべてのステークホルダーに利益をもたらすことをめざす変革アプローチにより、組織力の向上、持続的な競争優位性構築、社会への貢献を後押ししている。
グローバルで多様性に富むチームが、産業や経営トピックに関する深い専門知識と、現状を問い直し企業変革を促進するためのさまざまな洞察を基にクライアントを支援している。最先端のマネジメントコンサルティング、テクノロジーとデザイン、デジタルベンチャーなどの機能によりソリューションを提供する。
日本では、1966年に世界第2の拠点として東京に、2003年に名古屋、2020年には大阪、京都にオフィスを設立。
https://www.bcg.com/ja-jp/default.aspx

● 監訳者

木村亮示

（きむら・りょうじ）

ボストン コンサルティング グループ　マネージング・ディレクター＆シニア・パートナー。BCGコーポレートファイナンス＆ストラテジーグループのグローバルリーダー。ハイテク・メディア・通信グループ、およびトランスフォーメーショングループのコアメンバー。京都大学経済学部卒業。HEC経営大学院経営学修士（MBA）。国際協力銀行を経てBCGに入社。BCGパリ・オフィスに勤務した経験もある。
共著書に『BCG 次の10年で勝つ経営――企業のパーパス(存在意義)に立ち還る』『BCGの特訓――成長し続ける人材を生む徒弟制』『BCGが読む経営の論点2018』(日本経済新聞出版)。監訳書に『戦略にこそ「戦略」が必要だ』(日本経済新聞出版)。

● 訳者

渡部典子

（わたなべ・のりこ）

ビジネス書の翻訳、記事執筆、編集などに従事。慶應義塾大学大学院経営管理研究科修了。研修サービス会社などを経て独立。
主な訳書に『両利きの経営』(東洋経済新報社)『テクノロジー・バブル』(日経BP)『バフェット伝説の投資教室』(日本経済新聞出版)。

著者紹介

アリンダム・バッタチャヤ
(Arindam Bhattacharya)

ボストン コンサルティン グループ　ニューデリー・オフィス　マネージング・ディレクター&シニア・パートナー。BCGインドの統括責任者、BCGグローバル・アドバンテージ・プラクティスのグローバルリーダーなどを歴任し、現在も同プラクティスのリーダーシップ・チームのメンバー。BCGヘンダーソン研究所の共同創設者で、同研究所フェローも務めた。グローバリゼーションやグローバル・ビジネスモデルに関する研究、執筆、コンサルティングを行い、TEDトークにも登壇した。共著書『Globality: Competing with Everyone from Everywhere for Everything』(邦訳『新興国発 超優良企業: GLOBALITY』講談社)はエコノミスト誌の「ベスト・オブ・ザ・イヤー」リストに選出された。

ニコラス・ラング
(Nikolaus Lang)

ボストン コンサルティン グループ　ミュンヘン・オフィス　マネージング・ディレクター&シニア・パートナー。BCGグローバル・アドバンテージ・プラクティスのグローバルリーダー。地政学や貿易から、合弁事業やデジタルエコシステムに至るまで、幅広いグローバリゼーション関連のテーマについてクライアントを支援している。モビリティ、コネクティビティ、自動運転車に関してもBCG随一のエキスパート。過去数年間、世界経済フォーラムとBCGによるモビリティの未来に関する協働活動を主導し、ボストン市内での自律走行車のパイロットやローンチを監督支援してきた。

ジム・ヘマリング
(Jim Hemerling)

ボストン コンサルティン グループ　サンフランシスコ・オフィス　マネージング・ディレクター&シニア・パートナー。BCG人材・組織プラクティス、およびトランスフォーメーション・プラクティスのグローバルリーダー。BCGグレーターチャイナのリーダー、BCGヘンダーソン研究所フェローなどを歴任。包括的で人間中心の組織変革手法に焦点を当てたクライアント支援や研究を多く手掛けている。このテーマでの講演も多く、「絶え間ない変化の時代を導く5つの方法」というタイトルで登壇したTEDトークの動画は幅広い人々に視聴されてきた。

グレート BCG 「最強」を超える戦略

2021年9月27日　第1版第1刷発行

著者 —— アリンダム・バッタチャヤ
ニコラス・ラング
ジム・ヘマリング

監訳者 —— 木村亮示
訳者 —— 渡部典子

発行者 —— 村上広樹
発行 —— 日経BP
発売 —— 日経BPマーケティング
〒105-8308 東京都港区虎ノ門4-3-12
https://www.nikkeibp.co.jp/books/

編集 —— 赤木裕介
装幀 —— 大谷剛史（tany design）
本文フォーマット —— 野田明果
本文DTP —— マーリンクレイン
印刷・製本 —— シナノ印刷株式会社

ISBN978-4-296-00034-0
Printed in Japan